Tausend Jahre Schule

Horst Schiffler   Rolf Winkeler

Tausend Jahre Schule

Eine Kulturgeschichte des Lernens in Bildern

Belser Verlag
STUTTGART
ZÜRICH

Die Deutsche Bibliothek – CIP-Einheitsaufnahme

Tausend Jahre Schule: eine Kulturgeschichte des Lernens in
Bildern/Horst Schiffler; Rolf Winkeler. – 5. Aufl. –
Stuttgart; Zurich: Belser, 1998
ISBN 3-7630-1215-X
NE: Schiffler, Horst; Winkeler, Rolf

5. Auflage 1998
© 1985 by Belser AG für Verlagsgeschäfte und Co KG,
Stuttgart und Zurich
Alle Rechte vorbehalten
Satz: Utesch Satztechnik GmbH, Hamburg
Reproduktion: Gerd Preiss, Gerlingen und Belser Studio, Rom
Druck: Officine Grafiche DeAgostini Spa, Novara
Bindung: Legatoria del Verbano Spa

Printed in Italy
ISBN 3-7630-1215-X

Vorwort

Dieses Buch will mit Bildern aus mehr als tausend Jahren, mit Kommentaren und Erörterungen und nicht zuletzt durch seine Gestaltung den Leser zu einer eigenen Beschäftigung mit dem Gegenstand herausfordern und seinen Bedürfnissen nach intellektuellen und sinnlichen Eindrücken und Anregungen entgegenkommen.

Es will Einblicke vermitteln in die Geschichte des Lehrens und Lernens in der abendländischen Schule auf der Grundlage von Werken der bildenden Kunst. Deshalb stehen Bilder im Mittelpunkt. Sie bieten Anlässe zur Auseinandersetzung, sie sind Quellen, aus denen Erkenntnisse geschöpft werden, sie illustrieren und sie wollen Schule auf ihre Weise vor Augen führen. Sie können persönliche Erinnerungen beleben und den individuellen Erfahrungen und dem eigenen Betroffensein die Sicht der Künstler im Wandel der Zeit gegenüberstellen – sie können aber auch, wie Dokumente für die Forschung, dem wissenschaftlichen Interesse dienen.

Bei der Auswahl der Bilder sind, wie nicht anders zu erwarten, nicht alle Wünsche in Erfüllung gegangen. Dennoch sind wir der Ansicht, daß der Bildbestand des Buches seinem Anliegen gerecht werden kann. Der Leser mag zwar das eine oder andere Bild vermissen, dafür aber wird er viele neue finden.

Im traditionell fachwissenschaftlichen Sinn wirkt dieses Buch unkonventionell. Es will keine Kulturgeschichte, keine Kunstgeschichte und keine Schulgeschichte ersetzen, wenngleich es sich ihrer Methoden bedient. Es will auch nicht aus der Schule plaudern oder über eine bunte Bilderwelt Vorurteile fördern, Probleme verharmlosen oder gar die Illusion einer heilen Welt wecken. Gleichsam zwischen den Disziplinen handelt es von Schule – von Lehrern, von Schülern, vom Lernen und vom Erziehen – als einem Bestandteil unserer Kultur bis in die Gegenwart.

Die Autoren sind sich bewußt, daß viele Bilder nicht erschöpfend interpretiert sind und daß manche bildungsgeschichtlichen, kulturgeschichtlichen und vor allem auch sozialgeschichtlichen Zusammenhänge eine umfassendere Darstellung verdient hätten. Die erschöpfende Behandlung einer derart weit gespannten Thematik war jedoch nicht beabsichtigt und wäre wohl auch kaum möglich gewesen.

In der Beschäftigung mit den Bildern und den Texten dieses Buches mögen die Leser etwas von dem erfahren, was auch die Verfasser über das wissenschaftliche Interesse hinaus bewegt hat: ihre eigene Verstrickung in die Schule als Schüler, als Lehrer, als Hochschullehrer und als Väter von Kindern, die die Schule besuchen.

H. Schiffler   R. Winkeler

Inhalt

7 Aus den Anfängen der Schule
10 Bildung im Schoße der Kirche
10 Am Anfang war das Buch
15 Lehren für den Glauben
18 Lehrplan: Gold und Silber der Heiden
24 „Ein ritter so geleret was..."
28 Das Bild – Schrift für die Laien
32 Unterricht und Erziehung des Klerus
38 Schule in den Mauern der Stadt
38 Lernen für Handel, Gewerbe und Stand
40 Der städtische Magister
46 Freie Schreib- und Rechenmeister
51 Hohe Schulen

53 Schule auf dem Weg in die Neuzeit
53 Bildung im Umbruch
55 Das Drucken von Texten und Bildern
58 Ein neues Bild von Bildung
62 Schule soll für alle sein
63 Schule für das Volk
65 Schulen der Gelehrsamkeit
69 Leben mit der Schule
77 Dreschen in der Scheune

85 Schule in der Neuzeit
90 Hofmeister, Hauslehrer und Gouvernanten
95 Kollegien und Institute
98 Dorfschulen
102 Schulen für Bürgerkinder
106 Bewahranstalten und Kleinkinderschulen
108 Lehren und Lernen
112 Praxis in der Schule
116 Schuldienste
120 Leben und Los der Lehrer
127 Schülerlos
134 Die Schule ist aus!

139 Spuren in die Gegenwart

149 Anhang
Anmerkungen, Literaturverzeichnis, Abbildungsverzeichnis

Aus den Anfängen der Schule

Lochkulturen scheinen ohne Schulen nicht auszukommen. Wer den Anfängen der Schule nachzuspüren versucht, muß in der Geschichte der Menschheit weit zurückgehen. Schon vor 4000 Jahren treffen wir auf ihre Spuren, ohne freilich zu wissen, ob es nicht auch noch früher schon so etwas wie Schulen gegeben hat.

Bei Ausgrabungen im Zweistromland haben Archäologen Bruchstücke von sumerischen Tontäfelchen gefunden, die etwa im Jahre 2000 v. Chr. entstanden sind. Auf ihnen konnte u. a. die folgende aufschlußreiche Textstelle entziffert werden[1]:

»Sohn des Tafelhauses, wohin bist du seit deinen frühesten Tagen gegangen?« – »Ich ging ins Tafelhaus.« – »Was hast du im Tafelhaus gemacht?« – »Ich las meine Tafel, aß mein Frühstück, machte eine neue Tafel, beschrieb sie und machte sie fertig. Dann bestimmten sie meine mündliche Arbeit, und am Nachmittag bestimmten sie meine schriftliche Arbeit. Als das Tafelhaus geschlossen wurde, ging ich nach Hause und sah dort meinen Vater sitzen. Ich erzählte meinem Vater von meiner schriftlichen Arbeit, dann habe ich ihm meine Tafel vorgelesen; mein Vater war damit zufrieden ... gebt mir Wasser zu trinken ... gebt mir Brot zu essen ... ich will gleich schlafen. Am frühen Morgen weckt mich, ich will nicht zu spät kommen, sonst schlägt mich mein Meister.«

Auch in Ägypten muß es schon früh Schulen gegeben haben. Es ist bekannt, daß in der Zeit der Pharaonen die Künste des Schreibens in Hieroglyphen, des Rechnens und der Geometrie, letztere vor allem wegen der jährlichen Überschwemmungen am Nil, intensiv betrieben und auch systematisch gelehrt wurden. Auf Papyros geschriebene Lehrbücher sind bis heute erhalten geblieben.

Würde man weitere Spuren in der Geschichte verfolgen, dann käme man wahrscheinlich zu dem Ergebnis, daß immer dann Einrichtungen zur Vermittlung bestimmter Kenntnisse und Fähigkeiten geschaffen worden sind, wenn es der heranwachsenden Generation nicht mehr gelang, im Alltag all das wie von selbst zu lernen, was sie für ihr Leben brauchte oder was die Erwachsenen von ihr erwarteten.

Die beiden Beispiele aus Sumer und Ägypten, über die wir hier berichtet haben, dürfen uns nun aber nicht zu der Annahme verleiten, dort lägen die unmittelbaren Wurzeln der Schule unserer Zeit. Selbst wenn uns vieles vertraut vorkommen mag, die zeitliche Distanz und die Andersartigkeit unserer Kultur lassen die Ähnlichkeit zu äußerer Übereinstimmung verblassen.

Abb. 1
Eine Initiale aus dem 12. Jh. Unter dem Querbalken des H sehen wir Hrabanus Maurus, einen großen Kirchengelehrten aus dem 9. Jh., mit einem Schriftband vor Schülern sitzen.
(Douai, Bibliothèque Municipale)

Abb. 2
Ein römischer Schüler mit seinem Lehrer. Diese Darstellung findet sich auf einem römischen Kindersarg neben drei anderen Szenen aus dem Leben eines Kindes. Der Schüler steht, eine Schriftrolle haltend, in der Pose des römischen Rhetors, wie wir sie auch von Statuen kennen, vor seinem Lehrer. Nicht nur Lesen und Schreiben, sondern auch die Kunst der Rede gehören zum Lernstoff reicher Römerkinder. (Paris, Louvre)

Sehr viel näher steht uns das Bildungswesen der griechisch-römischen Antike[2] (Abb. 2). Von dort führen Spuren unmittelbar zu uns: In unseren Schulen lehren und lernen wir noch heute ihre Sprachen, und wesentliche Leistungen ihrer Kunst und Kultur sind in unseren Schulen lebendig geblieben. Wir haben pädagogisches Gedankengut und Begriffe bis hin zum Namen Schule, dem alten »schola«, von dort übernommen, und man hat Reste der römischen Schule auch bei uns gefunden.

Ein fast einmaliges archäologisches Zeugnis wurde in Neumagen an der Mosel, unweit des ehemals bedeutenden römischen *Augusta Treverorum*, dem heutigen Trier, entdeckt (Abb. 3). Es ist ein Teil eines Grabmals, vermutlich für ein im Schulalter verstorbenes Kind, und stellt eine Unterrichtsszene dar. Der Bildhauer hat einen Augenblick festgehalten, wie er sich in der Wirklichkeit zugetragen haben könnte: Unter Anleitung ihres Lehrers sind zwei Schüler mit dem Lesen von Schriftrollen beschäftigt; gleichzeitig betritt oder verläßt ein dritter Schüler den Raum. Seine rechte Hand hat er zum römischen Gruß »Salve« erhoben, in der linken trägt er ein aufklappbares Bündel von Schreibtäfelchen, die wie ein Buch in eine Lederhülle eingeschlagen sind.

Römische Schulen hat es in allen Provinzen des römischen Reiches gegeben; Schreibgeräte, Wachstäfelchen und Griffel, sind selbst in den Resten kleinerer Siedlungen ausgegraben worden. Und dabei ist das römische Schulwesen nicht einmal eine eigene Erfindung der Römer gewesen, sondern eine fast unveränderte Übernahme des Schulsystems aus der Blütezeit Griechenlands, das bereits um 300 v. Chr. seine feste Gestalt gewonnen hatte. Es war die Leistung der Römer, dieses System über das Abendland und den Vorderen Orient ausgebreitet zu haben.

Nördlich der Alpen hatten die römische Kultur und das einst blühende Schulwesen der Römer jedoch keinen Bestand. Sie sind mit dem Zusammenbruch des römischen Reiches und in den Stürmen der Völkerwanderungszeit zwischen dem 3. und 5. Jahrhundert n. Chr. untergegangen.

In weiten Teilen Mitteleuropas, in Deutschland, in Österreich, im Norden der Schweiz, im Elsaß, in Nordfrankreich, Belgien und in den Niederlanden ließen sich germanische Stämme nieder. Dabei trat an die Stelle der römischen Stadt- und Schriftkultur die agrarisch-dörfliche Kultur der Germanen, die keine Schrift in unserem Sinne kannte und brauchte und sich allenfalls schriftähnlicher Zeichen in Form von Runen zu magisch-kultischen Zwecken bediente. Was man für sein Leben lernen mußte, lehrte der Alltag.

Um etwa 600 begann in diesem Raum die Bekehrung der germanisch-heidnischen Bevölkerung durch Missionare der christlichen Kirche, eingeleitet durch den irischen Mönch Kolumban. In der Folge verbreitete sich die christliche Religion, die christliche Kirche und ihre Kultur über das ganze Land. Als Stützpunkt des neuen Glaubens sowie einer neuen Kultur und Herrschaftsordnung entstand die Ordenskirche mit ihren Klöstern für Mönche und Nonnen; aus dieser frühen Zeit stammen die heute noch bekannten Abteien St. Gallen, Benediktbeuren, Fulda, Reichenau und Hersfeld. Daneben entwickelte sich die zweite Säule der christlichen Kirche, die »Weltkirche« mit ihren Bischofssitzen und Pfarreien.

Die christliche Kirche war von ihren Anfängen an in die griechisch-römische Welt eingebettet, hatte sich mit ihr auseinandersetzen müssen und auf dieser Grundlage ihre eigene Kultur und ihre eigenen Vorstellungen von Bildung und Erziehung entwickelt. Diese Vorstellungen trug sie in den von ihr missionierten Raum hinein. Ihre Klöster, Bischofssitze und Pfarreien wurden zu den Pflanzstätten der christlich-abendländischen Kultur und unserer Schule.

Abb. 3
Eines der schönsten Beispiele für den Unterricht in der römischen Zeit bildet dieses Steinrelief (um 200 n. Chr.). Es wurde an der Mosel bei Neumagen gefunden und ist Teil eines Grabdenkmals. Bei wohlhabenden Römern war es üblich, auf Grabmälern den Verstorbenen in für sein Leben wichtigen Situationen darzustellen. Wen unter den Dargestellten dieses Grabmal ehren wollte, wissen wir nicht. Vermutlich ließen es Eltern im Gedenken an ihr im Schulalter verstorbenes Kind errichten. (Trier, Rheinisches Landesmuseum)

Bildung im Schoße der Kirche

Wer an die Schule von heute denkt, dem drängen sich Bilder auf, die sich im Laufe seines Lebens tief in das Bewußtsein eingegraben haben. Denkt man nicht sogleich an Lehrer, Prüfungen, Noten und Versetzungen, an Schulhäuser mit ihrer Atmosphäre und ihrem Geruch, an Freundschaften und Bestätigung, an Hausaufgaben, Schulbücher und Lehrpläne, an Schularten, Schulabschlüsse und was man mit ihnen anfangen kann? Und denken wir nicht auch an all die Bemühungen, mit denen man Schülern klar zu machen versucht, wozu Schulbesuch, Schülerfleiß und Schulerfolg nützlich seien – für Erfolge im Beruf, für das Sich-Durchsetzenkönnen im Lebenskampf und auch für die Entfaltung der Persönlichkeit... *sed vitae discimus?*

Wenn wir etwas erfahren wollen über die Anfänge dieser Schule, über die Schule im Schoße der mittelalterlichen Kirche, sehen wir uns mit ganz anderen Bildern konfrontiert. Sie erscheinen uns fremd und verschlüsselt – sie plaudern nicht aus der Schule. Wem es gelingt, sie zu erschließen, dem wird sich auch einiges vom Wesen dieser Schule offenbaren.

Schule im Schoße der Kirche bedeutete zweierlei[3]: Sie war einerseits Inbegriff all dessen, was im weitesten Sinne der Einübung in das kirchliche Leben und den Glauben diente; andererseits war sie aber auch eine »Institution« innerhalb der Kirche mit pädagogischem Auftrag. Was sie vermitteln sollte, das Umgehenkönnen mit Schrift und Buch, den rechten Glauben sowie das weltliche Wissen, das »Gold und Silber der Heiden«, war ursprünglich nur für das Leben innerhalb der Kirche und ihre Zwecke gedacht. Vieles davon erwies sich aber auch im weltlichen Leben als nützlich.

Am Anfang war das Buch

Als Papst Gregor der Große im Jahre 596 den Benediktinerabt Augustinus mit 39 Mönchen als Missionare zur Heidenbekehrung nach England sandte, soll er ihnen kostbare Bücher mitgegeben haben.

Die Gründe, die ihn dazu bewogen haben mögen, kennen wir im einzelnen nicht, wir wissen jedoch, daß Bücher für die Kirche während des ganzen Mittelalters eine herausragende Bedeutung gehabt haben. In ihnen waren nicht nur die Texte aufbewahrt, aus denen die christliche Kirche und der Glaube lebten, in ihrer dinglichen Existenz galten sie als Verkörperung der in ihnen enthaltenen ewigen Wahrheit. Sie lesen zu können oder sie gar zu besitzen, verlieh Teilhabe an ihrer Autorität. Aus diesen Gründen wurden Bücher, besonders die Evangelien, in Prozessionen an hervorgehobener Stelle mitgeführt und gezeigt. In einer frühen Bilddarstellung des Konzils von Konstantinopel ist inmitten der Versammlung ein Buch sogar auf einem Thron plaziert[4]. Bei Gerichtssitzungen oder Eidesleistungen hoher Würdenträger vertrat die Anwesenheit eines Prachtkodexes die Gegenwart Christi. Daß in dieser Zeit die Menschen zu Büchern eine fast magische Beziehung hatten, kann man daran erkennen, daß sogar Reliquien von Heiligen in Buchdeckel eingearbeitet worden sind[5].

Der Wert, der dem Inhalt der Bücher beigemessen wurde, sollte auch in ihrem Äußeren sichtbar werden – nicht nur durch die künstlerische Gestaltung, sondern ebenso durch den Wert des Materials: vergoldete Treibarbeiten, Reliefs in Elfenbein

Abb. 4
Der Bedeutung von Büchern im Mittelalter entspricht ihre äußere Gestaltung. Die Entstehung dieses Buchdeckels des Codex Aureus aus dem Kloster Echternach wird in die Zeit zwischen 983 und 991 datiert. Die Elfenbeinplatte in der Mitte ist möglicherweise zwei oder drei Jahrzehnte später entstanden und hat eine andere Tafel ersetzt. Das kostbare Material – Elfenbein, Goldblech, Edelsteine, Filigran und Emailplatten – verbindet sich mit den Proportionen und der handwerklichen und künstlerischen Qualität zu einer eindrucksvollen Wirkung. Diese wird auch durch die starke Beschädigung der goldenen Treibarbeiten kaum geschmälert. So kündet schon das Äußere dieses mit Goldbuchstaben geschriebenen Evangeliars von der hohen Bedeutung seines Inhalts. (Nürnberg, Germanisches Nationalmuseum)

oder leuchtende Emaillebilder waren von kunstvoll gefaßten Perlen und Edelsteinen umrahmt (Abb. 4). Aus einem solchen Zusammenhang heraus dürfte auch das Elfenbeintäfelchen stammen, das im 10. Jahrhundert in einer französischen Klosterwerkstatt gestaltet worden ist (Abb. 5). Es war wohl das Mittelfeld des reich geschmückten Buchdeckels einer Schrift des Heiligen Gregor.

An der Stätte seiner Hauptwirksamkeit, in Rom – darauf deutet die Architektur in der oberen Bildzone –, sitzt Gregor schreibend an einem sorgsam geschnitzten Pult. Die Taube auf seiner Schulter, Symbol des Heiligen Geistes, sagt ihm die rechten Gedanken ins Ohr. Im unteren Teil der Elfenbeintafel, gleichsam in einem niedrigen Geschoß unter dem Raum des Kirchenvaters, sitzen zwischen Boden und Decke

Abb. 5
Die Kunst des Schreibens gehört zum Rüstzeug der Mönche, wenn auch nur ein Teil von ihnen – wie die drei zu Füßen des hl. Gregor – in den klösterlichen Skriptorien an der Gestaltung von Büchern mitwirkt. (Elfenbeinrelief, 10. Jh.; Wien, Kunsthistorisches Museum)

eingezwängt drei schreibende Mönche, jeder mit einer Feder und einem Buch, der mittlere dazu mit dem Tintenhorn in der Linken. Vielleicht sollte dieser Bildteil darauf hinweisen, daß Gregors Schriften es verdienen, vielfach abgeschrieben und verbreitet zu werden.

Einen Blick in die Werkstatt des theologischen Schriftstellers vermittelt uns auch die etwa zur gleichen Zeit wie das Elfenbeintäfelchen entstandene Miniatur aus einem *Registrum Gregorii* (Abb. 6). Auch hier befindet sich Gregor in einem vornehm ausgestatteten Raum und folgt aufmerksam der Inspiration durch die Taube. Doch diesmal hat er selbst kein Schreibwerkzeug. In einem anderen Teil des Raumes, der durch einen Vorhang abgetrennt ist, wartet sein »Sekretär«. Neugierig strafft der mit seinem Griffel ein wenig die Falten des Vorhangs, um durch ein Loch nach Gregor zu schauen. Der Schreiber hält ein Täfelchen, wie es während des gesamten Mittelalters zu einer ersten Niederschrift von Gedanken benutzt wurde; danach übertrug man den Text auf das teure Pergament.

Die beiden Bildwerke führen uns einen Ausschnitt aus dem geistigen Leben des frühen christlichen Abendlandes vor Augen, von dem aus sich auch wesentliche Züge des Bildungswesens jener Zeit verstehen lassen. Die geistliche und die geistige Kultur der Zentren des Christentums, der Klöster und Bischofssitze, war geprägt durch das

Abb. 6
»Selig der Mann, der über die Weisheit nachdenkt«, steht in mittelalterlicher Kurzschrift auf dem Schreibtäfelchen, das der Schreiber des Kirchenlehrers Papst Gregor hält. In die Wachsschicht auf der Holztafel wurde die Schrift mit einem Griffel eingeritzt. Wachstäfelchen und Griffel waren im ganzen Mittelalter das universale Schreibgerät. Nur bedeutsame Texte wurden auch auf Pergament übertragen. (Meister des Registrum Gregorii, kurz nach 983; Trier, Stadtbibliothek)

schriftlich überlieferte Wort Gottes. Sie war eine Kultur der Schrift, d. h. des Verstehens, Auslegens, Kommentierens und Vermittelns von Texten.

Aus diesem Grunde gehörte zur Ausstattung eines Klosters in der Regel auch eine Bibliothek – nicht nur mit den wichtigsten Büchern der christlichen Überlieferung, sondern auch mit Schriften antiker heidnischer Autoren, die einerseits Rüstzeug für theologische Bemühungen lieferten, andererseits Gegenstand der kritischen Auseinandersetzung waren. Die Bibliothek war ein Mittelpunkt des kulturellen Lebens im Kloster; sie war Hort geistiger und künstlerischer Schätze, für deren Erhaltung, Vergrößerung und rechten Gebrauch der *Armarius*, ein gebildeter und angesehener Mönch, als Bibliothekar Sorge zu tragen hatte. Es verwundert nicht, daß manche Klöster wetteiferten in der Ausstattung ihrer Bibliotheken, denn diese wurden häufig als ein Zeichen des Ansehens und als Ausweis geistiger Autorität und Frömmigkeit verstanden. Oft wurden Bücher an Ketten verwahrt – ein Hinweis nicht nur auf ihre Wertschätzung, sondern auch auf ihren exklusiven Gebrauch.

Die Herstellung und Vervielfältigung der Handschriften erfolgte in klostereigenen Werkstätten, den Skriptorien (Abb. 7). Hier wurde das Pergament vorbereitet und wirkten die Schreiber; hier gestalteten die Miniatoren die Initialen, und die Illuminatoren, die Buchmaler, zeichneten und malten die Bilder[6]. Auf diese Weise entstanden Meßbücher, Evangeliare, Epistolare und Antiphonare für den festlichen Gottesdienst, dazu Psalterien, Breviare, Heiligenviten und andere theologische Schriften. Einzelne Klöster waren zeitweise berühmt wegen ihrer Skriptorien und der dort tätigen Künstler. So erlebte das Kloster Echternach vor allem im elften Jahrhundert eine Blüte der Buchkunst, und vom Kloster Hirsau ist überliefert, daß dort ständig 12 Schreiber im Skriptorium beschäftigt waren. Die klösterlichen Schreibwerkstätten arbeiteten im übrigen nicht nur zur Deckung des eigenen Bedarfs, sondern gegen Bezahlung auch für fremde Auftraggeber. Bis ins frühe 13. Jahrhundert erfolgte die Buchherstellung fast ausschließlich in den Skriptorien der Klöster. Erst danach entwickelten sich auch gewerbliche Buchateliers in den Städten.

Was aus den Büchern geworden ist, die die vierzig Mönche auf ihrer Missionsreise mitgeführt haben, wissen wir nicht. Daß den Mönchen die Bedeutung dieser Bücher bewußt war, ist wohl sicher, und wir dürfen auch annehmen, daß es ihnen ein Anliegen war, jene, die sie bekehrt und für ein klösterliches Leben gewonnen hatten, im rechten Umgang mit den Büchern zu unterweisen: sie zu üben und zu schulen im Lesen und Verstehen, im Auslegen und Kommentieren, im Schreiben und Verbreiten.

Abb. 7
In einem Evangelistar Kaiser Heinrichs III., das in der ersten Hälfte des 11. Jh. im Kloster Echternach entstanden ist, befindet sich dieses Bild mit der Schreibwerkstatt, in der ein Mönch und ein Laie an der Arbeit sind. (Bremen, Universitätsbibliothek)

Abb. 8
Der hl. Augustinus, einer der vier großen Kirchenlehrer der frühchristlichen Zeit, wird etwa 350 Jahre nach seinem Tode von einem Buchmaler im Egino-Codex (8. Jh.) in einer lehrhaften Szene gezeigt. Gebärden, Haltung und Zuordnung der Personen tauchen in ähnlicher Weise in späteren Darstellungen von Lehr- und Unterrichtsszenen bis ins 16. Jh. immer wieder auf. (Berlin, Deutsche Staatsbibliothek)

Lehren für den Glauben

Zwei aufgeschlagene Bücher ziehen den Blick des Betrachters auf sich, sie scheinen auch die Aufmerksamkeit der Dargestellten zu erregen. Vier jüngere Mönche, an ihrer Tonsur zu erkennen, sind um einen Mann versammelt, der durch einen Heiligenschein, seine Größe und seinen erhöhten Sitz ausgezeichnet ist. Die Mönche folgen mit großer Aufmerksamkeit seinen Ausführungen, wohl über eine Textstelle aus einem der Bücher. Auch ohne den Inhalt der Ausführungen zu kennen, wird deutlich, daß ein Wissender, es handelt sich um den hl. Augustinus, im Begriffe ist, einem seiner Zuhörer, der seine Schreibarbeiten unterbrochen hat, etwas zu erläutern. Wie Lehrer und Schüler sind sie aufeinander bezogen (Abb. 8). Der im Bild vermittelte Vorgang erscheint uns in mehrfacher Hinsicht bemerkenswert. Den Gegenstand des Gesprächs bildet ein Text, der sich von selbst noch nicht erschließt oder der sogar fragwürdig ist; er bedarf der Erläuterung, vielleicht der angeleiteten Erarbeitung oder Einübung. Diese wiederum erfährt der Ungeübte dadurch, daß er sich an die Autorität wendet, ihr sich unterstellt und sich von ihr im rechten Umgang mit dem Text belehren läßt.

Insoweit spiegelt diese Szene ein Kernstück mittelalterlichen Bildungsdenkens wider, das die Wirklichkeit kirchlichen Lebens in mannigfacher Weise prägt: Der rechte Umgang mit den in den heiligen Schriften enthaltenen Wahrheiten muß von Autoritäten durch rechte Lehren vermittelt und durch Lernen erworben werden.

Systematisiertes Lehren und Lernen wurde deshalb neben dem Schreiben und Sammeln von Büchern zu einer fundamentalen Aufgabe, ja geradezu zu einer Existenzfrage für die mittelalterliche Kirche. Dazu bedurfte es einer geeigneten Institution: der Schule[7].

In jenen Regionen Europas, in denen das römische Schulwesen über die Völkerwanderungszeit hinweg noch einigermaßen intakt geblieben war, boten sich Ansatzpunkte für den Aufbau solcher Einrichtungen. Dort aber, wo die römisch-antiken Schulen untergegangen waren, wie in Mitteleuropa, mußte sich die Kirche ein eigenes Schulwesen neu aufbauen. So entstanden mit der Ausbreitung kirchlicher Einrichtungen zwangsläufig auch Schulen, an den Klöstern der Mönche und Nonnen die Klosterschulen, an den Kirchen der Bischöfe die Domschulen, später an den Chorherren- und Damenstiften die Stiftsschulen und – wenn auch anfangs nur selten – an Pfarreien die Pfarrschulen.

Dem Rang dieser Aufgabe entsprechend, hatten bereits die Ordensgründer in ihre Klosterregeln und die Kirchenväter in ihre Schriften Bestimmungen über die Schule und den Unterricht der Knaben aufgenommen[8]. An der Spitze der Kloster- und Domschulen stand der Scholastikus, von dem ein hohes Maß an Gelehrsamkeit, Zuverlässigkeit und persönlicher Reife gefordert wurde. Viele große Gelehrte des Mittelalters haben dieses Amt ausgeübt. Nun können wir auch verstehen, wenn die Kunst bis in die Neuzeit hinein die großen Kirchenlehrer und andere Heilige immer wieder als Lehrer beim Unterricht dargestellt hat.

Welch wichtige Rolle Schule und Unterricht für die Ordens- und Weltkirche haben mußte, zeigt auch ein Blick in den Klosterplan von St. Gallen[9] aus der Zeit zwischen 820 und 830 (Abb. 9). Unter den verschiedenen Gebäuden dieses in sich geschlossenen Lebensraumes finden sich sogar zwei Schulen, eine *schola interna* für die Novizen, die künftigen Mönche, und eine *schola externa* für Laien. Die innere Schule ist, wie im Plan ersichtlich wird, eine Art verkleinertes Abbild der klösterlichen Klausur mit gemeinschaftlich genutzten Wohn- und Unterrichtsräumen und eigener Kapelle. Ohne eine solche innere Schule ist ein Kloster im Mittelalter kaum vorstellbar. Die äußere Schule hingegen – räumlich außerhalb der Klausur gelegen – bot einer beschränkten Zahl von Schülern, die nicht in das Kloster eintreten wollten, Gelegenheit, von Klosterlehrern unterrichtet zu werden; äußere Schulen waren vor allem im frühen Mittelalter recht selten, so daß nur wenige Laien die Möglichkeit fanden, an dieser Art von Bildung teilzuhaben.

Der Klosterplan von St. Gallen ist zwar in dieser Form nicht zur Ausführung gekommen, er gibt uns aber einen anschaulichen Einblick in die damaligen Vorstellungen vom klösterlichen Leben.

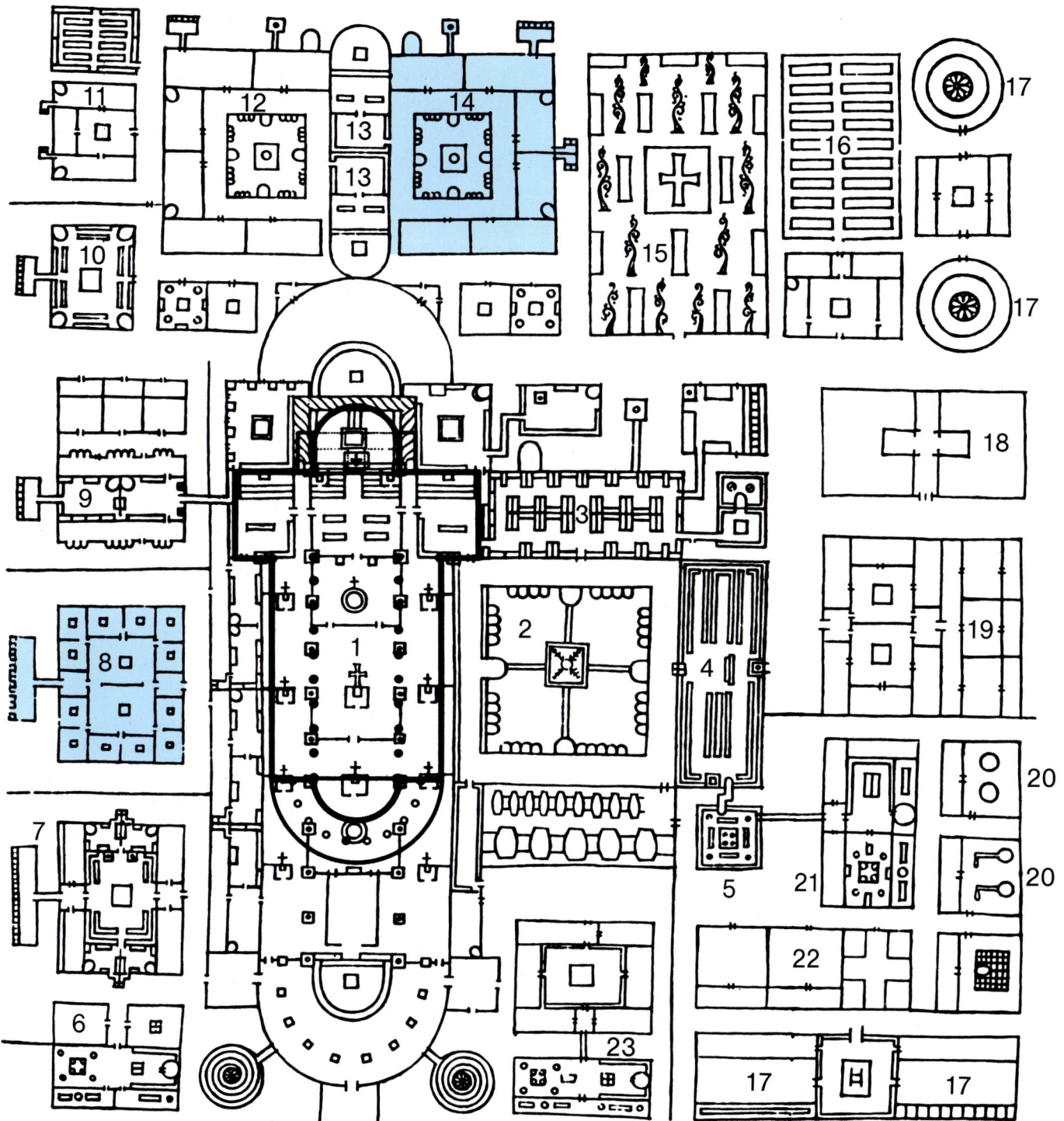

Abb. 9
St. Gallener Klosterplan (Nachzeichnung)

1 Kirche	9 Abtswohnung	17 Stallungen
2 Kreuzgang	10 Aderlasshaus	18 Scheune
3 Dormitorium	11 Ärztehaus	19 Handwerker
4 Refektorium	12 Krankenhaus	20 Mühlen
5 Küche	13 Kapellen	21 Bäckerei
6 Brauhaus	14 Innere Schule	22 Wirtschaftsgebäude
7 Hospiz	15 Friedhof mit Obstgarten	23 Armenhospiz
8 Äußere Schule	16 Gemüsegarten	(St. Gallen, Stiftsbibliothek)

Abb. 10
Sieben im 13. Jh. in Sandstein gehauene Frauengestalten stehen in der Vorhalle des Freiburger Münsters. Sie verkörpern die Idee der christlich-abendländischen Bildung – ein Lehrplan in Stein. Was sie im einzelnen bedeuten und weshalb sie gerade dort aufgestellt sind, wäre für den Zeitgenossen keine Frage gewesen. (Freiburg i. Br., Münstervorhalle)

Lehrplan: Gold und Silber der Heiden

Ein Tourist, der nach Freiburg kommt, wird es nicht versäumen, das bekannte Münster zu besuchen, dessen filigran gestalteten Turm der große Schweizer Historiker Jakob Burckhardt als den schönsten Turm der Christenheit bezeichnete. Die Ästhetik dieses Bauwerks vermag den Besucher zu begeistern, ansprechen wird es ihn aber auch durch die Art und Weise, wie es ihm die mittelalterliche Kulturgeschichte vor Augen führt[10].

Besonders eindrucksvoll geschieht dies in der Vorhalle zum Hauptportal unter dem Westturm. Einbezogen in reich gegliedertes gotisches Maßwerk umgibt dort den Betrachter eine Fülle von Steinskulpturen, die ab etwa 1270 entstanden sind und verschiedene theologische Themen darstellen.

Von einer dieser Figuren zeigen sich Freiburger Kinder besonders beeindruckt: Eine würdige Frauengestalt in der Tracht des 13. Jh. hält mit ihrer rechten Hand drohend ein Rutenbündel erhoben. Ernst, fast streng blickt sie auf einen kleinen Jungen herab, der nackt vor ihr steht und seine Bekleidung im Arm hält. Mit ihrer linken Hand faßt sie ihn am Ohr, während er mit erhobener Hand zu ihr aufschaut. Neben ihm sitzt, am ganzen Vorgang scheinbar unbeteiligt, ein zweiter Junge, bekleidet und in ein Buch vertieft. Wer diese Szene betrachtet, erkennt in ihr leicht den fleißigen Schüler und das Strafgericht der Lehrerin über den faulen. Daß der faule Schüler keine Kleidung trägt, braucht nicht weiter zu verwundern, war es doch in den Schulen des Mittelalters üblich, die Strafe mit der Rute »nach dem Abtun der Kleider« auf dem entblößten Körper zu vollziehen.

Was aber hat nun diese Szene im Gesamtzusammenhang der Figuren eines sakralen Bauwerks im Mittelalter zu suchen? Mit dem Hinweis allein, Schule und Unterricht seien unverzichtbare Bestandteile des kirchlichen Lebens gewesen, können wir uns noch nicht zufriedengeben.

Eine Antwort finden wir, wenn wir in der Kunst dieser Zeit nach vergleichbaren Bildmotiven suchen und diese in Beziehung setzen zu den theologischen Lehrmeinungen der Zeit. In einer Zeichnung des um 1175 im Elsaß entstandenen *Hortus deliciarum* der Äbtissin Herrad von Landsberg[11] ist eine weibliche Gestalt dargestellt, die ähnlich demonstrativ mit einer Rute und außerdem mit einem Buch ausgestattet ist. Das Bild enthält erläuternde Beischriften und bezeichnet die weibliche Gestalt mit der Rute und dem Buch als »Grammatica«. In der Zeichnung ist die *Grammatica* von weiteren sechs Frauengestalten umgeben, die ihrerseits mit je eigenen Attributen und Namen versehen sind. Sie tragen die Namen *Rhetorica, Dialectica, Musica, Arithmetica, Geometria* und *Astronomia*.

Sechs derartige Frauengestalten, unverwechselbar durch ihre Gestik und durch ihre Attribute, stehen auch in der Vorhalle des Freiburger Münsters gleich neben der Statue der Lehrerin, die wir inzwischen als Grammatik erkannt haben. Unmittelbar neben ihr sehen wir die Dialektik mit einer Geste, als würde sie argumentieren, neben ihr eine Figur mit Münzen in beiden Händen, die als Rhetorik gedeutet wird[12]. Ihr folgen die Geometrie mit dem Winkelmaß, die Musik mit der Glocke, die Arithmetik und schließlich die Astronomie mit der Wasseruhr (Abb. 10).

Die Figurengruppe des Freiburger Münsters und des *Hortus deliciarum* ist als Bildthema im Mittelalter kein Einzelfall[13]. Wir begegnen ihr vom 12. Jh. an auch in anderen Formen der Kunst immer wieder, in Bildteppichen, Glasfenstern, im Bronzeguß, in der Buchmalerei, der Malerei, im Holzschnitt (vgl. Abb. 13) und auch noch in Kupferstichen. Sie ist die bildliche Darstellung der *Septem artes liberales,* der Sieben Freien Künste. Und die Sieben Freien Künste waren nicht ohne Grund ein klassisches Thema der mittelalterlichen Kunst. Sie bildeten über Jahrhunderte hinweg das Fundament christlich-abendländischer Gelehrsamkeit und den zentralen Gegenstand schulischen Unterrichts. Man kann sie deshalb mit Fug und Recht als Lehrplan der Schule im Mittelalter bezeichnen.

Noch immer aber ist damit die eingangs gestellte Frage nicht zureichend beantwortet, weshalb die Grammatik und mit ihr die anderen Vertreterinnen der Sieben Freien Künste in die Vorhalle des Münsterbaus aufgenommen worden sind. Eine überzeugende Antwort finden wir erst, wenn wir uns die Auseinandersetzungen in der frühen Kirche um die Rolle der Bildung und der profanen Gelehrsamkeit bis dahin vergegenwärtigen.

Die Sieben Freien Künste hatten schon den Lehrkanon der Schule in der römischen Antike bestimmt[14]. Sie waren griechisch-römischen, also vorchristlichen und damit heidnischen Ursprungs. Das frühe Christentum hatte sich in bewußter Abkehr von römischer Lebensweise und Weltauffassung einem religiös-asketischen Lebensideal verschrieben, dem die überkommene weltliche Wissenschaft und römische Gelehrsamkeit als heidnisch und suspekt erscheinen mußten. Es bedurfte langer Auseinandersetzungen, bis die Sieben Freien Künste in bereinigter Form in den Kanon kirchlicher Gelehrsamkeit Aufnahme gefunden hatten. Viele Kirchenlehrer und Heilige haben sich an dieser Auseinandersetzung beteiligt. Cassiodor mahnte beispielsweise: »Nie haben die heiligen Väter daran gedacht, daß man die weltlichen Wissenschaften verachten solle; denn durch diese wird unser Geist in nicht geringem Grade für das Bibelverständnis herangebildet. Ahmen wir daher ihnen nach und verlegen wir uns, wenn es sein kann, mit unablässigem Eifer, aber auch mit großer Vorsicht auf das Studium profaner Schriften ebenso wie auf die Lektüre geistlicher Bücher«[15]. Und Augustinus (354–430) bedeutete seinen Zeitgenossen, es fänden sich »unter den heidnischen Wissenschaften neben einer Menge von Aberglauben und einem Ballaste unnützer Gelehrsamkeit, die ein jeder von uns, der unter Christi Führung aus der Gesellschaft der Heidenwelt ausgezogen ist, verabscheuen und fliehen muß, schöne, für den Dienst der Wahrheit ganz geeignete Künste und die nützlichsten Sittensprüche, ja selbst manche Wahrheiten über die Verehrung des einen Gottes. Das ist gleichsam das Gold und Silber der Heiden, ... und das muß ihnen der Christ entreißen, um es zur Verkündigung des Evangeliums in rechter Weise zu gebrauchen.«[16]

Alkuin schließlich, der große Förderer des Schulwesens unter Karl dem Großen, zog daraus für die Schulen der Kirche das Fazit: »Die Kenntnis der weltlichen Wissenschaften ist nicht zu verachten, weil sie die Grundlage für das weitere Studium bildet. Darum müssen schon die Kinder im zartesten Alter in der Grammatik und in den anderen Disziplinen subtiler Weltweisheit unterrichtet werden, damit sie imstande sind wie auf einer Stufenleiter der Weisheit die höchste Höhe evangelischer Vollkommenheit zu erklimmen.«[17]

Die Bedeutung des Studiums der heidnischen Wissenschaften, der Sieben Freien Künste, für das Leben der Kirche und des Klerus war damit deutlich genug herausgestellt: Sie sind das Instrument, dessen sich die Kirche und der Klerus bedienen müssen, um ihren Auftrag zeitgemäß zu erfüllen, und gleichsam eine Art Vorstufe auf dem Weg zum rechten Bibelverständnis und Glauben (vgl. Abb. 11 und 12).

Wenn man nun noch bedenkt, daß in der Entstehungszeit der Freiburger Figuren der Kirchenbau mit all seinen Teilen Symbol für die göttliche Kirche mit ihren Gliedern und ihrem geistigen Leben war, dann wird verständlich, daß die Sieben Freien Künste in der Vorhalle des Freiburger Münsters den richtigen Platz gefunden haben: Sie gehören zur Kirche und sie leiten in ihr Inneres! Wir finden sie deshalb auch an den Portalen der großen Kathedralen von Chartres, Laon und Rouen, an deren berühmten Domschulen das, was sie darstellten, auch gelehrt wurde.

Die Sieben Freien Künste zu lehren, war Aufgabe aller Schulen der Kirche, insbesondere natürlich der großen Kloster- und Domschulen. Hrabanus Maurus (um 780–856), Bischof von Fulda und engagierter Förderer des Schulwesens, hat sie im 9. Jh. in seiner Schrift »Unterweisung der Geistlichen« beschrieben und ihren Wert im einzelnen begründet[18]:

Die Grammatik ist für ihn die Grundlage der Gelehrsamkeit und des Glaubens, denn ohne sie ist das Verständnis der Heiligen Schrift undenkbar. »Grammatik ist die Wissenschaft, Dichter und Geschichtsschreiber auszulegen, und die Richtschnur für richtiges Schreiben und Sprechen. Sie ist sowohl Ursprung als auch Grundlage der freien Künste. Die christliche Schule muß sich deshalb mit ihr befassen, weil auf ihr das Verständnis, richtig zu sprechen und zu schreiben, beruht.« Die Grammatik ist also nicht etwa nur die Beschäftigung mit dem formalen Sprachgerüst, sondern eine Art umfassender sprachlich-literarischer Bildung in der lateinischen Kirchensprache. Die Rhetorik, bei den Römern die Kunst der öffentlichen Rede, erhält bei Hrabanus eine theologische Wendung: »Rhetorik ist ... die Kunst, in weltlichen Wissenschaften sich gut auszudrücken ..., der tut ein gutes Werk, der sie so vollkommen lernt, daß er zur Verkündigung des Wortes Gottes geeignet ist.« Die Dialektik, der wir heute eher den Namen Logik oder Philosophie geben würden, nennt er die Wissenschaft vom Denken. »Sie untersucht bestimmte Begriffe und stellt eine gründliche Erörterung an. Auch vermag sie Wahres vom Falschen zu unterscheiden.« Deshalb könne sie helfen, die »Verschlagenheit der Irrgläubigen« zu erkennen und ihre »giftigen Trugschlüsse« zu widerlegen. Die Arithmetik sei »die Wissenschaft der zählbaren Größe an

Abb. 11 und 12
Auch der Betrachter unserer Tage wird leicht erkennen, daß diese beiden Miniaturen aus dem Jahre 1372 Unterrichtsszenen darstellen. Die Beobachtung des Laufs der Gestirne am Himmel und das Modell ihrer Bahnen in der Hand des Lehrers vermitteln eine Vorstellung vom Unterricht in der Astronomie. Der Mönch, der einen Text interpretiert und auf einen steinigen Berghang zu deuten scheint, unterrichtet die Geographie, die als Erdbeschreibung ein Teil der Geometrie war. (Paris, Bibliothèque Ste-Geneviève)

und für sich, ... nämlich die Wissenschaft der Zahlen...« Die Geometrie bezeichnet Hrabanus als »Messung der Erde« und als die »Wissenschaft von der unbeweglichen räumlichen Größe und von den Gestalten«. Die Musik, in unserem Verständnis vor allem als musikalische Praxis begriffen, wird im Mittelalter sehr viel stärker von der Musiktheorie her verstanden. Im Gegensatz zum Gesang ist sie »die Wissenschaft, die von den Zahlen handelt, ... die sich bei Tönen finden...« Hrabanus hält sie für so wichtig, daß ohne sie der kirchliche Dienst nicht angemessen verrichtet werden könne. Die Astronomie schließlich ist »die Wissenschaft, die den Lauf der himmlischen Gestirne und alle ihre Figuren betrachtet und die Verhältnisse der Sterne untereinander und zur Erde mit aufspürendem Denken durchforscht«.

Wenn Schulklassen in Freiburg an einer Münsterführung teilnehmen, zeigt man ihnen im romanischen Bauteil, der um 1200 entstanden ist, einen Bilderfries mit einem Steinrelief (Abb. 14). Er heißt im Volksmund die »Wolfsschule«. Auch wenn die einzelnen Figuren dicht aneinandergereiht sind und sich teilweise überschneiden, kann man inhaltlich drei Szenen ausmachen. Links sitzt ein Mönch auf einem Schemel mit einer Rute in der Hand. Er ist einem Untier zugewandt, das aufrecht vor ihm steht mit einem aufgeschlagenen Buch und einem Schreibgerät in den Pranken, dabei gleichzeitig aber den mächtigen Kopf umwendet zu einem Widder hinter ihm. Die folgende Szene hängt – durch die Figurenüberschneidung auch formal – eng mit der ersten zusammen: Der Mönch schlägt mit der Rute auf das Tier ein, das sich herumgedreht und statt Buch und Feder das Schaf gepackt hat. Mit zurückgewandtem Kopf folgt es einer Geste des Mönchs, der mit dem linken Zeigefinger zu seinem Kopf deutet. Bei der dritten Szene ist ein inhaltlicher Zusammenhang mit den beiden vorausgehenden Szenen zunächst nicht zu erkennen. Wir sehen einen Mann, der kein Mönchsgewand trägt und der einem Tier den Rachen auseinanderreißt.

Für die schwer verständliche Bildfolge gibt es einen Deutungsversuch, nach dem hier dargestellt sein soll, wie schwierig es sei, die Heiden – symbolisiert durch das Tier – zur christlichen Wahrheit hin- und von ihren gottlosen Gewohnheiten abzubringen. Diese Erklärung bleibt jedoch unbefriedigend, weil sie die dritte Szene außer acht läßt.

Abb. 13
Gegen Ende des 15. Jh., als dieser Holzschnitt entstanden ist, hatte sich das Verständnis der Sieben Freien Künste bereits gewandelt. Sie sind nicht mehr die durch Frauen repräsentierten Ideen und Teile der göttlichen Weltordnung; jetzt haben sie sich bereits zu akademischen Disziplinen weiterentwickelt, die durch Männer vertreten werden. (Rodericus Zamorensis, Spiegel des menschlichen Lebens; Zainer, Augsburg 1497)

Abb. 14
Die Buchstaben ABC über dem Steinrelief im romanischen Teil des Freiburger Münsters haben wohl auch dazu beigetragen, diesem Bildwerk den Namen »Wolfsschule« zu geben. Mit seinen fremdartig wirkenden Figuren und ihrer Zusammenstellung gibt es uns manche Rätsel auf. (Freiburg i. Br., Münster)

In ihr nämlich liegt der Schlüssel zum Verständnis: Es handelt sich um die alttestamentarische Geschichte von Simson, der den Löwen tötet. Diese wird in der scholastischen Theologie immer wieder mit Christus in Verbindung gebracht und in sog. typologischen Darstellungen neben das Bild mit Christus, der den Rachen der Hölle aufreißt, gestellt; so wie Simson durch göttliche Kraft und Gnade das wilde Tier besiegt, siegt Christus über das Böse[19].

In der »Wolfsschule« versucht der Mönch gegen das Böse anzugehen, das durch das Untier verkörpert wird, er will es zum Studieren bewegen. Sein Vorhaben mißlingt, weil die tierischen Begierden mächtiger bleiben. Das Tier reißt den Widder – übrigens ein Wesen, das in der Gestalt des Lammes als christliches Symbol vertraut ist.

Das Geschehen auf diesem Relief erhält seinen Sinn letztlich erst vor dem Hintergrund der theologischen Auseinandersetzungen um den Wert von Bildung. Seit dem frühen Christentum gab es immer wieder Strömungen, die vor einer Überschätzung der Buchgelehrsamkeit warnten, weil sie in ihr Gefahren für den rechten Glauben sahen[20]. Diese Warnung bringt das Bildwerk eindringlich zum Ausdruck: Nicht das Lernen und Studieren können den Menschen vom Bösen befreien, sondern allein die Kraft Gottes durch Christus. Die Gelehrsamkeit der Kleriker und die Sieben Freien Künste waren für diese Theologie zum Stein des Anstoßes geworden. So ist die »Wolfsschule« im Freiburger Münster zu interpretieren als eine in Stein gehauene Kritik am Lehrplan.

Die Sieben Freien Künste blieben trotz der immer wieder auflebenden Kritik die Grundlage des Lehrplans von den Anfängen der Schule bis an die Schwelle der Neuzeit – über eine Zeitspanne von fast 1000 Jahren. Erst mit dem Aufkommen des modernen Weltbildes und der Wissenschaften und ihren Folgen für das Bild vom Menschen und von seiner Bildung verlieren sie ihre Geltung. Neue Lehrinhalte beginnen sie zu ersetzen. Die Vorstellung, daß ein Lehrplan einen solchen langen Zeitraum überdauern konnte, mag einen Betrachter der heutigen Schule nachdenklich stimmen.

Abb. 15
Wolfram von Eschenbach wird uns in der Heidelberger Liederhandschrift (1. Hälfte des 14. Jh.) als ein typischer Vertreter des Ritterstandes dargestellt. Er war nicht nur in den kriegerischen Künsten bewandert, sondern auch ein großer Meister in der siebten ritterlichen Kunst, dem Verseschmieden. (Heidelberg, Universitätsbibliothek)

Abb. 16
Der Minnesänger Chunrat von Würzburg diktiert, bekleidet mit einem kostbaren, zobelgefütterten blauen Mantel, von einem erhöhten Platz seinem Schreiber. Dieser sitzt mit Feder und Federmesser und der Mütze des Dieners zu seinen Füßen vor dem aufgeschlagenen Buch. Warum schreibt der Dichter nicht selbst? Ist das unter seiner Würde? Gehört es zu den Gepflogenheiten des Standes, das Schreiben dem Schreiber zu überlassen? Oder ist er einer der zahlreichen Ritter, die auch im 13. Jh. noch nicht schreiben können? (Heidelberg, Universitätsbibliothek)

»Ein ritter so geleret was...«

Wer etwas über das Leben und die »Schule« der Ritter in Erfahrung bringen will, dem stehen bei weitem nicht so viele Quellen zur Verfügung, wie dem, der sich mit dem Leben der Kleriker und ihrer Kultur beschäftigt. Der vergleichsweise geringe Bestand an Schrift- und Bildquellen liegt vor allem darin begründet, daß das Leben der Ritter in ihren Burgen von Wertvorstellungen und Kommunikationsformen bestimmt war, die sich von denen der Kleriker wesentlich unterschieden.

Eines der herausragenden historischen Dokumente aus der Ritterzeit ist die berühmte Heidelberger Liederhandschrift aus dem 14. Jh., eine reich bebilderte Sammlung von Liedern und Sprüchen mittelalterlicher Minnesänger. Drei Bildbeispiele aus ihr können uns einen Eindruck vermitteln von ritterlicher Kultur und den Weisen ihrer Überlieferung und Aneignung.

Auf einem der Bilder (Abb. 15) wird in voller Rüstung mit Standarte, Wappenschild, Helmzier, aufgezäumtem Pferd und einem Knappen ein Ritter, der Minnesänger Wolfram von Eschenbach, dargestellt, als müßte er sich zum Turnier oder Kampf präsentieren. Dies ist nicht das Bild eines Buchgelehrten, eines arbeitenden Bauern oder eines Mönchs. Hier zeigt sich der Vertreter eines christlichen Standes, der sich nicht als *clericus*, sondern als *miles* dem Dienst am Lehensherrn, am Reich, an Gott, der Welt, den Frauen und den Schutzbedürftigen verpflichtet weiß. Der Knappe ist ihm zur Erziehung anvertraut.

Der Auftrag des Ritterstandes in der mittelalterlichen Gesellschaft, wie wir ihn in diesem Bild erkennen, bedurfte eigener Fähigkeiten und einer darauf zugeschnittenen Ausbildung und Erziehung. Das Studium der Sieben Freien Künste, das der Lehrplan der Kirche für den Klerus vorsah, war bei den Rittern sicher nicht gefragt. Ja, es sind Äußerungen von Rittern überliefert, die selbst das Lesen- und Schreibenlernen verächtlich machen und zumindest für die Knaben als verweichlichend verwerfen. Bei der Durchführung von Schreibgeschäften bedienten sich die Ritter bis hin zum hohen Adel ohnehin ihres Geistlichen, was u. a. zur Folge hatte, daß für das Handwerk des Schreibers im Mittelalter die Bezeichnung *clericus* in Gebrauch kam[21] (Abb. 16).

Parallel zu den Sieben Freien Künsten besaß der Ritterstand seinen eigenen, ebenfalls siebensäuligen Bildungskanon, die *Septem probitates*, die sieben Tüchtigkeiten des Ritters[22]: Schwimmen, Reiten, Pfeileschießen, Fechten, Jagen, Schachspielen und Versemachen. All das hatte der Knappe im Dienste seines Ritters zu lernen.

In der Praxis mußten die Ritter jedoch immer wieder erfahren, daß die Beschränkung ihrer Ausbildung auf die *Septem probitates* weder sinnvoll noch dienlich war. Bei Kanzleigeschäften, im politischen Alltag, auf Reisen und selbst bei Kriegs- und Kreuzzügen konnten Ritter erleben, wie vorteilhaft literarische Bildung, Schreib- und Lesekenntnisse, Belesenheit, Scharfsinn und Beredsamkeit waren. Manchem mochte auch die ständige Abhängigkeit von den Diensten seines Clericus, des Vorlesers und Schreibers, lästig und die spöttische Überlegenheit pfiffiger Mönche unangenehm geworden sein. Nicht umsonst haben bedeutende Herrschergestalten wie Karl der

Abb. 17
Die Frauen der Ritter pflegen, im Gegensatz zu ihren Männern, an den Ritterhöfen die feineren Formen der Kultur. Viele von ihnen sind der Literatur, der Musik, der Dichtung oder fremden Sprachen zugetan. Wie die Winsbekin versuchen sie, ihre Kenntnisse und Neigungen auch ihren Töchtern zu vermitteln. (Heidelberg, Universitätsbibliothek)

Große (gest. 814) oder Otto III. (gest. 1002) sich für die Verbreitung elementarer Bildung auch in ihren Kreisen eingesetzt und sich auch selbst abgemüht, lesen und schreiben zu lernen. Beide haben vielleicht schon zu ihrer Zeit etwas von dem empfunden, was schließlich im 12. Jh. in dem geflügelten Wort »Rex illitteratus asinus coronatus« seinen Ausdruck fand – ein ungebildeter König ist wie ein gekrönter Esel.

Es ergäbe sich freilich ein einseitiges Bild von der Kultur und der Erziehung der Ritter im Mittelalter, würde man nicht auch die Rolle der Frauen an den Ritterhöfen in Rechnung stellen. Sie erhielten im Umgang mit Männern und Frauen aus dem Klerus Anregungen und Grundlagen zur Entfaltung der anderen Seite der ritterlichen Kultur mit ihren literarischen, musischen und ästhetischen Komponenten.

Wir können davon ausgehen, daß die so gebildeten Frauen bemüht waren, diese Formen der Lebensgestaltung im Hause zu pflegen und – wenn bisweilen auch gegen den Willen ihrer Männer – ihren Kindern nahezubringen. Die Winsbekin ist in unserem dritten Bildbeispiel aus der Heidelberger Liederhandschrift so dargestellt, als wäre sie eben im Begriff, ihre Tochter zu unterweisen (Abb. 17).

Im übrigen spielten die Frauen auch bei der Erziehung der Knaben zu Rittern eine nicht zu unterschätzende Rolle. Bis zum Alter von sechs oder sieben Jahren wuchs das Kind ohnehin in der Obhut der Mutter auf. Dann wurden die Knaben einem fremden

Abb. 18
Wie eine Lehrerin mit einem Buch unterrichtet eine vornehme Ritterfrau ihren Sohn. (15. Jh., London, British Museum)

Abb. 19
Wenige Schüler werden jemals ein so prachtvolles eigenes Lehrbuch besessen haben wie der spätere Kaiser Maximilian I. Es beweist die Wertschätzung, die man zu seiner Zeit an den europäischen Höfen der Pflege gelehrter Bildung und auch des guten Geschmacks entgegengebracht hat. (Um 1460; Wien, Österreichische Nationalbibliothek)

AXIMILIANUS Q UED ARS

Nomen quare: Quia est parsorois tu casu corpus aut rem ppie comunter ue signipicans Quid est parsorois: est dictio postta ul nata poni in orone Quot duplex est nomen duplex stilicet: adiectiuu et substantiuu Quid est nomen adiectiuu: est nomen mobile pet tria tenera ut felix probus Quid est nomen substantiuu: est nomen non mobile p tria ttenera ut imperator maximilianus Noui quot accidunt Sex que: Qualitas compao ttenus nus figuratasus Auus qualitat: pne quare: Quia e nomen unius Quare appellatiue: quia est

Hofe übergeben, wo sie als Junker oder Pagen vom Ritter und seiner Frau, von Klerikern, Zuchtmeistern, Spielleuten und Hofdamen zu den feineren Tugenden des Ritterstandes erzogen wurden. Das Bild einer adligen Dame in burgundischer Tracht führt uns vor, wie sich die Erziehung der Söhne und der Pagen an reichen Höfen durch die Frauen abgespielt haben könnte (Abb. 18). Mit etwa 14 Jahren begann die Knappenzeit, die Zeit der Ausbildung durch den Ritter in den kriegerischen Tugenden. Sie fand nach einigen Jahren mit der Ritterweihe ihren Abschluß.

Kenntnisse des Lesens und des Schreibens oder gar eine gelehrte Bildung waren bei den Rittern in der Blütezeit ihres Standes insgesamt jedoch so selten, daß Hartmann von Aue um 1200 noch bewundernd reimen konnte: »Ein ritter so geleret was, daz er an den buochen las, swaz er daran geschriben vant.«

Wie sehr sich die Einschätzung von Schreib- und Lesekenntnissen in den folgenden 200 Jahren in der Kultur und Ausbildung des Ritterstandes wandelte, können wir ermessen, wenn wir uns bewußt machen, daß für den jungen Maximilian von Habsburg (geb. 1459), den späteren Kaiser Maximilian I. und »letzten Ritter«, ein eigenes Lehrbuch in lateinischer Sprache geschrieben wurde, in dem er mit seinem Lehrer über ein Buch gebeugt abgebildet ist (Abb. 19). Lesen, Schreiben und das Studium von Büchern werden um diese Zeit im ritterlichen Stand geschätzt, gelehrt und genutzt, weil sie sich an der Schwelle zur Neuzeit auch für die weltlichen Stände als unverzichtbar erwiesen haben.

Das Bild – Schrift für die Laien

Wenn ein Bauer oder ein einfacher Bürger eine der größeren Kirchen einer mittelalterlichen Stadt betreten hat, muß das für ihn ein überwältigendes Erlebnis gewesen sein. Er sah sich in einer Welt, die mit seinem alltäglichen Leben und Wohnen in bescheidenen, engen und aus Holz und Lehm gebauten Hütten und Häusern kaum etwas gemein hatte. Der alles überragende romanische Dom, sein strenges Raumgefüge, die Reihen der Pfeiler und Rundbogen, die weit gespannten bemalten Decken und steinernen Gewölbe, die Ornamentbänder an den Wänden und die Reliefs der Fratzen und Dämonen ließen ihn etwas von der göttlichen Macht und Ordnung spüren und die Größe der christlichen Kirche unmittelbar erleben. Nicht weniger eindrucksvoll müssen auch die ab etwa 1200 entstehenden gotischen Kirchen und Kathedralen mit ihren aufragenden Pfeilern und Spitzbogen, den Rippengewölben und dem filigranen Maßwerk und nicht zuletzt mit dem farbigen Licht ihrer großen Fenster gewirkt haben. In ihnen begegnete der Besucher auch einer aufregenden und neuartigen Welt von Bildern.

Die Bilderwelt der gotischen Kathedralen verdankt ihre Entstehung und ihre Programmatik einem Wandel im theologischen Denken, das nun die irdische Schönheit als einen Teil der göttlichen Schöpfung begriff und dem Kunstwerk die Aufgabe zuwies, am Kirchenbau vom göttlichen Heilsplan und seiner Ordnung zu künden. Bedeutende Theologen sahen in ihm auch eine wichtige Hilfe für die Predigt und die religiöse Unterweisung des Volkes. Der Franziskanermönch Bonaventura, einer der großen Gelehrten der Pariser Hohen Schule (gest. 1274) schreibt: »Aus diesem Grund ist die Erleuchtung der mechanischen Kunst (im Unterschied zur ›freien‹ Kunst, den Artes liberales, d. V.) ein Weg zur Erleuchtung der Heiligen Schrift«[23]. Der Prämonstratensermönch Hermannus Judäus aus Köln berichtet im 12. Jh. in seiner Autobio-

Abb. 20
Die riesigen Fensterflächen der gotischen Kathedralen bieten viel Raum, um den Gläubigen das beispielhafte Leben und Wirken der Heiligen vor Augen zu führen. Der dabei oft zutage tretenden Freude am episodenhaften Detail verdanken wir sogar die Darstellung eines aufregenden Ereignisses auf dem Schulweg: In der ersten Szene des Agnes-Fensters der Georgs-Kirche in Schlettstadt, das um 1440 entstanden ist, sehen wir die hl. Agnes als Schülerin mit einem Bastkorb und einem Schreibtäfelchen am Gürtel; wie die Legende berichtet, wird sie auf dem Heimweg von der Schule vom Sohn eines heidnischen Prokonsuls erwartet und mit einer Liebeserklärung bedrängt. (Schlettstadt, St. Georgskirche)

graphie über ein Streitgespräch mit dem berühmten und gelehrten Abt Rupert von Deutz. Der geistliche Würdenträger habe auf seinen (des Hermannus) Vorwurf, die Bilder in den Kirchen dienten durch die kultische Verehrung, die man ihnen entgegenbringe, einer Art Götzendienst, geantwortet: »Um der Einfältigen und Ungebildeten willen hat man die Bilder geschaffen, damit diejenigen, welche über das Leiden des Erlösers nicht selbst in den Büchern nachlesen können, wenigstens im Bild erkennen, wie teuer der Preis ihrer Errettung war«[24].

Der Kirchenbau der Gotik mit seinen Reliefs und Skulpturen, mit den Glasmalereien und Fresken, mit den Altarbildern und Bildteppichen war also nicht nur Symbol der *ecclesia spiritualis*, der geistigen Kirche, des »himmlischen Jerusalem« oder »... sinnlich nahe, poetische Darstellung des Himmelsbaus«, in der »die bildenden Künste mit dem Himmelsbild der geistlichen Dichtung« in Wettstreit treten[25], er war auch das aufgeschlagene Bilderbuch, das dem leseunkundigen Volk helfen sollte, sich mit Hilfe der Bilder die Geschichte des christlichen Heils zu vergegenwärtigen. Sicher hat sich kaum ein Prediger damals die Gelegenheit entgehen lassen, die Faszination, die die Bildwerke auf die Gläubigen ausübten, zu nutzen, um seine Worte zu bekräftigen.

Wo bis ins 12. Jh. majestätische Einzelfiguren ganze Fensterflächen als Glasmalerei füllten – wie die Propheten im Augsburger Dom –, gliedert sich nach und nach die Bildfläche auf in zahlreiche Felder und Medaillons, in denen Einzelheiten aus biblischen Geschichten oder aus dem Leben von Märtyrern und Heiligen erzählt werden[26]. Die Skulpturen der Bildhauer lösen sich immer mehr aus dem Stein heraus und treten

Abb. 21
Dieser gestickte Teppich ist der linke Teil eines Altarbehangs, der wahrscheinlich um 1370 in einem Göttinger Nonnenkloster entstanden ist. Zusammen mit dem rechten Teil erzählt er uns in 12 Bildern wichtige Ereignisse aus dem Leben des hl. Nikolaus, wie sie die Legende überliefert hat. Das 2. und 3. Bild in der oberen Reihe sind für uns besonders interessant. Sie zeigen, wie der junge Nikolaus von seinen Eltern einem Lehrer übergeben wird und wie er bei diesem lernt.
(Berlin, Kunstgewerbemuseum)

dem Betrachter frei entgegen. Auf gestickten und gewirkten Wandteppichen und Altarbehängen, die in Nonnenklöstern hergestellt wurden, wird ihm der bildgewordene Legendenschatz der Zeit vor Augen geführt. Beispiele dafür sind der im Berliner Kunstgewerbemuseum verwahrte Nikolaus-Teppich aus dem 14. Jh. (Abb. 21) und das Agnes-Fenster der Georgskirche in Schlettstadt (Abb. 20). In Form einer Bildergeschichte sind wichtige Szenen aus dem Leben und Wirken der beiden Heiligen so dargestellt, daß auch einfache Gläubige deren vorbildhafte Frömmigkeit erkennen und verstehen konnten.

In diesem »Buch«, in dem die einfachen Menschen jener Zeit in der Kleidung oder in den Attributen der Personen, in den Gegenständen und in den Vorgängen einer Welt begegnen, so wie auch sie sie kennen, finden sie sich mit der Hilfe des predigenden und erzählenden Priesters leicht zurecht; wie das geschriebene Wort im Lesenden Vorstellungen weckt, Zusammenhänge knüpft und Gefühle wachruft, tun dies im Betrachtenden die Bilder – und das vermutlich mit viel größerer Eindringlichkeit, als wir es uns heute vorstellen können, denn für die einfachen Menschen jener Zeit sind Bilder keine Gegenstände des täglichen Umgangs gewesen.

Wie wir gesehen haben, wurden die Bildwerke, die in der Gotik zur Ausstattung der Kirche gehörten, zwar didaktisch genutzt, sie sind jedoch nicht in erster Linie für diese Zwecke geschaffen worden. Es gibt aber auch Beispiele, die zeigen, daß schon im Mittelalter Bilder als Lehr- und Unterweisungshilfen für Menschen, die nur schlecht oder gar nicht lesen konnten, gemalt worden sind[27]. Zu ihnen darf man auch die Bilder aus der *Biblia pauperum*, der Armenbibel, zählen, die als theologisches Bilderbuch mit nur knappen Bildbeischriften Geistlichen, die sich mit dem Studium biblischer Kommentare schwertaten, auf einen Blick Zusammenhänge zwischen Geschichten aus dem Neuen und dem Alten Testament sichtbar werden ließ.

Abb. 22
Warum steht hier der Text auf dem Kopf? mag sich der Betrachter fragen. Dieses Bild ist ein Ausschnitt aus einer sog. Exultet-Rolle. Die oft über 6 m langen Pergamentrollen enthalten eine Folge von großformatigen Bildern mit den dazugehörigen Texten. Der Prediger rollt sie von der Kanzel aus ab, seine Zuhörer betrachten die Bilder, während er selbst den Text vorliest. Deshalb steht, vom Bildbetrachter aus gesehen, die Schrift auf dem Kopf. (12. Jh., Paris, Bibliothèque Nationale)

Eine besonders ausgeklügelte Weise, Bilder zur Verdeutlichung und Unterstützung der Predigt heranzuziehen, begegnet uns in den Exultet-Rollen[28], die in Süditalien vom 12. Jh. an in Gebrauch waren. Wie sie verwendet wurden, zeigt uns das Bild (Abb. 22), das aus einer solchen Exultet-Rolle stammt. Auf den Rollen waren Bilder und dazugehörige Texte entgegengesetzt angeordnet, so daß der Priester die Schrift in richtiger Stellung vor sich hatte und die ihm gegenüberstehenden Gläubigen gleichzeitig die Bilder anschauen konnten.

Für das einfache Stadtvolk und die Bauern waren die Bildwerke an und in den Kirchen zusammen mit der Predigt das wichtigste Mittel ihrer religiösen Unterweisung und bescheidenen geistigen Bildung. Um diese Bilder lesen zu lernen, bedurfte es keines mühevollen Schulbesuchs.

Abb. 23
Das Kind auf diesem Bild wirkt zwischen den mächtigen Erwachsenen erbärmlich und löst beim modernen Betrachter Mitleid aus. Der Zeitgenosse hätte sofort erkannt, daß das Kind von seinen Eltern der Kirche zur Erziehung im Kloster und zum Unterricht in der Klosterschule anvertraut wird. (Codex Benedictus; Rom, Biblioteca Apostolica Vaticana)

Unterricht und Erziehung des Klerus

Es gibt eine Reihe von Ereignissen im Leben, die wir, weil sie uns wichtig sind, in Bildern festzuhalten pflegen. Ein solches Ereignis ist der erste Schultag. Photos mit strahlenden Erstklässlern, bunte Schultüten im Arm, mit hoffnungsvollen Eltern und der ersten Lehrerin fehlen in kaum einem Familienalbum.

Dieser Einschnitt im Leben eines Kindes ist auch in der bildenden Kunst Thema gewesen. Schon in der frühen Buchmalerei, später auch in anderen Kunstgattungen wie z. B. in einem Bildteppich aus dem 14. Jh. (Abb. 21) und danach auch in Holzschnitten (Abb. 37) und in der Genremalerei des 19. Jh. können wir solche Darstellungen antreffen. Ein frühes Beispiel bildet die oben wiedergegebene Szene aus dem Codex Benedictus, der im 11. Jh. im Kloster Monte Cassino entstanden ist. Gäbe es dazu nicht die Bildbeischrift des Schreibers, wir müßten wohl lange rätseln, was sie uns sagen will: »Florus dat sobolem. fit cautio. Praedia confert«, d. h. »Florus gibt den Sprößling. Es kommt zu einer Zusage. Er vermacht Ländereien«[29] (Abb. 23).

Bild und Text berichten uns von der Übergabe eines Kindes an seinen künftigen Lehrer, also gleichsam von seinem ersten Schultag. Der Vater, an seinem Gewand als vornehmer Mann zu erkennen, tritt mit zwei Begleitern einem Abt und drei Mönchen entgegen; in Gegenwart von Zeugen beider Seiten überreicht er ihm in ehrerbietiger Haltung eine Schenkungsurkunde über Ländereien und übergibt ihm seinen Sohn. Die Förmlichkeit und Feierlichkeit, die das Bild ausstrahlt, läßt uns die Tragweite des Vorgangs erahnen. Tatsächlich geht es hier um mehr als nur um eine Einschulung im heutigen Sinne; der Vater übergibt seinen Sohn dem Kloster zur Erziehung. Die Aufnahme in ein Kloster erfolgte oft schon im Alter von sechs bis sieben Jahren. Sie war strengen Ritualen unterworfen und wurde durch einen Vertrag besiegelt, der das

Kloster zur Sorge für den Novizen und zu seiner Bildung verpflichtete[30]. Für den Zögling, den Novizen, begann damit eine neue Phase seines Lebens. Er geht jetzt in die »Schule der Kirche«, und zwar in doppelter Weise – das streng geregelte klösterliche Leben[31], in dem Chorgebete und Arbeit wechseln, übt ihn ein in den Dienst an der Kirche und in den Glauben, und im Unterricht an der Klosterschule[32] erwirbt er, soweit es seine Fähigkeiten zulassen oder der Abt es für sinnvoll hält, eine elementare und gelehrte Bildung.

Die Novizen mußten sich zunächst in einer Art Elementarunterricht die für das Klosterleben grundlegenden Kenntnisse aneignen. Sie umfaßten die Psalmen, das Schreiben, das ABC, den Kirchengesang, die Kirchenrechnung sowie die lateinische Kirchensprache und die Anfangsgründe ihrer Grammatik. Das Auswendiglernen der lateinischen Psalmen unter Zuhilfenahme von Psalterien zählte zu den ersten Aufgaben und soll etwa drei Jahre gedauert haben. In Verbindung damit und mit Hilfe anderer lateinischer Texte lernten sie das ABC, die Silben und das Lesen. Der Schreibunterricht erfolgte unabhängig vom Lesenlernen im Sinne einer Kunst des Abschreibens und Aufschreibens, wobei der Gedanke im Vordergrund gestanden hat, die darin geschicktesten Schüler als Nachwuchs für die Schreibertätigkeit im Skriptorium heranzuziehen. Die ersten Schreibübungen machten die Schüler – das Papier war in Europa noch lange unbekannt und das Pergament dafür zu kostbar – mit einem Griffel auf wachsbeschichteten Holztäfelchen. Pergament und Tinte wurden den Schülern begreiflicherweise erst anvertraut, nachdem sie eine gewisse Fertigkeit im Schreiben erlangt hatten. Der Rechenunterricht, der vor allem zur Berechnung des Kirchenkalenders befähigen sollte, bewegte sich in einem sehr bescheidenen Rahmen und bediente sich aus der Antike überlieferter Methoden des Fingerrechnens. Die Vermittlung von Kenntnissen der lateinischen Sprache und ihrer Grammatik war überaus

Abb. 24
Unterrichtsszenen im engeren Sinne sind bis ins späte Mittelalter relativ selten dargestellt. Häufiger gemalt wurden dagegen lehrhafte Gespräche zwischen einem gelehrten Meister und seinem Schüler. Die linke Szene ist dafür ein Beispiel. Die rechte Szene ist in gewisser Hinsicht ein Kuriosum. Ihre Beischrift, »Dieser lehrt, dieser lernt, was ein Buchstabe ist, was eine Silbe ist«, weist sie als Lese- oder Grammatikunterricht aus. Wir sehen, wie der Lehrer dem Schüler dafür das Buch überreicht. Der Typus dieses Bildes taucht in der Buchmalerei häufig auf und beschreibt sonst immer den Akt der feierlichen Übergabe eines neuen Buches, eine Dedikation. Der Maler dürfte in Ermangelung einer treffenderen Vorlage für eine Lehrszene auf dieses Motiv ausgewichen sein. (Codex Benedictus; Rom, Biblioteca Apostolica Vaticana)

zeitaufwendig und sicher ebenso mühsam wie heute. Davon zeugen Vokabelhefte, Konversationsbüchlein mit Redewendungen und Dialogen oder die Nachricht vom Verbot, die Muttersprache in der Schule zu gebrauchen. Wie oft mögen Klosterlehrer beim Lateinunterricht ihre Schüler mit dem Hinweis angespornt haben, Latein sei doch die Amtssprache der Kirche und der Schlüssel zu Gelehrsamkeit und christlicher Vollkommenheit. Und vielleicht ist das eine oder andere Bildwerk in Kirchen und Klöstern mit einem lernenden oder studierenden Heiligen auch in der Absicht entstanden, Schülern ein Vorbild vor Augen zu stellen, dem sie nacheifern sollten. Den Gesangsunterricht erteilte zumeist ein dazu besonders befähigter Lehrer, der Cantor. Das Lernen und Einüben der Melodien und Texte nahm sehr viel mehr Zeit in Anspruch als wir uns dies heute gemeinhin vorstellen. Vom Zeitaufwand her stand der Gesangsunterricht dem Unterricht in Latein kaum nach, weil die hoch stilisierte Form des Gregorianischen Chorals und der Anspruch an die Qualität seiner Darbietung dem musikalischen Leistungsvermögen der Schüler sehr viel abverlangte. Es wird berichtet, daß auch kleine Verstöße beim Singen ziemlich unnachsichtig mit der Rute gestraft wurden.

Der elementaren Bildung folgte eine zweite, zeitlich und inhaltlich umfangreichere Stufe, der theologische und der gelehrte Unterricht in den Sieben Freien Künsten. Da er an die Schüler, die Lehrer und die Möglichkeiten der Klöster erhebliche Anforderungen stellte, konnte er in vollem Umfang weder von allen Klöstern angeboten noch von allen Schülern bewältigt werden. Vielfach war der Unterricht auf einige der Künste, besonders auf die ersten drei, das sogenannte *Trivium*, beschränkt; bisweilen kam er über Ansätze nicht hinaus. Hier muß bedacht werden, daß die Schulen im Schoße der Kirche in den Jahrhunderten bis zur Reformation bei aller Kontinuität eine Entwicklung durchmachten, in der Phasen der Blüte und des Niedergangs oft rasch aufeinanderfolgten.

Abb. 25
Dieses Fresko aus dem frühen 15. Jh. gestattet uns einen Blick in eine Schule, in der gerade Unterricht stattfindet. Es muß sich um eine Domschule handeln, denn der Lehrende trägt die Amtstracht des Bischofs. Die Taube über dem Kopf eines Schülers und der Heiligenschein verraten uns, daß wir hier, trotz der recht großen Realitätsnähe, ein Ereignis aus dem Schatz der Legenden vor uns haben. (Landschlacht, Leonhardskapelle)

Abb. 26
Die Ausbildung an der Domschule endete in der Regel mit einer feierlichen Priesterweihe in der Bischofskirche. (Landschlacht, Leonhardskapelle)

In den Grundzügen kann das, was bisher über den Unterricht an den Männerklöstern gesagt wurde, auch für die vielen Nonnenklöster gelten, unter denen einige wegen der Tüchtigkeit ihrer Schulen sowie ihrer Schreibwerkstätten und Bibliotheken Berühmtheit erlangten. Und das gleiche gilt für die Schulen an den Bischofssitzen, die Domschulen, sowie für die Stiftsschulen an den Stiften der Chorherren und Chorfrauen.

Am Südufer des Bodensees, in der kleinen Gemeinde Landschlacht, steht eine Kapelle, die dem hl. Leonhard geweiht ist[33]. Wenn man sie betritt, wird man sogleich von einer beeindruckenden und noch recht gut erhaltenen Freskenmalerei gefangengenommen, die die Wände in der östlichen Hälfte des Kirchleins schmückt. 1432 hat dort ein unbekannter Maler Szenen aus dem Leben des hl. Leonhard in einem Bilderzyklus dargestellt. Mehrere Bilder beziehen sich auf seine Kindheit und Jugend, zwei davon ziehen unsere besondere Aufmerksamkeit auf sich.

Auf dem einen sehen wir, wie Leonhard mit vier anderen Schülern in der Domschule von Reims unterrichtet wird (Abb. 25). Um die Bedeutung des Unterrichts für den Lebensweg des Heiligen herauszustreichen, läßt der Maler den Unterricht nicht durch den dafür zuständigen Scholastikus, sondern durch Bischof Remigius selbst, den er in vollem Ornat zeigt, erteilen. Die Taube schwebt als Symbol des göttlichen Geistes über Leonhards Kopf und soll anzeigen, daß sein Fleiß unter der besonderen Gnade Gottes steht. Zwei Erwachsene folgen stehend dem Unterricht; unsere Kenntnisse der Schulgeschichte lassen uns vermuten, daß es sich hier um zwei Lehrer der Domschule handeln könnte, den unter Namen wie *scholasticus, archimagister, rector scholarum* oder auch *magister scholarum* bekannten Schulvorsteher und seinen Kantor oder einen anderen Lehrgehilfen. Im Mittelpunkt des Unterrichts stehen Bücher. Vielleicht lernen die Schüler gerade das Lesen oder die lateinische Grammatik oder sie studieren schon das Trivium – so wie wir es von den Klosterschulen kennen, denn die

Domschulen und die Stiftsschulen haben sich in den Zielen, Inhalten und Methoden kaum von den Klosterschulen unterschieden.

Die Domschulen[34] bildeten den Nachwuchs für den Weltklerus der jeweiligen Diözese heran. Aus ihnen gingen die Mitglieder des Domkapitels und große Gelehrte ebenso hervor wie die niedere Geistlichkeit an den einfachen Landpfarreien. Da die Domschulen an Städten ansässig waren, übten sie auch eine beträchtliche Anziehungskraft auf bildungswillige Laien aus und wirkten in die Kultur und das Bildungsgeschehen der Städte zurück. Dies geschah einerseits über ihr Bildungsangebot, das sie in ihrer »äußeren Schule« gegen entsprechende Zuwendungen Kindern aus reichen Bürgerkreisen machten, andererseits durch Aufnahme sowie kostenlose Unterbringung und Unterrichtung von armen Schülern, aus denen vor allem die Landpfarrer[35] hervorgingen.

Die Domschulen hatten neben der Ausbildung des Weltklerus auch noch eine wichtige liturgische Funktion für die Bischofskirche[36]. Ihre Schüler, die *canonici scholares*, waren unter Leitung ihres Kantors zum Kirchengesang und zu anderen Kirchendiensten verpflichtet, was sehr viel Zeit und Kraft gekostet haben muß. Bekannte Knabenchöre und Kantoreien unserer Tage kann man durchaus als moderne Nachfolger in der Linie dieser Tradition sehen.

Den Abschluß des Studiums an einer Domschule bildete in der Regel die Priesterweihe. Das zweite Bild aus dem Leonhardszyklus zeigt uns diesen Akt (Abb. 26). Der Schüler empfängt aus der Hand seines Bischofs das Priestergewand. Die im Bild dargestellten Kleriker repräsentieren die Gemeinschaft der Domgeistlichkeit, in die der Geweihte aufgenommen wird.

Die Bilder aus dem Codex Benedictus, die Fresken aus der Leonhardskapelle und die hier ebenfalls abgebildete Altartafel von Stefan Lochner aus dem Jahre 1447 (Abb. 28) mögen Kennern der Schulgeschichte als Beispiel für die Erziehung und den Unterricht des Klerus einseitig ausgewählt erscheinen. Mißt man sie an der Wirklichkeit des Schulalltags im Mittelalter, dann muß man sie eigentlich als »Feiertagsbilder« bezeichnen. Nicht etwa deshalb, weil sie auch Feiertage zum Thema haben, sondern weil diejenigen, die sie uns gleichsam als Vorbilder vor Augen führen, die in der Schule und in der Kirche »Erfolgreichen« waren.

Abb. 27
Ein Schüler wird vom Lehrer »mit der Rute gestrichen«. Rutenstreiche sind ein häufig angewandtes Erziehungsmittel. Bis ins 19. Jh. werden Lehrer mit der Rute in der Hand dargestellt. Die Rute ist das Symbol der Strafgewalt und der Zucht, aber auch Zeichen der Würde des Amtes. In symbolischer Weise hat sie auch in die Sprache Eingang gefunden: In die Schule gehen hieß in der damaligen lateinischen Sprache »Sub virga degere«, unter der Rute leben. (Sächsische Weltchronik, Miniatur; Berlin, Staatsbibliothek Preußischer Kulturbesitz)

Abb. 28

1447 hat Stefan Lochner im Auftrag eines Angehörigen des Deutschritterordens dieses Meisterwerk »Die Darbringung Jesu im Tempel« gemalt. An der feierlichen Handlung im Stil einer zeitgenössischen Messe nimmt der Auftraggeber selbst teil. Er steht im Gewand seines Ordens mit einem Schriftblatt in den Händen hinter einer Gruppe von Chorknaben und schaut auf diese herab. Eine leicht zu übersehende Kleinigkeit stellt den Zusammenhang zu unserem Thema her. Drei Kinder tragen über ihrem Chorgewand am Gürtel einen Gegenstand, der sie fast wie ein Markenzeichen als Schüler ausweist, das Tintenfaß und das Pennal für die Schreibfedern. Hier versehen Schüler pflichtgemäß ihren Chordienst. Vielleicht sind sogar die Schüler jenes Stifts gemeint, dem der Auftraggeber angehört hat. (Darmstadt, Hessisches Landesmuseum)

Eine Bildquelle aus einer profanen Handschrift, aus der Sächsischen Weltchronik aus dem frühen 14. Jh., gibt uns einen sehr drastischen, aber wohl auch realistischen Einblick in die Alltagspädagogik an mittelalterlichen Schulen, einen Lehrer beim »Verhör« (Abb. 27). Einer der Schüler hat beim Abfragen seine Lektion nicht beherrscht, muß sein Kleid abtun und kniend die Rutenstreiche über sich ergehen lassen. Die Härte, mit der im Mittelalter Vergehen und Versagen der Schüler gestraft wurden, ist für heutige Vorstellungen erschreckend. Man mag es auch damals ähnlich empfunden haben, denn Klagen über die Brutalität von Lehrern und Berichte über entsprechende Reaktionen von Schülern sind mehrfach überliefert[37]. Die Einstellung der Lehrer und Schüler zu diesen Praktiken zeigt uns eine Redewendung aus einem Übungsbüchlein[38] (um 1000) für das Erlernen der lateinischen Alltagssprache:

Lehrer: Hast du heute Schläge bekommen?
Schüler: Nein, denn ich war sehr aufmerksam gewesen.
Lehrer: Nun, wie war es dann mit deinen Kameraden?
Schüler: Was frägst du mich darüber? Ich darf nicht aus der Schule schwätzen.
        Ein jeder weiß es, ob er Schläge erhielt oder keine.

Schule in den Mauern der Stadt

Im frühen Mittelalter waren die Klöster und Kathedralen sowie die Burgen der Ritter und die Höfe des Adels die Zentren der Kultur, des Geisteslebens und der Kunst. Vom 11. Jh. an bereitete eine Welle von Stadtgründungen den Boden für neue Formen des Lebens und neue kulturelle Möglichkeiten, die das gesellschaftliche Gefüge veränderten und eine neue lebenskräftige Variante mittelalterlicher Kultur hervorbringen sollten.

Schon in ihrem äußeren Erscheinungsbild demonstrierte die Stadt ihre Eigenständigkeit und ihren Anspruch. Die Ummauerung mit ihren Toren und Türmen, das Rathaus und der Markt, die Handelskontore und Zunfthäuser, das Gewirr der Gassen und Straßen sowie die Vielfalt der Berufe und Tätigkeiten ihrer Bewohner hoben sie in beeindruckender Weise vom bäuerlichen Umland ab und unterschieden sie auch grundlegend von den Wohnstätten der Geistlichen, der Ritter oder des Adels. Das gleiche gilt für die Lebensweise ihrer Bewohner, denen die Askese der Mönche und die Tugenden der Ritter keine Lebensgrundsätze sein konnten. Und dasselbe gilt auch für die Bildungsbedürfnisse ihrer Bürger: Die *Septem probitates* der Ritter waren für sie ebensowenig attraktiv wie die *Septem artes liberales* des Klerus.

Bei allen Unterschieden zwischen der Kultur der Städte und der der Burgen, Höfe und Klöster dürfen wir freilich nicht vergessen, daß auch die Städte bis an die Schwelle der Neuzeit dem mittelalterlichen Kulturzusammenhang und Weltverständnis verhaftet blieben. Wir dürfen uns auch nicht verleiten lassen, uns die Stadt des Mittelalters so vorzustellen, wie sie uns gelegentlich in romantischen Ölgemälden oder in aufgeputzten Touristenzentren präsentiert wird. Näher an der Wirklichkeit sind die bekannten Stadtansichten Merians, die allerdings in Technik und Stil das Mittelalter schon hinter sich gelassen haben. Etwas von dem, was den Geist des Mittelalters ausmachte, spürt man vielleicht bei der Betrachtung der kolorierten Zeichnung »Der Schulmeister von Falerii« aus dem Jahre 1467 (Abb. 30).

Von Anfang an erwies sich die Anziehungskraft der neu entstehenden Städte für alle Stände, den Klerus, die Ritter und die Bauern als außerordentlich groß. Insbesondere die Kirche faßte hier rasch Fuß, weil sich dort für sie ein reiches Betätigungsfeld bot; Klöster, bis dahin fast nur in ländlicher Einsamkeit ansässig, wurden nun auch in den Städten gegründet, Stifte wurden eingerichtet und Pfarreien blühten auf. Und mit ihnen kamen auch ihre Schulen.

Lernen für Handel, Gewerbe und Stand

Der Betrachter der hier abgedruckten Buchmalerei (Abb. 29) wird zum unmittelbaren Zeugen eines Vorgangs, wie er sich in einer größeren und wohlhabenden Stadt des Mittelalters abgespielt haben könnte. Wie durch eine Arkade an der Straße einer mittelalterlichen Stadt schaut man in eine Werkstatt mit einem Wandregal voller Bücher und einem hellen Arbeitsplatz am Fenster. Hier sitzt, umgeben von seinen Schreib- und Malwerkzeugen, ein Schreiber und Buchmaler in gediegener weltlicher Tracht[39]. Er hat seine Arbeit an einem Schriftblatt unterbrochen, um sich einem vornehm gekleideten Kunden mit seiner Gefolgschaft zuzuwenden.

Abb. 29
Das Handwerk des Schreibers war in allen größeren Städten des Mittelalters vertreten. Sicher waren viele Schreiber so anspruchsvollen und einträglichen Aufgaben, wie sie auf dem Bild dargestellt sind, nicht gewachsen. In dieser Zunft muß es wohl auch mancherlei Spielarten gegeben haben: Einfache Stuhlschreiber, die Schriftstücke vorlasen und ausfertigten, Lehrlinge, Gesellen und Meister in Schreibwerkstätten, Notare und gelehrte Ratsschreiber. (Paris, Bibliothèque Nationale)

Diese Szene zeigt uns, daß das Schreiben und das Fertigen von Büchern nicht mehr nur wie in früheren Jahrhunderten in den Skriptorien der Klöster stattfindet, sondern auch in gewerblichen Schreibwerkstätten der Stadt. Auftraggeber sind in der Regel wohlhabende Bürger aus Kreisen des Patriziats und des Adels. Diese Buchmalerei steht exemplarisch für die kulturelle, wirtschaftliche und gesellschaftliche Situation der mittelalterlichen Stadt.

Während in ihrem Umfeld die traditionellen Formen des agrarischen Lebens und Wirtschaftens unverändert erhalten blieben, wurde die Stadt selbst zunehmend geprägt vom Handel und Fernhandel, von der Arbeitsteilung in Gewerben, von Geldwirtschaft und bargeldlosem Zahlungsverkehr. All das stärkte nicht nur die Wirtschaftskraft der Städte, es bestimmte auch ihre unverwechselbare Sozialstruktur. Ihre Bewohner waren einem Stande zugeordnet, dem Patriziat und den Zünften, oder sie gehörten zu der großen Zahl der Besitzlosen. Das geordnete Zusammenleben der Bürger regelten die Ratsherren im Magistrat und die Verwaltung der Stadt.

Die städtischen Formen des Verwaltens und Wirtschaftens sowie das Leben in Handel, Gewerbe und Stand blieben nicht ohne Folgen für das Kulturgefüge. Sie verlangten Fähigkeiten, wie sie auch noch im 12. und 13. Jh. nur von ganz wenigen erwartet werden konnten, so etwa die Fähigkeit, Briefe zu lesen oder zu schreiben, in Ratssitzungen das Protokoll zu führen, Verträge und Urkunden auszufertigen, Geld- und Rechnungsgeschäfte abzuwickeln, Münzen, Maße und Gewichte zu berechnen. Nur wo solche Fähigkeiten zur Verfügung standen, konnten die Städte zu wirtschaftlicher, kultureller und politischer Blüte gelangen. Deshalb war es für sie und ihre Bürger ein elementares Anliegen, jene an sich zu ziehen und zu fördern, die solche Fähigkeiten besaßen – dazu gehörten Notare und Schreiber, Rechtskundige, Rechenmeister und Magister. In gleicher Weise mußte ihnen auch das Schulwesen zum Anliegen werden. Die vom 13. Jh. an wachsende Nachfrage der Bürger aus Handel und Gewerbe nach Bildung und Schule, das als unzureichend empfundene Bildungsangebot der Kirche und das Bewußtsein der Souveränität geboten es den Städten, Schulen auch in eigener Regie zu betreiben oder wenigstens Einfluß auf das bestehende Schulwesen zu gewinnen[40]. So entstanden von etwa 1200 an Schulen unter der Hoheit des Magistrats, die sogenannten Stadtschulen.

Der städtische Magister

Über die Vorgänge bei der Gründung von Stadtschulen ist nur wenig bekannt. Soweit man weiß, ist die Initiative jedoch häufig von Bürgern ausgegangen, die mit dem bestehenden Schulangebot der Kirche nicht mehr zufrieden waren. Ein in seiner Begründung modern anmutendes Beispiel ist uns aus Breslau überliefert, wo Bürger und Magistrat 1267 die Einrichtung einer neuen Schule durchsetzten, weil ihnen der Schulweg aufgrund des Zustandes der Straßen und Brücken und wegen des dichten Verkehrs der Wagen, Menschen und Pferde nicht mehr sicher genug schien – das frühe Exempel einer Schulplanung unter dem Aspekt der Verkehrssicherheit[41].

In ihrem Lehrangebot unterschieden sich die von den Städten gegründeten Schulen nur wenig von den Schulen an Domen, Pfarreien und Klöstern. Organisatorisch indes waren sie dem Magistrat der Stadt unterstellt; er handelte mit dem Lehrer einen Anstellungsvertrag auf Zeit aus, im dem Rechte und Pflichten genau festgelegt waren, und regelte auch seine Besoldung. Der Lehrer mußte kein Kleriker sein, wohl aber ein gelehrter Mann, ein »maister in den siben freyen künsten«, und von ehrsamer Herkunft. Als städtischer »Magister«, »rector scholarum« oder »Schulmeister« genoß er hohes Ansehen und wurde wegen seiner Gelehrsamkeit oft auch noch als Stadtschreiber verpflichtet. In seiner Schule, die vom Magistrat finanziert wurde, hatte er u. a. auch das Recht, auf seine Kosten Lehrgehilfen anzustellen, den Cantor, den Baccalaureus, den Provisor und den Lokaten[42].

Einen solchen Magister hat der Buchmaler des Schachzabelbuchs (1467) vor Augen gehabt, als er den »Schulmeister von Falerii« zeichnete und kolorierte (Abb. 30). Thema seines Bildes war eine alte römische Legende, derzufolge bei der Belagerung der Stadt Falerii der städtische Schulmeister dem Anführer der Belagerer seine Schüler als Geiseln zuführte. Der jedoch schickte die Schüler mit ihrem gefesselten Schulmeister in die Stadt zurück, woraufhin die Stadtherren den Untreuen durch seine eigenen Schüler zum Tor hinausprügeln ließen. Der Maler versetzt die Geschichte in seine eigene Zeit. Er zeigt uns den Schulmeister in seiner äußeren Erscheinung als einen typischen Vertreter dieses Standes, im Habit des Gelehrten, mit dem Magisterhut auf dem Kopf und dem vornehmen Flohpelz über der Schulter. So verkörpert er die Würde

eines Standes, dessen Vertreter durch Vertrag verpflichtet war, den Kindern und der Stadt »getrew und gewer (zu) sein iren schaden (zu) warnen und iren fromen (zu) fürdern und getrewlichen (zu) dienen...«.⁴³

Im Schachzabelbuch finden wir das Bild eines städtischen Magisters noch in einem anderen Zusammenhang, in der Miniatur vom Meister Ypencraß (Abb. 31). Sie gefällt durch die Zierlichkeit und Komposition der Figuren ebenso wie durch ihre Farben und reizvollen Details. Da hat sich der Schreiber und Buchmaler nicht die Gelegenheit entgehen lassen, die Tinte der beiden Farben, mit denen er den Text geschrieben hat, auch in die Tintenhörner am Pult zu füllen. Es erübrigt sich fast, darauf hinzuweisen, daß es sich um eine Unterrichtsszene handelt. Es dürfte der Gehilfe sein, der vom Pult aus im Beisein seines Magisters unterrichtet.

Das Bild erhält freilich erst durch den Text seinen Sinn. Er hilft uns zu erkennen, was sich hier abspielt und zu erschließen, was das zu bedeuten hat. Ein Schüler hat einem anderen das Buch mit Tinte bekleckert. Anstatt einen Streit vom Zaune zu brechen, legt der Geschädigte dem Pechvogel versöhnlich die Hand auf die Schulter, um ihn zu trösten. Mit ausgestrecktem Zeigefinger und einem vielsagenden Blick zum Gehilfen macht Ypencraß, der Magister, ihn und uns auf dieses Verhalten aufmerksam: Geraten zwei aneinander, dann ist es gut, wenn sie über der »reden kunst« verfügen und sie recht gebrauchen, so wie das Meister Ypencraß seine Schüler lehrt. Das ist der gemeinsame Sinn von Bild und Text.

Dieses Blatt ist ein Beispiel dafür, wie mittelalterliche Erziehungslehren im Buch durch Text und Bild verknüpft und dem Leser nahegebracht werden. Sein Inhalt ist auch ein frühes Beispiel für soziale Erziehung. Schließlich aber führt es uns einen

Abb. 30 und 31
Dem städtischen Magister waren die Knaben der Stadt zum Unterricht anvertraut. Als Zeichen seiner Würde und Gelehrsamkeit trug er im 15. und 16. Jh. den Magisterhut. Die beiden Miniaturen aus dem Schachzabelbuch, einer kunstvollen Handschrift aus dem Jahre 1467, und der dazugehörige Text wollen zeigen, wie Schulmeister mit ihrem Amt und dem in sie gesetzten Vertrauen umgehen können. (Stuttgart, Württembergische Landesbibliothek)

Magister vor Augen, dessen Erziehungsgrundsätze und Unterrichtspraxis als mustergültig dargestellt werden.

Die beiden Bilder, die hier nebeneinander gestellt sind, zeigen zwar zwei völlig gegensätzliche Lehrerpersönlichkeiten, doch weisen beide gleichermaßen darauf hin, welche Bedeutung dem Magister für das Wohl der Stadt und der Kinder an seiner Schule beigemessen wurde. Dies zeigt sich auch in der äußeren Form und der inhaltlichen Gestaltung der Anstellungsverträge zwischen dem Magister und dem Magistrat, in den sogenannten »Paktverschreibungen«.

In ihnen waren nicht nur in sehr förmlicher Weise die Rechtsverhältnisse geregelt, sondern auch zahlreiche Vorschriften seiner Amtsführung und seines Verhaltens niedergelegt. So machte beispielsweise die Stadt Wien 1446 in einer umfangreichen Schulordnung dem Magister der Stadtschule zu St. Stephan folgende Vorschriften über Zucht und Strafen an seiner Schule:[44]

> Item es sullent auch die kinder messiklichen gezuchtigt werden mit sechs oder mit acht messigen gertenslegen und nicht umb die heubt noch mit den feusten, und ob vielleicht ein schuler grosser straf schuldig wer umb diebhait oder ander grozz schuld, das sol man an den schulmaister pringen, das er gestraft werd in seiner gegenwurtikait, das sich die andern vor solhen dingen hüten.

Ein anderes Bildbeispiel, das einen städtischen Magister zeigt, finden wir in der Heidelberger Liederhandschrift; die Bildbeschrift dieser Miniatur nennt ihn den »Schulmeister von Esslingen« (Abb. 32).

Am flächigen Aufbau, am Größenverhältnis der Figuren und ihrer gezierten gotischen Haltung erkennt man leicht, daß diese Miniatur früher entstanden sein muß als die beiden anderen aus dem Schachzabelbuch. Ihre klare Gestaltung spricht uns zwar sofort an, die Bildaussagen selbst erscheinen jedoch ungereimt: Zwei Lehrer, ein Mönch und ein Laie, unterrichten; dem Mönch sind zwei Schüler zugewandt. Zwei weitere Personen, wieder ein Mönch und ein Laie, scheinen in ein gelehrtes Gespräch vertieft. Die drei Figurengruppen unterscheiden sich auffallend in ihrer Größe. Nähere Angaben über das Bild und die Person des Schulmeisters fehlen, wir wissen nur, daß er als Spruchdichter hervorgetreten ist und in seinen Sprüchen gegen König Rudolf von Habsburg (1273–1291) wegen dessen Kargheit und Härte heftig polemisiert hat. Deshalb müssen wir bei Interpretationsversuchen auf bildungsgeschichtliche Erkenntnisse zurückgreifen und uns am Ende mit Hypothesen begnügen[45].

Die naheliegendste, hier unterrichte der Magister mit seinem Gehilfen, ist fragwürdig, denn es dürfte unwahrscheinlich gewesen sein, daß ein Mönch beim städtischen Magister gedient hat. Vielleicht sind hier indes, wie es damals in der Kunst nicht unüblich war, in einem Bild drei verschiedene Stationen aus dem Leben des Schulmeisters von Esslingen vereint, die Zeit, als er noch Schüler im Kloster war, die Zeit, als er gelehrte Studien betrieb, und endlich die Zeit, in der er das Amt des städtischen Magisters bekleidete. Es könnte freilich auch sein, daß das Bild auf den Inhalt seiner Spruchdichtung Bezug nimmt und ihn zeigt, wie er im Begriff ist, politische Lehren zu erteilen.

Der städtische Magister, den wir als eine für das Wohl der Stadt und der Jugend wichtige Persönlichkeit kennengelernt haben, war immer wieder auch das Ziel heftiger Kritik seitens der Kirche, weil er eine Schule repräsentierte, die von dem in der Stadt ansässigen Klerus meist nicht gern gesehen war.

Die Kirche betrachtete das Schulehalten als ihr Privileg. In ihrem Verständnis hatte die Schule dem rechten Glauben zu dienen, wie sie das schon seit Jahrhunderten getan hatte. Deshalb hat sie auch stets versucht, Eingriffe der Städte in ihre Schulen und den

Abb. 32
Die Miniatur aus der Heidelberger Liederhandschrift (Anf. 14. Jh.) trägt die Beischrift »Der Schulmeister von Esslingen«. Zwei Lehrer sind beim Unterricht dargestellt, ein weltlicher und ein Mönch. Sie entsprechen sich in ihrer Haltung, ihrer Gestik und im Attribut, der Rute. Niemand wird daran zweifeln, daß die linke Figur den Schulmeister von Esslingen darstellt. Was aber soll der lehrende Mönch auf dem Bild? Und was sollen die beiden größeren Schüler, die in ein Gespräch vertieft zu sein scheinen? (Heidelberg, Universitätsbibliothek)

Aufbau eines städtischen Schulwesens zu verhindern, was z. T. zu lange dauernden Schulkämpfen zwischen den Repräsentanten der Stadt und der Kirche führte[46]. Obwohl vielfach Kompromisse herbeigeführt werden konnten, blieb die Stadtschule für die Kirche Stein des Anstoßes. Die Bürger zogen die Stadtschule den Kirchenschulen vor, weil in den letzteren die Kirchendienste zuviel Zeit beanspruchten; die Einkünfte der Kirchenschulen verringerten sich, und die Zahl der Kinder an den Kirchenschulen reichte für die Chordienste oft kaum noch aus, und schließlich fürchtete die Kirche Verluste an Ansehen und Einfluß.

Der Konkurrenzdruck verschärfte sich noch, als die Stadtschulen und ihre Magister dem Wunsch vieler Bürger folgend begannen, Lese- und Schreibunterricht auch in deutscher Sprache zu erteilen[47]. Im Interesse des städtischen Friedens und der Fürsorge mußten die Magistrate immer wieder regelnd in die entstehenden Konflikte eingreifen, indem sie etwa Schuleinzugsbereiche und Schulgelder festlegten, den Chorgesang in der Kirche, »an votiven, begengknes, begrebnussen und hochzeyten« auch durch die Schüler der Stadtschulen garantierten oder den Domschulen das Monopol auf die höhere Gelehrsamkeit bestätigten, und den kleineren Pfarrschulen als Trivialschulen nur den Elementarunterricht im Trivium erlaubten.

Auch wenn die Städte sich mit ihren Vorstellungen von Schule gegenüber der Kirche nicht immer durchsetzen konnten, so waren ihre Aktivitäten auf die Dauer für das Schulwesen doch folgenreich. Die Schule wurde zum Gegenstand der städtischen Ordnungspolitik. Das zeigte sich auch im Umgang mit einer Schule, die eine andere Variante der Stadtkultur im Mittelalter repräsentierte, die Judenschule[48].

Judenschulen hat es in allen mittelalterlichen Städten mit jüdischen Gemeinden gegeben. »Judenschul« war zunächst eine verbreitete Bezeichnung für die Synagoge, in der die Juden ihren Glauben und ihre Kultur pflegten. Als Judenschulen bezeichnete man im Mittelalter aber auch die Schulen für die jüdischen Kinder. Da die Juden aus religiösen Gründen vom Bildungsangebot der städtischen und kirchlichen Schulen in der Regel keinen Gebrauch machen wollten oder konnten, hatten die jüdischen Gemeinden schon früh ihr eigenes Schulwesen aufbauen müssen. In Privathäusern und an Synagogen hatten sie Schulen eingerichtet, an denen die Kinder von den Vorbetern oder Rabbinern in ihrer Religion, im Lesen und Schreiben und wohl auch in lebenspraktischen Dingen unterwiesen wurden. Und soweit wir wissen, nicht ohne

Abb. 33
Dieser Holzschnitt von Urs Graf aus der Cosmographey des Sebastian Münster (Ausg. 1598) dient als Illustration zu einem Textausschnitt über eine Judenschule in Eger. Auf ihm sind erstaunlicherweise auch Jesus und Maria zu erkennen. In Wirklichkeit zeigt der Holzschnitt den zwölfjährigen Jesus im Tempel, ein beliebtes Bildmotiv der Spätgotik. (Basel, Universitätsbibliothek)

Abb. 34
Der Zeichner dieses Bildes aus dem 15. Jh. will dem Betrachter den alttestamentlichen Propheten Samuel als Lehrer und Gelehrten vor Augen führen. Er versetzt ihn richtigerweise in eine jüdische Schule – aber in eine Schule seiner Zeit und nach seinen Vorstellungen. Man mag sich fragen, weshalb er die Mimik und die Gestik der Personen mit karikaturenhaften Zügen versehen hat. (Wien, Österreichische Nationalbibliothek)

Erfolg, denn gänzlich ungebildete Juden sollen damals Ausnahmen gewesen sein. In einigen Städten – insbesondere in Speyer, Worms, Mainz und später auch in Straßburg und Wien – bestanden darüber hinaus noch die Talmudschulen, in denen unter Anleitung bekannter Rabbiner gelehrte Studien in den überlieferten Gütern jüdischer Bildung und Kultur betrieben wurden.

Die Judenschulen teilten das sehr wechselvolle Schicksal ihrer Gemeinden in der mittelalterlichen Stadt. Meist wurden sie von der Obrigkeit geduldet, dann aber wieder mit Argwohn betrachtet oder eingeschränkt und bisweilen auch geschlossen. Ein Beispiel für das Eingreifen einer Stadt in das jüdische Schulwesen ist uns aus Straßburg überliefert, wo der Rat 1322 versuchte, seine Ordnungsvorstellungen durchzusetzen: »Es ensol och dechein (kein) Jude eine schůle haben in sinem huse, da er oder ander Juden ingont zů schůlen: sie süllent gaun in ir rehte schůle«[49].

Vieles an der jüdischen Kultur und ihrer Schule mußte der nichtjüdischen Stadtbevölkerung und Obrigkeit fremd bleiben. Das zeigt sich auch in den spärlich überlieferten bildlichen Darstellungen, von denen hier zwei abgedruckt sind (Abb. 33 und 34). Sie zeigen uns nicht die Realität, sondern eher die Vorstellungen, die nichtjüdische Künstler davon hatten und die nicht nur von Vorurteilen und Unkenntnis beeinflußt waren, sondern auch von der Bilderwelt der christlichen Kunst und ihren Darstellungsformen.

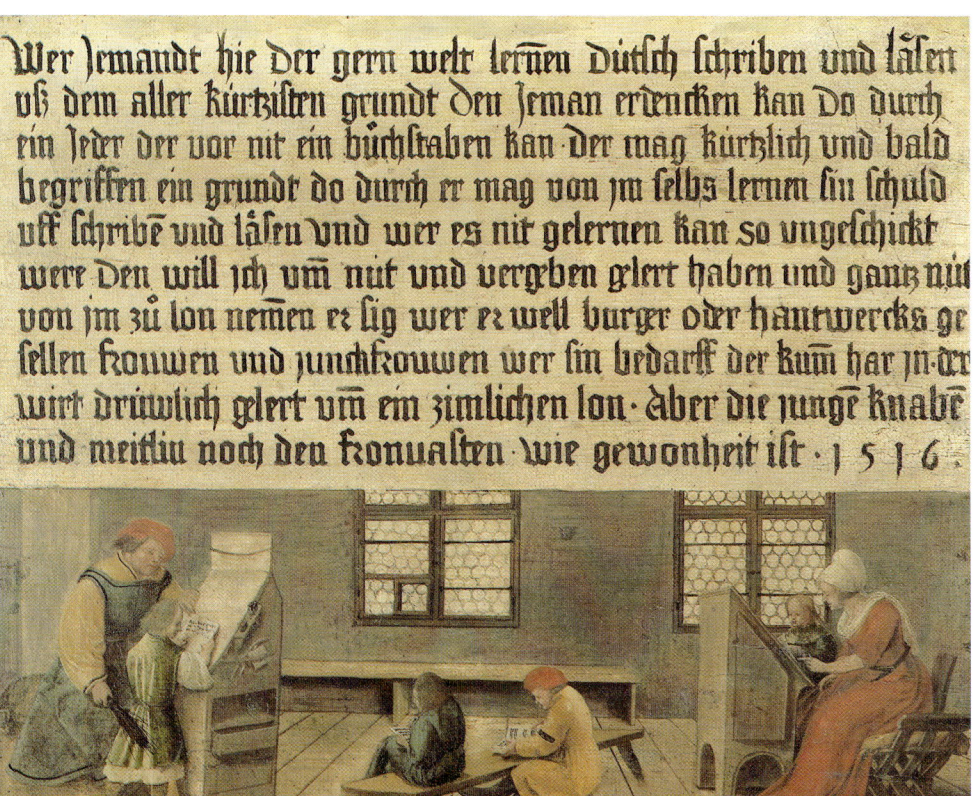

Abb. 35
Sieht man diese beiden Tafeln im Museum hängen, dann ist man verblüfft über ihre Ähnlichkeit und den erstaunlich umfangreichen Text. Man fragt sich, was die beiden Maler, Hans Holbein d. J. und seinen Bruder Ambrosius, bewogen haben mag, so mit der Malfläche umzugehen. Das linke Bild stammt von Ambrosius, das rechte von Hans Holbein. (Basel, Kunstmuseum)

Freie Schreib- und Rechenmeister

Im Kunstmuseum Basel sind diese beiden Bildtafeln aus dem Jahr 1516 ausgestellt (Abb. 35 und 36). Sie gelten mit gutem Recht als einzigartige Beispiele für die Kultur und das Bildungswesen in der Stadt des ausgehenden Mittelalters.

Fast wie Zwillinge stimmen die Tafeln überein. Sie sind gleich groß, zeigen den gleichen Bildaufbau und tragen den gleichen Text. Dies hat seinen Grund: Es handelt sich um die beiden auseinandergetrennten Seiten eines hölzernen Aushängeschildes. Solche Schilder fanden um diese Zeit in den Städten häufig Verwendung. Handwerk und Handel bedienten sich ihrer, um Waren und Dienstleistungen anzupreisen und Käufer und Kunden anzulocken. Vermutlich hätten die wenigsten davon jedoch in ihrer künstlerischen Gestaltung einen Vergleich mit diesem Beispiel bestehen können.

Mit dem Werbetext auf dem Schild wendet sich ein Bürger aus Basel an die »burger«, »hantwercks gesellen«, »frouwen«, »junckfrouwen«, »jungen knaben und meitlin« in der Stadt. Er bietet ihnen an, sie in kürzester Frist das Lesen und Schreiben in deutscher Sprache zu lehren und sie zu befähigen, ihre »schuld uff (zu) schribe und (zu) laesen«, also ihre Rechnungs- und Buchführungsgeschäfte abzuwickeln. Selbstbewußt verspricht er, von dem, der »es nit gelernen kan«, keinen Lohn für seine Dienste zu verlangen.

Die Bilder des Schildes illustrieren und ergänzen den Text und zeigen uns die beiden Seiten seines Berufs. Auf dem einen unterrichten er und seine Frau Buben und Mädchen im Lesen und Schreiben, auf dem anderen sehen wir ihn und zwei Männer mit Schriftstücken beschäftigt. Ob er die beiden im Lesen und Schreiben oder in der

Abb. 36
Es ist nicht bekannt, für wen die Tafeln gemalt wurden. Man weiß jedoch, daß die etwa 19- und 22jährigen Brüder Holbein in den letzten Tagen des Jahres 1515 im Hause des Magisters Oswald Geißhüsler, gen. Myconius in Basel mit anderen Gesellen das »Lob der Torheit« des Erasmus von Rotterdam lasen. Waren diese Tafeln für Myconius bestimmt, den angehenden Gelehrten und Schulmeister, oder war es eine Auftragsarbeit für einen anderen Vertreter seiner Zunft? (Basel, Kunstmuseum)

Buchführung unterweist, können wir nicht erkennen. Möglicherweise ist er sogar dabei, ihnen ein Schriftstück vorzulesen und zu erläutern oder für sie einen Brief oder eine Urkunde auszufertigen – auch solche Geschäfte gehörten zu den Aufgaben seiner Zunft.

Das Schild ist unter dem Namen »Basler Schulmeisterschild« bekannt und wurde 1516 von den Brüdern Hans und Ambrosius Holbein in Basel gemalt. In seiner Funktion sowie in Gestaltung und Inhalt von Text und Bildern repräsentiert es einen eigenen Zweig des Bildungswesens in der mittelalterlichen Stadt: den Unterricht durch die freien Schreib- und Rechenmeister.

Der Schreib- und Rechenmeister, der auf dieser Tafel abgebildet ist, unterscheidet sich schon in seinem äußeren Erscheinungsbild von jenen Vertretern des Lehrerstandes, die uns im vorausgegangenen begegnet sind. Er trägt nicht die Kutte des Klerikers, auch nicht das Habit und den Hut des städtischen Magisters, wir sehen ihn und seine Frau in bürgerlich-zünftischer Kleidung am Schreibpult und am Tisch. Sein Handwerk übt er in Räumlichkeiten aus, die zu seinem privaten Wohnbereich zu gehören scheinen.

Schreiber und Rechenmeister hat es schon lange vor dem Jahr 1516, als das Basler Schild entstanden ist, gegeben. Beide Berufe verdanken ihre Entstehung den unmittelbaren Bedürfnissen der Stadt und ihrer Bewohner. Im 13. Jh. blühte der Handel auf und ging zügig zur Schriftlichkeit der Betriebs- und Geschäftsführung über. Wer da die Kunst des Rechnens und Schreibens beherrschte und seine Dienste anbieten konnte, dem eröffneten sich neue berufliche Möglichkeiten in den verschiedensten Wirtschaftszweigen. Jetzt erwiesen sich Grundkenntnisse des Lesens, des Schreibens

und des Rechnens auch für die handeltreibenden Stadtbürger als nützlich; sie zu erwerben, war bis dahin freilich fast nur an den Schulen der Kirche und im häuslichen Unterricht durch Kleriker möglich. Praktisch denkende Kaufleute fragten sich natürlich damals mit Recht, ob es sinnvoll sein könne, den künftigen Geschäftserben an der »äußeren Schule« eines Klosters oder eines Doms ausbilden zu lassen, denn was sollte der künftige Kaufmann mit dem, was er an kirchlichen Schulen oder bei Klerikern lernte, mit dem Latein, den Psalmen, der Kirchenrechnung und den *Septem artes*, in seinem Stand und besonders in seinem Beruf anfangen? Zudem setzte sich vom 14. Jh. an die deutsche Sprache im Geschäftsleben, in der Verwaltung und im Schriftverkehr immer mehr durch.

Der wachsende Umfang des Schriftverkehrs, die neuen Formen der Betriebsführung und die zunehmende Verwendung der deutschen Sprache als Schriftsprache hatten zwei Folgen: zuerst eine steigende Nachfrage nach qualifizierten Schreibern und Rechnern, dann aber auch ein wachsendes Bedürfnis bei den Bürgern, selbst Rechenkenntnisse zu erwerben und das Lesen und Schreiben zu lernen, und zwar in deutscher Sprache.

Für die in den Städten bereits ansässigen Schreiber und Rechenmeister sowie für schreib- oder rechenkundige Handwerker, abgebrochene Studenten, verkrachte Kleriker, Magister und Scholaren und ihre Frauen bot sich hier eine neue Möglichkeit zum Broterwerb: Schreib- oder Rechendienste anzubieten und ihre Kenntnisse im Lesen, Schreiben oder Rechnen anderen gegen Entgelt zu vermitteln. In ihren Wohnungen, in gemieteten oder auch von der Stadt überlassenen Räumen in irgendwelchen Winkeln der Stadt richteten sie sich ein, »henkten die Tafel aus« und warben um Kunden jeglichen Alters. Auf diese Weise entstand ein neuer Typ von Schulen, der durch das ganze Mittelalter bis in das 18. Jh. hinein große Bedeutung hatte, die privaten Winkelschulen (Abb. 37 und 38).

Nach welchen Methoden dort ursprünglich unterrichtet wurde, ist uns nicht überliefert. Das liegt nicht nur daran, daß die Winkelschulmeister als private Kleinunternehmer keine Akten hinterließen, sondern auch an ihrer Geheimniskrämerei. Sie hüteten sich aus Gründen der Konkurrenz bis in die Zeit des Buchdrucks hinein, ihre Lehrkünste preiszugeben.

Die Winkelschulen waren vielfach Familienbetriebe. Die Frau unterstützte als »Lehrfrau« ihren Mann beim Unterricht, sie vertrat ihn bei Abwesenheit, übernahm den Unterricht der Mädchen, versorgte die Kostgänger unter den Schülern, die in der Familie wohnten, und sie durfte nach dem Tod des Mannes, wie dies im Handwerk üblich war, die Schule weiterführen. Bisweilen diente ein Sohn als Lehrgehilfe, lernte so das Schulmeisterhandwerk, um nach einigen Jahren Lehrzeit die Schule zu übernehmen oder eine eigene Schule zu eröffnen[50].

Die Magistrate hatten gegen die privaten Winkelschulen nichts einzuwenden, solange sie den Frieden unter den Schulen der Stadt nicht störten; zuweilen wurden Schreib- und Rechenmeister sogar gegen Steuerbefreiungen in die Stadt gelockt. Im Laufe der Zeit kam es jedoch zu heftigen Konkurrenzkämpfen um Schüler und Einkünfte zwischen den verschiedenen Schulen, die in der Stadt ansässig waren. Dann allerdings pflegte der Rat der Stadt als Ordnungsmacht einzugreifen[51].

Dies geschah beispielsweise 1491 in Bamberg durch eine eigene detaillierte »Ordnung für die deutschen Schulmeister und Schulfrauen«[52], nachdem unter den recht zahlreichen Vertretern dieser Zunft Unzuträglichkeiten und Mißstände eingerissen waren:

Es sol kein schulmeister durch sich, seine hausfrawen oder andere einem andern schulmeister seine kinder abspennen, ablocken oder abziehn noch sich bei der kinder eldtern oder freunden mynner von inn zunemen erbieten, dodurch oder durch andere nachrede einem schulmeister verletzung seins glympffs, absetzung seiner kinder oder neidtlicher schade zugewant werden möcht, bey swerer puß vnd straff, so in schultheis vnd rats dorumb vorbehalten. Sunder ein iglicher schulmeister sol sich an seinen kinden, die im auß eigner bewegung der eldtern oder freunden zugeschickt werden, genügen lassen, derselben mit gantzem fleis warten, sie getrewlichen an lernung vnd zucht vnterweisen, bey welchem dann das erberlich vnd redlich zu thun empfunden wirt, dem werden dest mehr kinder zubracht vnd zugefurdert.

In Konstanz mußte der Rat der Stadt im Jahre 1499 aus Anlaß von Klagen des Domscholastikus über die Konkurrenz durch die »tütschschriber« eine Verordnung erlassen, um der bedrohlichen Abwanderung der Schüler aus der Domschule Einhalt zu gebieten[53].

Der groß raut hat disen spruch in das rautbuch haißen schreiben. als der *schulmaister zu dem thum* clagt, wie daz sich etlicher lüt kind nit wölten beschaidenlich strafen laußen mit ruten in die äfftere, als daz gewenlich bißher gewesen sy, und loufent uß und clagentz jren vätern und mütern, man ler sy niht. die behebens denne dahaim und setzentz denn zu tütschschribern. und damit so bescheh jm zu kurtz und unrecht an sinem lon vil und dik, und gange och die schul under, so man kind nit beschaidenlich getüwe strafen, und so sölich tütschschriber der lüten kind leret, daz doch ainem schulmaister zugehöre. und batt die rät, das sy den großen schaden, der jren aignen kind und jm davon käme, bedächtint und des mit jr wißhait für kämen. Do halt och ain raut frag umb und ward das mer. wer sin kind in die schul setzt, der sol jm och den ganzen jarlon gen, es wäre denn daz ain biderbman sin kind anderswahin schiken wölt und schikti, ald daz ein kind krank werd. daz sol man billich ansehen, aber sust so sol jm jederman von sinem kind gantzen jarlon geben, ist sach, daz er es jn dem jar von der schul nempt. Die rät hießent do ze mal mit den tütschschribern reden und den gepieten an ein püß, daz sy kein kind, knaben, die zu jn gesetzt werdent, kain latin noch latinisch buch jn jren hüßern nit leren sond, wen das aller burger und lüten kind, die latin und tütsch lernen wend, das tün sond in der schul. Es ward och das mer. wär, ob den schulmaister oder sin junkmaister darüber rache begegneti von jemant, den sie in verdachte hetten, daz sond sy dem burgermaister, der zu den ziten ist, zu wissen tün. der sol jn des bnemen. Das empfall ein raut jn ze schribent. Datum quarta nach misericordia dei anno dom. lxxxxviiij.

Abb. 37
So etwa hat im 16. Jh. ein 6- oder 7jähriger seinen ersten Schultag an einer Winkelschule in der Wohnung des Schulmeisters erlebt. Dort sollte er, das Bild verrät es, nicht nur das Lesen und Schreiben, sondern auch das Rechnen lernen.
(Holzschnitt, 16. Jh.)

Der Konstanzer Schulstreit steht hier nur exemplarisch für eine Vielzahl ähnlicher Vorgänge in den Städten des Mittelalters. Bei dieser Auseinandersetzung zwischen den Winkelschulmeistern und dem Domscholastikus handelte es sich in Wirklichkeit um sehr viel mehr als nur einen Streit um die Einkünfte der Lehrer oder die Existenz einzelner Schulen. Hier findet die Dialektik des historischen Geschehens auf der Ebene des Schulwesens ihren Ausdruck. Während nämlich das überkommene Bildungssystem in der Stadt, die Kirchenschulen und die Schulen der Magister, ziemlich starr an ihren traditionellen Bildungsvorstellungen festhielten, entstanden die Winkelschulen als eine direkte Antwort auf die Anforderungen der wirtschaftlichen Dynamik. Das flexible Gefüge der Winkelschulen und die von ihnen betriebene Vermittlung unmittelbar verwertbarer lebenspraktischer Qualifikationen für aktive Wirtschaftsbürger trat in Konkurrenz zu einem Bildungswesen, das den Menschen in eine statische, religiös-theozentrische Weltordnung einbilden und zu sich selbst bringen wollte. Der Gegensatz zwischen diesen beiden Positionen hat über Jahrhunderte hinweg in immer wieder neuen Formen seinen Ausdruck gefunden. Noch heute beunruhigt er uns und unsere Schule – etwa in Gestalt der Frage »Was sollen die Schulen lehren und unsere Kinder lernen und wozu soll es dienen?«

Die privaten Winkelschulen der deutschen Schreiber und der Rechenmeister haben allen Anfeindungen zum Trotz bis ins 18. Jh. hinein das Bildungswesen der Städte mitgetragen und geprägt[54], weil sie im Laufe der Zeit durch ihre Flexibilität auch Kinder aus der einfachen Stadtbevölkerung an sich ziehen konnten. Ihr pädagogisches Konzept ist schließlich aufgegangen in den Volksschulen der Neuzeit.

Abb. 38
Die Rechenmeister haben das Rechnen nach zwei Methoden betrieben und gelehrt; beide sind hier dargestellt. Die einfachere Methode war das »Rechnen auf den Linien«, sie erfolgte unter Zuhilfenahme von Rechenpfennigen auf der linierten Rechenbank. Die schwirige hingegen, das »Rechnen auf der Feder«, war reines Zifferrechnen. Der Unterricht erstreckte sich meist auf die vier Grundrechnungsarten und die »Regel de Try«, den Dreisatz. (Zwei Rechenmeister am Rechenbrett, Titelholzschnitt eines kleinen Rechenbüchleins; Krakau um 1520, Privatbesitz)

Abb. 39
In den Vorlesungen an den mittelalterlichen Universitäten war das Verhalten der Hörer während der Ausführungen des Professors offenbar nicht viel anders als heute. Kenner des akademischen Lebens unserer Tage werden allenfalls strickende Kommilitoninnen vermissen (14. Jh., Berlin, Kupferstichkabinett).

Hohe Schulen

Um 1380 hat der italienische Maler Laurentius de Voltolina mit Deckfarben dieses Bild auf Pergament gemalt (Abb. 39). Wie von einer Galerie blickt man auf eine Lehrszene hinab, die den Betrachter durch ihre Exotik gefangennimmt. In einer mächtigen Lehrkanzel thront eindrucksvoll der in seiner Zeit berühmte »Henricus d'Allemania«, Doktor des Rechts an der Universität Bologna. In den Bankreihen vor ihm sitzen seine Hörer, ein in vieler Beziehung buntes Volk. Seitlich zu seinen Füßen, an einem gesonderten Tisch, folgt eine Gruppe von Hörern besonders aufmerksam seiner Lesung. Wäre nicht der grüne Rasen, dann hätten wir keinen Zweifel, daß hier in einem Hörsaal eine Vorlesung gehalten wird, fast so, wie das auch noch heute geschieht. In diesem Bild finden wir vieles von dem, was die Hohen Schulen des Mittelalters, die Universitäten, kennzeichnete.

Der Gelehrte, später der Professor, verkörperte die Autorität der Wissenschaft. *Ex cathedra* las er in der lateinischen Gelehrtensprache aus eigenen Schriften oder aus denen anderer Autoren seinen Hörern, die selbst oft keine Bücher besaßen, vor und kommentierte das Gelesene. Die Hörer kamen aus aller Herren Länder und manche von ihnen, was auch das Bild nicht verschweigt, nicht nur aus reiner Liebe zur Wissenschaft. Wer sich wie diese Studenten dem Studium in einer der drei oberen Fakultäten, der Theologie, der Jurisprudenz oder der Medizin, widmete, hatte schon einen längeren Bildungsweg hinter sich gebracht. Am Anfang der Laufbahn eines Scholaren stand der mehrjährige Besuch einer kirchlichen oder städtischen Schule. Dort oder auch noch an der Universität studierten die Scholaren das Trivium, das sie mit dem Bakkalaureat abschlossen. Dann folgte an der Universität das Studium des Quadriviums, das mit der Magisterprüfung endete. Sie erst eröffnete die Möglichkeit zum Studium an einer der oberen Fakultäten. Die meisten Magister in den Sieben Freien Künsten verließen jedoch die Universität, und mancher unter ihnen versuchte dann als städtischer Magister sein Auskommen zu finden. An den Universitäten gab es also verschiedene Grade im Studium und auch verschiedene Ranggruppen, was, wie auf dem Bild, u. a. in der Sitzordnung bei Vorlesungen seinen Ausdruck gefunden haben wird.

Die Vorlesungen selbst wurden, wie auch die anderen akademischen Veranstaltungen, die Disputationen und die Repetitionen, oft erst in späteren Zeiten in einem eigenen Gebäudekomplex, der Universität, durchgeführt. In der frühen Geschichte der Universität fand der Lehrbetrieb an allen möglichen Örtlichkeiten statt, in städtischen, kirchlichen und privaten Gebäuden, in den Bursen der Studenten und den Wohnungen der Professoren, ja sogar im Freien, auf Plätzen, in Innenhöfen oder in Mauerwinkeln[55]. Vielleicht hat Voltolina auf seinem Bild den Raum bewußt so gestaltet, daß jede von diesen Möglichkeiten denkbar ist.

In der Zeit, als dieses Bild entstanden ist, gab es erst wenige Universitäten. Die beiden ersten waren um 1200 in Paris und Bologna gegründet worden. Sie waren anfangs genossenschaftliche Zusammenschlüsse von Lehrenden und Studierenden, die ihre Freiheit und ihre Rechte den Städten und dem Domscholastikus abtrotzen mußten. Die Genossenschaft selbst, die meist noch keine eigenen Gebäude besaß, trug den damals für solche Körperschaften üblichen Namen *universitas*. Im deutschsprachigen Raum entstanden Universitäten erst wesentlich später und dann als Gründungen durch die Obrigkeit[56]. Zu den ersten zählten Prag 1348, Wien 1365, Erfurt 1392, Heidelberg 1385 und Basel 1459.

Abb. 40
Die »Hohe Schul' zu Heydelberg« scheint im 16. Jh. eine wohlgeordnete und festgefügte Einrichtung gewesen zu sein. Ob Festakt, Vorlesung oder Konvent der Professoren – die »Gelehrtenrepublik« (W. Jens) demonstriert Würde. (Heidelberg, Universitätsbibliothek)

Schule auf dem Weg in die Neuzeit

ädagogische Ideen, Schulen und erzieherisches Handeln sind in den Geschichtsprozeß verflochten. Auf den vorausgehenden Seiten hat der Leser die Anfänge unserer Schule kennengelernt und dabei – ohne daß dies besonders ins Bewußtsein gerückt wurde – mehrere hundert Jahre ihrer Geschichte durchmessen. In diesem langen Zeitraum ist zwar die Zahl der Schulen erheblich gewachsen, in ihrem Wesen hat sich die Schule jedoch kaum verändert. Ein Mensch unserer schnellebigen Zeit mag sich darüber wundern. Die Schule des Mittelalters diente dort, wo sie bestand, letztlich der Bewahrung und Überlieferung einer christlich-abendländischen Tradition mit ihrer insgesamt statischen Sicht der Welt. Ganz anders dagegen die Schule der Neuzeit. Sie ist eingespannt in die Dynamik eines kulturellen und gesellschaftlichen Prozesses, deren Bewegungen sie folgt und auf die sie auch noch steuernd einwirken soll; deshalb hat sie mit der Schule des Mittelalters, aus der sie hervorgegangen ist, nur noch wenig Gemeinsamkeiten. Erste Veränderungen, die die Schule auf ihrem Weg in die Neuzeit erfahren hat, haben sich – wenn auch nur vorsichtig – schon im Mittelalter angebahnt: Es sei nur an die Entstehung der Winkelschulen oder die Einführung des Lese- und Schreibunterrichts in deutscher Sprache an den lateinischen Stadtschulen erinnert. Weiterreichende Veränderungen im Sinne eines Wandels und eines Neuanfangs vollzogen sich dann aber um das Jahr 1500 und in den folgenden Jahrzehnten. Renaissance, Humanismus und Reformation sind die Stichworte, die diese Epoche mit ihren für die Kultur, die Kunst und das Bildungswesen bedeutenden Persönlichkeiten markieren.

Abb. 41
Ein gelehrter Magister unterrichtet seine Schüler. Detail einer Holzschnittinitiale um 1475. (Aus »Octo parcium orationis donatus«, Conrad Dinckmut, Ulm o. D.)

Bildung im Umbruch

Die Jahrzehnte des Umbruchs vom Mittelalter in die Neuzeit haben für die Menschen eine Fülle neuer, aufregender und auch beunruhigender Erfahrungen mit sich gebracht. Alte Vorstellungen und Ordnungen gerieten ins Wanken[1].

Die Entdeckungsreisen des Kolumbus und anderer Seefahrer hatten den geographischen Horizont der Zeit erweitert; die Erfindung und Konstruktion neuartiger Geräte und Maschinen stellten neue Instrumente für die Lebensbewältigung bereit; die Entwicklung des Buchdrucks mit beweglichen Lettern durch Johannes Gutenberg um 1450 erschloß ein neues Mittel der Kommunikation mit noch unabsehbaren Folgen; neuartige Erkenntnisse und Methoden der Wissenschaft, die sich auf Erfah-

Abb. 42
Erasmus von Rotterdam (1466–1536), einer der großen Gelehrten des Humanismus, zählt mit bedeutenden Entdeckern, Erfindern, Naturwissenschaftlern und Künstlern um 1500 zu den Bahnbrechern der Neuzeit. 1529 schreibt er: »Menschen, das glaube mir, werden nicht geboren, sondern gebildet« – »Es ist sogar besser, ein Schwein zu sein, als ein ungelehrter und boshafter Mensch«. (Bildnis des Erasmus von Hans Holbein d. J., 1523; Basel, Kunstmuseum)

rung und Beobachtung stützten, eröffneten neue Sichtweisen von der Natur und dem Menschen. Auch in der bildenden Kunst vollzog sich ein tiefgreifender Wandel. Hier brach sich als Ausdruck und Folge der Zuwendung zur Welt eine bis dahin unbekannte Realitätsnähe Bahn. Das äußerte sich nicht nur in neuen Darstellungsmöglichkeiten etwa in Gestalt der Zentralperspektive, sondern auch zunehmend in der Hinwendung zu Bildmotiven aus der profanen Welt und dem alltäglichen Leben. Für uns bedeutet dies, daß wir nunmehr mit realitätsnäheren Bildern zur Schule rechnen können.

Das über Jahrhunderte gültige mittelalterliche Bild vom Menschen, seiner Stellung im göttlichen Kosmos, seiner Bestimmung und Bildsamkeit war jetzt nicht mehr haltbar, fragwürdig geworden war auch das auf der Schöpfungsgeschichte fußende Weltbild der mittelalterlichen Theologie. Zwar galt Gott noch immer als Schöpfer der Welt, aber der Mensch hatte bereits begonnen, die Gesetzlichkeiten der Natur zu durchschauen und erkannt, daß er mit ihrer Hilfe in die Welt eingreifen und sie bewußt gestalten konnte. Die Verantwortung des Menschen für sich und seine Welt hatte damit eine neue Dimension gewonnen. Mußte das nicht auch weitreichende Folgen für Erziehung, Bildung und Schule haben?

Erasmus von Rotterdam (1466–1536; Abb. 42) hat 1529 die Erkenntnis, daß Bildsamkeit und Bildungsbedürftigkeit zur Natur des Menschen gehören, zur Grundlage des modernen Erziehungsdenkens gemacht[2]:

> Bäume wachsen vielleicht von selbst, wenn sie auch steril sind oder gewöhnliche Früchte tragen; Pferde werden geboren, wenn auch unbrauchbare – aber Menschen, das glaube mir, werden nicht geboren, sondern gebildet. Die ältesten Menschen, welche ohne Gesetz und Ordnung in wilder Ehe ihr Leben hinbrachten in den Wäldern, glichen in Wahrheit mehr Thieren als Menschen. Die Vernunft macht den Menschen; ... Die Natur, indem sie dir einen Sohn gab, übergab dir nichts andres, als eine rohe Masse; es ist deine Sache, der fügsamen und zu Allem bildsamen Materie die beste Form zu geben: wenn du es unterlässest, erhältst du eine Bestie, wenn du sorgsam bist, erhältst du so zu sagen einen Gott.

Das Drucken von Texten und Bildern

Im Jahre 1510 konnten Besucher von Jahrmärkten und Messen bei Händlern, die gedruckte Heiligenbilder und Flugblätter mit Nachrichten und Sensationen, die sogenannten »newen zeytungen«, feilboten, dieses Blatt erwerben (Abb. 43). Albrecht Dürer hatte das Bild gezeichnet, den hölzernen Druckstock dafür geschnitten, den Text verfaßt und diesen nach der neuen Technik mit beweglichen Lettern gesetzt. In seiner Werkstatt waren Bild und Text in vermutlich zwei Arbeitsgängen als Flugblatt – vielleicht mit einer in die hunderte gehenden Auflage – gedruckt worden.

Dürer erteilt auf diesem Flugblatt dem Leser Lebensregeln für ein »bescheyden«, friedfertiges und gerechtes Leben. Er hat es mit einem Holzschnitt ausgestattet, der uns vor einer für die damalige Zeit modernen Naturkulisse einen Lehrer mit seinen Schülern zeigt, so, als würde er die Schüler in diesen Lebensregeln unterweisen.

Die Besucher von Jahrmärkten und Messen kauften solche Flugblätter und nahmen sie mit nach Hause als Zeichen des Fortschritts und der neuen Zeit. Es war üblich, Flugblätter mit Bildern auszustatten. Wie auch noch heute sollten sie als Blickfang zum Kauf und zur Textlektüre anreizen, den Inhalt illustrieren und bekräftigen oder den Betrachter beeinflussen. Die Flugblätter waren nur eines von den neuen gedruckten Medien, die die Zeit des Umbruchs hervorgebracht hatte.

Abb. 43
Dürers Flugblatt aus dem Jahre 1510 kombiniert Text und Bild. Ein vornehm gekleideter Lehrer mit Magisterhut, Stock und Buch ist im Begriff, fünf Schüler zu unterrichten. Einer von ihnen trägt am Gürtel die uns schon bekannten Erkennungszeichen der Scholaren, das Tintenfaß und das Pennal für die Federn. (Berlin, Kupferstichkabinett)

Die Verfahren zur Herstellung von gedruckten Bildern und Schriften waren bereits um etwa 1400 entwickelt worden. In der süddeutschen Kunstlandschaft sind um diese Zeit erstmals Bilder entstanden, bei denen Linien und schwarze Flächen nicht wie bis dahin üblich gezeichnet oder gemalt, sondern mit hölzernen Druckplatten gedruckt worden waren. Damit war die Technik des Holzschnitts erfunden, die die Massenproduktion von Bildwerken zuließ[3]. Warum sollte nicht auch bald jemand auf den Gedanken kommen, nach diesem Verfahren Bilder auch mit Texten zu versehen oder sogar ganze Textseiten zu drucken? Während sich der Holzschnitt bei der Bildherstellung von Anfang an bewährte und zu einer eigenen blühenden Kunstgattung entwikkelte, konnte sich der im Holzschnitt betriebene Schriftdruck nicht durchsetzen. Erst als Gutenberg um 1450 in Mainz eine Drucktechnik mit beweglichen Lettern ausgetüftelt und praktisch nutzbar gemacht hatte, war ein Verfahren verfügbar, das das Drucken von Schriften und die Herstellung von Büchern in großen Stückzahlen ermöglichte. Nachdem dann auch noch die Herstellung von Papier, das die Araber schon seit Jahrhunderten nutzten, nördlich der Alpen gelungen war, stand ein Material zur Verfügung, das für das Drucken wesentlich besser geeignet war als das Pergament und in großen Mengen, dazu auch noch relativ billig, produziert werden konnte.

Im ganzen Mittelalter waren gemalte Bilder, handgeschriebene Texte und Bücher, die Botschaften der Ausrufer, das gesprochene Wort und die Predigt die Mittel gewesen, durch die Ideen und Nachrichten verbreitet worden waren. Das neue Me-

Abb. 44
Das Baumschema war schon im Mittelalter eine Hilfe zur Veranschaulichung von Zusammenhängen und Vorgängen. In diesem Druck aus dem Jahre 1490 tragen die Äste eines Baumes das Alphabet. Solche einfachen und anschaulichen Holzschnitte sind damals in Umlauf gebracht worden und dienten auch als Hilfsmittel beim Unterricht. (Aus: Geiler von Keisersberg: Ein heylsame lere und predig, um 1490)

Ain New geordnet Rechen biechlin mit den zyffern den angenden schülern zů nutz Inhaltet die Siben species Algorithmi mit sampt der Regel de Try/vnd sechs regeln d́ prüch/vn̄ der regel Justi mit vil andern gůten fragen den kindern zum anfang nützbarlich durch Joann Böschensteyn von Esslingen priester neülych auß gangen vnd geordnet.

Abb. 45
Titelseite eines Rechenbuchs aus dem Jahr 1514. Der Verfasser, der Esslinger Priester Johannes Böschenstein, ist einer der vielseitig gebildeten humanistischen Gelehrten seiner Zeit. Wie er versuchen auch einzelne Schreib- und Rechenmeister, ihre Unterrichtsmethoden in Buchform zu veröffentlichen. Im Titel werden die Künste angepriesen und im Titelbild mit dem Verfahren geworben. (Freiburg, Universitätsbibliothek)

dium, das gedruckte Wort und Bild, brach tief in diese Tradition ein: Das Buch als kultischer Gegenstand verlor seine Aura und wurde zum Gebrauchsgegenstand; Ideen und Nachrichten konnten schneller und authentisch verbreitet werden; Autoren wie Luther schrieben nicht weiter nur im gelehrten Latein, sie schauten »dem Volk aufs Maul«, schrieben auch in deutscher Sprache und entwickelten einen volkstümlichen Stil; revolutionäres Gedankengut, wie das der Reformatoren, konnte massenhaft gedruckt und verbreitet werden und ließ sich nun nicht mehr einfach in Bibliotheken verschließen oder an die Kette legen. Schließlich aber – immer mehr Menschen wollten lesen und schreiben lernen und immer mehr Lehrer lernten es, die Möglichkeiten, die das gedruckte Medium bot, im Unterricht zu nutzen (Abb. 44 und 45). In der Folge entstanden die ersten gedruckten Unterrichtsmittel wie Ulrich Wagners Rechenbuch in deutscher Sprache 1482, J. Widmanns »Die behende und teutsche Rechnung auff alle Kauffmannschaft« 1489 oder Valentin Ickelsamers Lesebüchlein »Rechte weis aufs kürtzist lesen zu lernen« 1527.

So wie am Anfang der abendländischen Schule der handgeschriebene Codex gestanden hatte, so markierte den Anfang der Kultur und der Schule in der Neuzeit das gedruckte Buch. Es soll dem Leser überlassen bleiben, sich zu fragen, ob die neuen Medien, die in unseren Tagen sich auszubreiten beginnen, wie damals den Beginn eines neuen Zeitalters einleiten.

Abb. 46
Die Eindringlichkeit und Lebensnähe, mit der das Lehren und Lernen in dieser Steinskulptur »Die hl. Anna unterweist Maria« zur Darstellung kommt, dürfte für das beginnende 15. Jh. einmalig sein. Hier kündigt sich ein Wandel in den Bildungsvorstellungen an. (Paderborn, Diözesanmuseum)

Ein neues Bild von Bildung

Veränderungen von kulturellen Grundvorstellungen und Werten erfolgen in der Regel nicht schlagartig, sondern in einem langen Prozeß, der sich in den verschiedensten Lebens- und Kulturbereichen kundtut. Das gilt auch für den Wandel des Bildungsbegriffs, der sich in der Epoche des Umbruchs vom Mittelalter zur Neuzeit vollzog. Er hat unter anderem auch in Werken der Kunst zwischen dem 14. und 16. Jh. seinen Ausdruck gefunden.

Dafür ist die Steinfigurengruppe »Die hl. Anna unterweist Maria« ein eindrucksvolles Beispiel (Abb. 46): Eine junge Frau und ein Mädchen halten gemeinsam ein Buch. Die Frau deutet mit dem Zeigefinger auf eine Stelle im Text, während das Mädchen mit einem Schreibgerät ihrem Finger folgt. Maria und Anna sind als Figurengruppe schon seit etwa 1200 in der christlichen Kunst bekannt und kommen mit der zunehmenden Heiligenverehrung und dem sich ausbreitenden Annenkult im 14. Jh. immer häufiger zur Darstellung[4]. Dabei ist von Anfang an das Buch ein bestimmendes Attribut und das Lehren und Lernen ein Bestandteil der Bildaussage gewesen. Was jedoch diese Skulptur aus dem frühen 15. Jh. gegenüber anderen auszeichnet, ist die Deutlichkeit und das Gewicht, das hier dem Unterweisen und dem Lernen verliehen wird – und zwar durch die Eindringlichkeit einer Geste, die in kaum überbietbarer Weise die Beschäftigung mit einem Text zum Ausdruck bringen kann.

Abb. 47
Wie kaum in einer anderen Darstellung der Heiligen Sippe wird bei Lucas Cranach d. Ä. um 1510 das Kind in verschiedenen Stufen seiner Entwicklung in altersgemäßen Erziehungs- und Lernsituationen gezeigt. (Wien, Gemäldegalerie der Akademie Wien)

Hier sind Buch und Gestus des Lernens mehr als das überlieferte Erkennungszeichen der Personengruppe; sie rücken in den Rang einer eigenständigen und beispielhaften Bildaussage.

Das ist kein vereinzelter Fall in der Kunst dieser Zeit. Auch in einem anderen bekannten Bildprogramm können wir durch das ganze 15. Jh. hindurch beobachten, wie das Motiv des Lernens zu einem fast selbstverständlichen Bestandteil des Bildes wird. Es sind dies die Darstellungen der »Heiligen Sippe«, der Eltern und Verwandten Marias, auf denen Kinder mit Spielzeug, mit Schreibtäfelchen, in Büchern lesend und beim Vorlesen oder Zuhören immer wieder zu entdecken sind. Auch noch am Ende der Epoche, am Vorabend der Reformation, tritt das Motiv in einer Reihe von Beispielen in verschiedenen Kunstgattungen auf[5].

In der »Heiligen Sippe« von Lucas Cranach d. Ä. (Abb. 47) aus den Jahren um 1510, in dem sich der Maler in dem links stehenden Alphäus im Kreise weiterer

Mitglieder seiner eigenen Familie selbst porträtiert hat, wird in der Gruppe vorne rechts im Einzelnen das ausgedrückt, was das Lernmotiv auf allen vergleichbaren Bildwerken allgemein ins Bewußtsein bringen will: Das Lernen, das Lesen- und Schreibenkönnen gehört zur Lebenswelt des Kindes in der rechtschaffenen Bürgerfamilie. Dies ist nicht nur als Aufmunterung für Kinder zu verstehen, sondern auch als ein Appell an die Eltern; Zebedäus – mit den Zügen von Cranachs Schwiegervater – hält die Rute des Lehrers, das Symbol für Zucht und das Zeichen der Erziehung, und er deutet gleichzeitig auf das Buch, welches das Kind neben ihm hält, so als wolle er sagen, zur Aufzucht der Kinder gehöre auch die Sorge um eine angemessene Bildung.

Es ist erstaunlich, wie im Laufe des 15. Jhs. Andachtsbilder, die ursprünglich religiöser Versenkung dienen sollten, zusätzlich einen erzieherischen Charakter erhalten können. Die heilige Sippe ist hier das nachahmenswerte Muster einer Gott wohlgefälligen Familie, der es nicht nur in Frömmigkeit nachzueifern gilt, sondern auch in den bürgerlichen Tugenden, die das Bild eindrucksvoll vor Augen führt.

Dabei ist die immer wieder herausgestellte Fähigkeit des Lesens nicht mehr nur zu verstehen als theologisches Rüstzeug zur Auseinandersetzung mit der Bibel und den Schriften der Kirchenväter; die Schreibtäfelchen und Bücher in den Händen von Kindern und die Anordnung der biblischen Personen in einem zeitgenössischen bürgerlichen Milieu weisen darauf hin, daß das Lesen und Schreiben zum allgemeinen Bildungsgut der bürgerlichen Schichten geworden ist oder werden soll. Hier kommt der Wandel des Bildungsbegriffs an der Schwelle zur Neuzeit selbst im religiösen Altar- oder Andachtsbild zum Ausdruck.

Was das Bild eher verschlüsselt auszusagen versucht, haben Humanisten wie Erasmus von Rotterdam in der bilderreichen Sprache ihrer Zeit ausgedrückt[6]:

> Während den übrigen lebenden Wesen die Natur Schnelligkeit, Flügel, Schärfe des Gesichtes, Größe und Stärke des Körpers, Schuppen, Zotten, Haare, Wolle, Hörner, Klauen oder Gift verlieh, womit sie sich schützen, sich mit Nahrung versorgen oder ihre Jungen großziehen können: ließ sie den Menschen allein zart, nackt und unbewehrt; aber anstatt dessen gab sie ihm den für allerlei Unterricht empfänglichen Verstand, damit er in Einem Alles habe, wenn er ihn nur übt. Und je weniger ein Thier zur Abrichtung geeignet ist, desto mehr hat es Instinct. Die Bienen lernen nicht Zellen bauen, Wachs sammeln und Honig bereiten; die Ameisen werden nicht unterrichtet, daß sie im Sommer in ihren Bau tragen, wovon sie im Winter leben: das Alles thun sie aus Instinct. Aber der Mensch kann weder essen, noch gehen, noch sprechen, wenn man es ihm nicht lehrt. Wenn also der Baum ohne Veredlung entweder keine oder unbrauchbare Früchte trägt, wenn der Hund geboren wird, unbrauchbar für die Jagd, das Pferd ungeeignet

Abb. 48
Gebildete Erwachsene und lerneifrige Kinder prägen vom späten Mittelalter an die Vorstellungen von der Heiligen Sippe. Auch in liebevoll gestalteten Details haben die Künstler dem Ausdruck verliehen. (Ausschnitte aus dem Schnitzaltar eines unbekannten mainfränkischen Bildschnitzers, Anfang 16. Jh.; Darmstadt, Hessisches Landesmuseum)

Abb. 49
Der aus den Niederlanden stammende Maler Nicolaus Neufchâtel zeigt uns einen fast modern wirkenden, auf die Sache bezogenen Unterricht um die Mitte des 16. Jh. (Johannes Neudörffer d. Ä. mit seinem Sohn; München, Alte Pinakothek)

für den Reiter, wenn der Ochs unfähig ist zum Ackern, wofern nicht unsere Sorgfalt hinzutritt: was für ein überaus wildes und unnützes Geschöpf wird erst der Mensch, wenn er nicht sorgfältig und bei Zeiten unterrichtet und gebildet wird! . . .

Endlich – von Allem, was du besitzest, ist nichts so vernachlässigt, als das Kostbarste, für das alles Andre bestimmt ist. Es lachen die Äcker, es glänzt das Haus, es blinken die kostbaren Gefäße, die Kleider und der ganze Hausrath; wohl dressirt sind die Pferde, trefflich instruirt die Dienstboten: einzig die geistigen Anlagen des Sohnes sind ungepflegt, ärmlich und abschreckend.

Was sich im beginnenden 15. Jh. anbahnt und zaghaft und vermittelt durch religiöse Bildprogramme Ausdruck sucht, erfährt unter dem Einfluß der Renaissance, im Humanismus und durch die Reformation eine stürmische Entfaltung. Nun wird auch im weltlichen Bild Unterricht dargestellt (Abb. 49). Der Nürnberger Schreibmeister Johann Neudörffer unterweist seinen Sohn nicht mehr nur im Lesen und Schreiben und auch nicht im spekulativen Wissenskanon der Sieben Freien Künste des Mittelalters. Nicht die in Büchern niedergelegten Lehrmeinungen philosophischer und theologischer Autoritäten bilden hier den Inhalt des Lehrens und Lernens, sondern die Welt und die Dinge in der Welt selbst; dafür steht das Kantenmodell eines Zwölfflachs in Neudörffers Hand, über dessen geometrische Beziehungen der Sohn exakte Aussagen in sein Buch einträgt. Der Geist des Kopernikus und des Galilei wird in diesem Bildungsdenken spürbar.

Schule soll für alle sein

Die Aufrufe der Humanisten und die Werbung in Bildern, »Erzieht, lehrt und bildet euch und eure Kinder«, wären ohne die Reformation, das in Mitteleuropa aufwühlendste Ereignis des 16. Jh., vermutlich noch lange ungehört geblieben. Sie erst schuf die Voraussetzung dafür, daß die neuen Bildungsvorstellungen Wirklichkeit werden konnten, allerdings in einer anderen Weise, als sich die Humanisten das gedacht hatten.

Den Anlaß dazu gab der Niedergang der alten kirchlichen Einrichtungen im Zuge der reformatorischen Umwälzungen. Pfarreien verwaisten, Klerikergemeinschaften lösten sich auf und Klöster standen leer[7]. Kein Wunder, daß darunter auch die Schulen und Universitäten litten, die ja noch immer weitgehend von Kirche und Klerus getragen waren. Viele lösten sich einfach auf, weil die Lehrer wegliefen und die Schüler ausblieben; wo sie Bestand hatten, gingen die Leistungen rapide zurück und die Schulzucht, auf die die Schulen der Kirche besonderen Wert gelegt hatten, verkam. Und das in einer Welt, in der Aufruhr, Schwarmgeisterei, Bilderstürmer, Unruhe und Aufbruch ohnehin an Ordnungen und Moralvorstellungen rüttelten. Für kritische Zeitgenossen, politisch Verantwortliche und gerade für die Reformatoren Luther und Zwingli war dies ein Alarmsignal; der Niedergang der Schulen mußte auf die Dauer den Verfall der sozialen Ordnung, der Moral und Religion zur Folge haben.

1524, mitten in dieser Zeit, verfaßte Martin Luther einen flammenden Aufruf an die weltliche Obrigkeit, sein Sendschreiben »An die Radherrn aller stedte deutsches lands: das sie Christliche schulen auffrichtenn und halten sollen« (Abb. 50). Am Anfang dieser Schrift beklagt Luther den Zerfall der Schulen, den keiner als einen Anschlag des Teufels auf den Glauben und das Leben begreifen wolle, und vor dem man sich ebenso fürchten müsse wie vor »Türken, Kriegen und Wassern«. Dann fordert er aus Gründen der Ordnung in der Welt und im Interesse des neuen Glaubens die weltliche Obrigkeit auf, sich um die Schulen zu kümmern[8].

> Darum will's hier dem Rat und der Obrigkeit gebühren, die allergrößte Sorge und Fleiß aufs junge Volk zu haben. Denn weil der ganzen Stadt Gut, Ehre, Leib und Leben ihnen zu treuer Hand befohlen ist, so täten sie nicht redlich vor Gott und der Welt, wo sie der Stadt Gedeihen und Besserung nicht suchten mit allem Vermögen Tag und Nacht. Nun liegt einer Stadt Gedeihen nicht allein darin, daß man große Schätze sammle, feste Mauern, schöne Häuser, viel Büchsen und Harnisch zeuge; ja, wo des viel ist und tolle Narren darüber kommen, ist so viel desto ärger und desto größerer Schade derselben Stadt; sondern das ist einer Stadt bestes und allerreichstes Gedeihen, Heil und Kraft, daß sie viel feiner, gelehrter, vernünftiger, ehrbarer, wohlerzogener Bürger hat, die könnten darnach wohl Schätze und alles Gut sammeln, halten und recht brauchen.

Es war freilich nicht nur die Obrigkeit, an die sich Luther wandte. Im »Sermon vom ehelichen Stande« (1519) und in der »Predigt, daß man die Kinder zur Schule halten solle« (1530) rief er auch alle Eltern auf, nach bestem Vermögen für die Erziehung und den Unterricht ihrer Kinder, und zwar der Buben wie der Mädchen, zu sorgen.

Die Vorstellungen, die Luther in seinen Schriften zur Erziehung und zum Unterricht entwickelt hatte, sollten für die Gestaltung des Schulwesens in den nächsten beiden Jahrhunderten in den protestantischen Ländern grundlegend werden. In ihnen kam nicht nur der Gedanke von der Verantwortung des Staates für die Schule zum Ausdruck. Was sie von mittelalterlichen Bildungsvorstellungen abhob und als zukunftsweisend auszeichnete, war die Überzeugung, daß die Freiheit der Person und die

Abb. 50
»Und demnach in ettlichen teutschen Schulen, nit allein die Knaben, sonder auch Döchterlin zur Schul geschickt (werden), Wöllen wir, das in solchen Schulen, die Kinder abgesündert, die Knaben allein, und die Döchterlin auch besonder gesetzt und geleert werden.
Und der Schulmeister keins wegs gestatte, under einander zulauffen, oder mit einander unordentliche Gemeinsame zuhaben, und zusamen zuschlieffen«
(Württ. Schulordnung 1559)
Dieser Holzschnitt zum Titelblatt von Luthers Sendschreiben aus der Erfurter Ausgabe von Wolfgang Stürmer soll von Hans Holbein d. J. stammen. Daß dieser mit dem Bildgegenstand vertraut war, wissen wir vom Basler Schulmeisterschild. (Heidelberg, Universitätsbibliothek)

Freiheit des Christenmenschen ohne ein gewisses Maß an Bildung aller Menschen nicht möglich sei. Die neue Theologie der Reformatoren hatte die Idee einer allgemeinen Volksbildung und die Vorstellung von einer Art Schulpflicht ins Spiel gebracht[9].

Schule für das Volk

Am 6. September 1528 wurde von den Kanzeln aller Kirchen in der Stadt Braunschweig eine umfangreiche Abkündigung verlesen, »Der ehrbaren Stadt Braunschweig christliche Ordnung, zu Diensten dem heiligen Evangelium, christlicher Liebe, Zucht, Friede und Einigkeit...«[10]. Für die Kirchenbesucher war das kein ungewöhnlicher Vorgang, weil es damals so üblich war, wichtige Nachrichten über

63

Kanzelabkündigungen unter das Volk zu bringen. Ihnen wurde an diesem Tage die neue Ordnung für das Schulwesen in der Stadt bekannt gemacht. Ihr Verfasser war Johannes Bugenhagen, der zum engeren Kreis der Reformatoren um Luther gehörte und zusammen mit Philipp Melanchthon das Schulwesen in den reformierten Gebieten Deutschlands maßgeblich organisiert hat.

Die Braunschweiger Bürger dürften sich über einige Bestimmungen ihrer Schulordnung gewundert haben. Die Schulen waren nicht nur der Hoheit des Magistrats unterstellt; von der Vielfalt der Schulen an den Pfarrkirchen, in den Klöstern, am Dom und bei den Teutschschreibern war nicht mehr viel übriggeblieben. Fortan sollte es nur »zwei gute lateinische Jungenschulen«, zwei »deutsche Jungenschulen« und vier deutsche »Jungfrauenschulen« mit ihren vier Schulmeisterinnen geben.

Diese Organisation des Schulwesens war ein Stück Reformation in Braunschweig und stimmte mit den Vorstellungen Luthers voll überein. Die weltliche Obrigkeit hatte, nachdem die Kirche dazu nicht mehr in der Lage war, die Verantwortung für die Ordnung der Schule übernommen; die Vorbildung für gelehrte Berufe war durch die beiden Lateinschulen gesichert, und die Kinder aus dem einfachen Volk hatten die Möglichkeit, die Stücke des neuen Glaubens sowie das Lesen und Schreiben in deutscher Sprache an den deutschen Schulen nach Geschlechtern getrennt zu lernen. Im Keim sind hier bereits zwei Merkmale angelegt, die das Schulsystem seitdem kennzeichnen. Der kundige Leser wird in der Hoheit des Magistrats über die Schule eine frühe Form staatlicher Schulhoheit erkannt und er wird auch bemerkt haben, daß hier deutlich unterschieden wird zwischen jenen Schulen, die wie unsere höheren Schulen eine gelehrte Bildung vermitteln, und jenen, die im Sinne von Volksschulen sich mit einer einfachen Bildung begnügen.

So wie in Braunschweig haben innerhalb der nächsten Jahrzehnte die meisten Magistrate und Landesherren, die die Reformation einführten, ihr Schulwesen neu geordnet[11]. In den katholischen Gebieten blieb das überlieferte Schulwesen im wesentlichen bestehen, wobei sich jedoch ab etwa 1600 der Jesuitenorden im Zuge der Gegenreformation intensiv um die Ausgestaltung und Fortentwicklung des gelehrten Schulwesens und in bescheidenem Ausmaß auch der Elementarschulen bemühte.

Lateinschulen gab es in der Regel nur in den Städten. Die deutschen Schulen für das einfache Volk verbreiteten sich im 16. Jh. über die Dörfer und die ländlichen Gebiete. Da sie in diesen Jahrzehnten vor allem auch der Verbreitung und Verteidigung der konfessionellen Glaubenslehren dienten und im übrigen jenes Maß an Lesekenntnissen zu vermitteln hatten, das für die Bibellektüre notwendig war, wurden sie den Ortspfarreien angegliedert, der Aufsicht des Ortspfarrers unterstellt und zweckmäßigerweise meist mit dem Mesneramt verbunden[12]. Weil es für diese Schulen allenthalben an geeigneten Lehrern mangelte, wurden im Sinne von Handlungsanweisungen in die Schulordnungen z. T. sehr detaillierte Vorschriften über Lehrmethoden, Lehrbücher und Lehrstoffe und über die Schulzucht aufgenommen. So lesen wir in der Württembergischen Schulordnung von 1559[13]:

> So dann der Schulmeister die Schulkinder mit nutz leeren will, So soll er die in drey Heüfflin theilen. Das ein, darinn die jhenigen gesetzt, so erst anfahen zu Buchstaben. Das ander, die, so anfahen, die Syllaben zusamen schlahen. Das dritt, wölche anfahen lesen und schreiben... Und dieweil die Kinder vor allen dingen, zu der forcht Gottes gezogen werden sollen, So wöllen wir hiemit auch, das die Schulmeister keinem Kind gestatten, einige ergerliche, schandtliche, sectische Bücher, oder sonsten unnütze Fabel Schrifften, in jrem lernen zugebrauchen, sonder daran sein, wa sie getruckte Bücher gebrauchen wurden, damit sie in Christlichen Büchlin, als der Taffel, darinn der Catechismus, Psalmenbüchlin, das Spruchbüchlin Salomonis, Jesus Syrachs, newen Testaments, und dergleichen, lernen.

Trotz der ins einzelne gehenden Vorschriften blieben die deutschen Schulen, die wegen der Verbindung von Lehramt und Mesneramt vielfach Mesner- oder Küsterschulen hießen, in Wirklichkeit weit hinter dem zurück, was sie eigentlich hätten sein sollen. Über die Vermittlung von Kenntnissen des Katechismus, des Kirchengesangs und über die Anfangsgründe des Lesens kamen sie oft kaum hinaus, und Rechenunterricht war meist nicht einmal vorgesehen[14]. Viele erfolgversprechende Ansätze scheiterten nach einem mühseligen Aufbau an der Armseligkeit der Verhältnisse und bald auch an den Ereignissen des Dreißigjährigen Krieges.

Schulen der Gelehrsamkeit

Die Schulen des Mittelalters waren – sieht man von den Winkelschulen ab – von den Anfängen an Schulen lateinischer Gelehrsamkeit. Aus ihnen gingen die Vertreter der gebildeten Schichten hervor, der Klerikernachwuchs für die kirchlichen Ämter ebenso wie der Nachwuchs im weltlichen Regiment. Als im ausgehenden Mittelalter die bis dahin geltenden Ordnungen und Werte verfielen, gerieten auch diese Schulen in eine tiefe Krise.

Die Qualität der Schulen und die Fähigkeiten der Lehrer gerieten zunehmend in Gegensatz zu den Bildungsvorstellungen, die sich von der 2. Hälfte des 15. Jh. an Ausdruck verschafften. Die Unzufriedenheit mit den Schulen wuchs. 1509 machte Erasmus von Rotterdam in seinem Buch »Lob der Torheit« seiner Empörung über den Zustand der Schulen Luft[15]:

> Obenan stehen die Schulmeister (Grammatici). Das wäre, weiß der Himmel, eine Klasse von Menschen, wie sie unglücklicher, geplagter, gottverlassener nicht zu denken ist, wüßte nicht ich [die Torheit] die Leiden dieses bedauernswerten Standes durch holden Wahn erträglich zu gestalten. Nicht fünffacher Fluch nur, wie der Grieche sagt, nein hundertfacher lastet auf ihnen: mit ewig knurrendem Magen, in schäbigem Rock sitzen sie in ihrer Schulstube – Schulstube sage ich? Sorgenhaus sollte ich sagen, besser noch Tretmühle und Folterkammer – inmitten einer Herde von Knaben und werden früh alt vom Ärger, taub vom Geschrei, schwindsüchtig von Sticklluft und Gestank. Doch meine Gnade schafft, daß sie an der Spitze der Menschheit zu stehen glauben. So wohl tut es ihnen, die ängstliche Schar mit drohender Miene und Stimme einzuschüchtern, mit Rütlein, Stecken und Riemen die armen Opfer abzustrafen und auf jede Art und Weise nach Lust und Laune den Wüterich zu spielen wie jener Esel in der Löwenhaut. Da verwandelt sich ihnen Armut in Pracht, Gestank in Rosenduft, Frondienst in Herrentum . . . Noch mehr beglückt sie ein seltner Glaube an ihre Gelehrsamkeit. Denn ist es auch heller Unsinn, was die meisten den Knaben eintrichtern . . . und eine rätselhafte Taschenspielerei bringt ihnen das Kunststück fertig, daß die dumme Mama und der unwissende Vater den Lehrer richtig für das halten, wozu er sich selber macht.

Abb. 51 und 52
Diese beiden Miniaturen illustrieren zusammen mit vielen anderen die Satzung des »Collegium Sapientiae« zu Freiburg i. Br. aus dem Jahre 1497. Sie zeigen zwei Szenen aus dem Leben der in diesem Kollegium untergebrachten jungen Studenten, das linke ein akademisches Streitgespräch, eine Disputation, das rechte einen Scholaren am Morgen vor seiner Schlafkammer. (Freiburg, Universitätsbibliothek)
So muß man sich auch das Leben von Stipendiaten an den Gelehrtenschulen des 16. und 17. Jh. vorstellen. Hausordnungen regelten das Leben der Scholaren bis in die Details: »Es solle auch ein jeder sein Gemach jederzeit sauber und rein halten . . . Deßgleichen zu rechter und früer Zeit, sein Beth selber bötten, und zu verderben nit gerathen lassen« (Württ. Schulordnung 1559).

Abb. 53
Nihil sine musa – nichts ohne Muse! So stellen sich die Humanisten um 1500 den gelehrten Unterricht vor: In einem behaglichen Raum unterrichtet ein wahrer Magister eine kleine Gruppe von aufmerksamen Schülern. (Holzschnitt aus dem »Liber faceti docens« 1496; Berlin, Staatsbibliothek Preußischer Kulturbesitz)

Die Kritik der Humanisten wurde von den Reformatoren geteilt, und wie diese waren auch sie der Ansicht, daß dem Niedergang der lateinischen Schulen Einhalt geboten werden müsse, und zwar im Interesse beider Regimente. »Wo will man Pfarrer, Prediger und andere Personen zum Worte Gottes, zum Kirchenamt, zur Seelsorge und Gottesdienst nehmen? Wo wollen Könige, Fürsten und Herren, Städte und Länder nehmen Kanzler, Räte, Schreiber, Amtleute? Ist doch kein Dorf so klein, das eines Schreibers entbehren könnte...«[16], schrieb Luther 1529 an den Wittenberger Landvogt.

Nicht viel anders sah schließlich auch die weltliche Obrigkeit in den reformierten Städten und Ländern die Situation ihrer lateinischen Schulen. Sie zog daraus z. T. recht entschlossen die Konsequenz, indem sie eine durchgreifende Reform der Gelehrtenbildung einleitete.

Herzog Christoph von Württemberg ging 1559 mit gutem Beispiel voran[17]: In den größeren Dörfern und in allen Städten ließ er Lateinschulen einrichten. In den kleineren Städten und Dörfern, wo die Verhältnisse es nicht erlaubten, alle Klassen zu führen, beließ er es bei niederen Lateinschulen, die als Partikularschulen nur die unteren Klassen umfaßten. In größeren Städten waren die Lateinschulen hingegen »Vollanstalten«. Die Lateinschule an seiner Stuttgarter Residenz, das Pädagogium, wurde noch zusätzlich mit Freiplätzen für die »armen, unvermüglichen Knaben, so gute und fruchtbare ingenia« hatten, ausgestattet. Außerdem ordnete der Herzog auch noch die Einrichtung von Lateinschulen mit Internatsbetrieb an aufgelassenen Klöstern an, die unter dem Namen Klosterschulen tüchtigen Knaben aus dem ganzen Herzogtum, die über ein Landexamen ausgewählt wurden, eine qualifizierte lateinische Bildung ermöglichten. Das System von Lateinschulen, wie es Herzog Christoph von Württemberg eingerichtet hatte, wurde von anderen protestantischen Ländern

Abb. 54
Der Lehrer einer großen Lateinschule, der sog. Praezeptor, unterrichtet mit seinen Collaboratores, den Schulgehilfen, drei »Haufen« von Schülern. Während vor ihm der eine Haufen zum »Verhör« antritt, ist ein Gehilfe in »gebürlicher weiß« dabei, die »Rutten straffen« zu vollziehen. Den Grund für die Strafe wissen wir nicht. Vielleicht hat der Schüler seine Lektion nicht gelernt. Vielleicht aber hat er das am Boden liegende Messer bei sich getragen, was viele Schulordnungen schon seit dem Mittelalter streng verbieten. (Holzschnitt, 1592)

übernommen. Dies gilt auch für die Klosterschulen, die dort den Namen Fürstenschulen erhielten und von denen manche bis in unsere Gegenwart fortbestanden haben. Viele namhafte Persönlichkeiten haben diese Schulen besucht, so z. B. Hölderlin und Hesse die Klosterschule in Maulbronn, Lessing und Gellert die Fürstenschule in Meißen[18].

Wer eine der Schulordnungen aus dem späten 16. Jh. zur Hand nimmt, wird zunächst verblüfft sein, daß dort die Bestimmungen über die Lateinschule um ein Vielfaches umfangreicher sind als die über die deutschen Schulen; das spiegelt die unterschiedliche Wertschätzung der Schulen in dieser Zeit wieder. Es wird ihm auch sofort auffallen, daß die Sprache fast bis zur Unverständlichkeit mit lateinischen Begriffen durchsetzt ist, und daß theologische und *Artes*-Schriften der Humanisten im Unterricht überwiegen. Das Zusammenleben der Schüler und die Zucht in der Schule sind in breiten Ausführungen mit protestantischer Strenge geregelt. So demonstrieren diese Schulordnungen in Form und Inhalt, um was es ihnen geht: Zuerst um eine qualifizierte Ausbildung zum souveränen mündlichen und schriftlichen Gebrauch des klassischen Lateins und um Kenntnisse in Griechisch und Hebräisch. Sodann aber auch um Glaubenslehre, Frömmigkeit und Zucht. Realien und Mathematik spielen dagegen fast keine Rolle, bescheidene Kenntnisse sind allenfalls Nebenprodukte der sprachlichen Schulung. Die leitenden Ideen der Lateinschule hießen *pietas*, *linguae* und *artes*.

Im Unterricht waren die Schüler in drei Haufen geteilt (vgl. Abb. 54). Der erste Haufen lernte das Lesen und Schreiben mit Hilfe einer gedruckten lateinischen Fibel und erwarb einen ersten lateinischen Wortschatz. Die Schüler im zweiten Haufen lernten die Grundregeln der lateinischen Grammatik; der dritte Haufen beschäftigte sich mit den lateinischen Schriftstellern Cicero, Vergil, Ovid u. a. und übte sich in der

Rhetorik und Dialektik. Im Unterricht und im schulischen Zusammenleben der Schüler wurde streng darauf geachtet, daß nur lateinisch gesprochen wurde.

Alles in allem muß dieser Unterricht für Lehrer und Schüler unendlich mühsam gewesen sein. Schon Melanchthon klagte 1526 in seiner Rede »De miseriis paedagogorum« bitter über das Los des Schulmeisters, zu dem die Eltern ihre Knaben schickten, sobald sie selbst mit ihnen nicht mehr zurecht kämen[19]:

> Dieser spricht ihm vor, der Junge ist geistesabwesend; er verhört die Aufgabe, der Junge freut sich den Lehrer durch Fehler zu ärgern. Es vergeht eine Ewigkeit, bis er die Buchstaben kann. Das ist das Vorspiel; nun soll er Latein lernen. Man spricht mit ihm Lateinisch, er scharrt aus der Muttersprache seine Antwort zusammen. Man nötigt ihn; guter Gott, was für ein Schauspiel bietet er dar? Erst steht er da, stumm wie eine Bildsäule; dann nimmt er sich zusammen, er sucht nach Worten, verdreht dabei die Augen und reißt den Mund auf, wie ein Epileptischer. Endlich bringt er einen Ton heraus; aber um nicht auf einem Fehler ertappt zu werden, murmelt er unverständlich; manche bringen es zu einer wahren Virtuosität im Verschlucken der Endsilben. Man ruft: deutlicher! er wiederholt, und nun hört man Wortungeheuer, wider Grammatik und Latinität. Es ist ein Jammer! Und nun gar das Lateinschreiben! Nichts verabscheuen sie mehr; jeden Tag muß man mahnen, mit unermeßlicher Mühe bringt man es dahin, daß sie im Semester ein Brieflein schreiben... Zum Schlagen, sagt ein berühmter Feldherr, gehört dreierlei: daß die Soldaten Lust haben, Ehrgefühl zeigen und gehorchen. Der Schulfeldherr darf bei seinen Soldaten keins von diesen drei Stücken voraussetzen: sie haben keine Lust zu lernen, kein Ehrgefühl, keinen Gehorsam. Die meisten würden lieber graben als Latein lernen. Wahrlich, ein Kamel tanzen oder einen Esel das Lautenschlagen lehren, wäre erträglichere Mühe.

Die Ursachen für die Schwierigkeiten des Unterrichts werden sicher nicht nur bei den Schülern gelegen haben. Wir alle wissen, daß die Einstellung und das Verhalten der Schüler auch durch den Stoff, die Methoden, den Stil und die Person des Lehrers geprägt werden. Die Lehrer an diesen Lateinschulen waren in der Regel keine Pädagogen aus Überzeugung, und sie hatten auch keine pädagogische Ausbildung. Sie waren fast durchweg Absolventen der Universität, die nach einem Theologiestudium in den Schuldienst eingetreten waren, um unter armseligen Bedingungen die Zeit zu überbrücken, bis sie endlich ein einträglicheres, angenehmeres und ruhigeres Pfarramt übernehmen konnten.

Abb. 55
»Esel« war schon in der Antike ein beliebtes Schimpfwort. Seitdem tritt der Esel auch in der Kunst immer wieder als Symbol der Dummheit, Trägheit und Faulheit auf. Mit der Verbreitung der Druckmedien wurde der Esel ein beliebtes Karikaturenmotiv im Holzschnitt. (Aus: »De fide concubinarum...« 1501–1505; Basel, Universitätsbibliothek)

Leben mit der Schule

Als in der beginnenden Neuzeit unter dem Einfluß der Renaissance und des Humanismus das Bewußtsein für die Individualität des Menschen und die Realität der Welt geweckt worden war, begann sich auch die Kunst für die Persönlichkeit des einzelnen und für sein individuelles Welterleben zu interessieren. Jetzt war der Weg frei, den Alltag der Schule sowie persönliche Erlebnisse und subjektive Erfahrungen von Schülern und Lehrern darzustellen. Das Basler Schulmeisterschild der Brüder Holbein (Abb. 35 und 36), das wir bereits kennengelernt haben, ist eines der frühesten Beispiele aus der Malerei, in dem uns eine Schulsituation gezeigt wird, wie sie sich wirklich abgespielt haben könnte. Andere frühe Beispiele von Bildern, die uns das Leben mit der Schule eindrucksvoll vor Augen führen, finden wir in den beiden Trachtenbüchern des Augsburger Kaufmanns Matthäus Schwarz (geb. 1497) und seines Sohnes Veit Konrad[20]. Die beiden hatten zwischen 1520 und 1560, nachdem sie zu Wohlstand und Ansehen gelangt waren, Trachtenbücher angelegt, in denen sie sich in verschiedenen Lebensaltern und Trachten abbilden ließen. Von den Bildern aus ihrer Kindheit sind hier sechs ausgewählt.

Abb. 56 und 57
Wie für jedes Kind beginnt das Leben mit der Schule auch hier als ABC-Schütze. Schultasche und Hausaufgaben gehören dazu. (Braunschweig, Herzog-Anton-Ulrich Museum)

Es war nicht selten, daß Schüler in einer fremden Stadt die Schule besuchten und dort als Kostgänger lebten. Mancher wäre schon bei der Fahrt dorthin am liebsten ausgestiegen, so wie der kleine Matthäus Schwarz. (Hannover, Niedersächsische Landesbibliothek)

Abb. 58 und 59
In einem Bild zwei Szenen aus dem Leben eines Ausreißers, der wie ein fahrender Scholar seine Bücher, das Tintenfaß und das Federtäschchen mit sich trägt: Beim Betteln und beim Feilschen mit Hütebuben.

Ein neuer Anfang in der lateinischen Schule – hoffentlich geht's diesmal gut. (Braunschweig, Herzog-Anton-Ulrich Museum)

Das erste zeigt uns den kleinen Matthäus Schwarz im Alter von 5 Jahren und 4 Monaten im schwarzen Trauerkleid; seine Mutter war kurz zuvor gestorben, er selbst besuchte als ABC-Schütze die Schule des Augsburger Schreibers Ulrich Schütterer (Abb. 56). Daß er dieses Alter überhaupt erreicht hatte, verdankte er, wie er an anderer Stelle beschreibt, einem Glücksfall. Als Zweijähriger war er in Krämpfe gefallen »das man maint, ich wer gestorben, wart eingenet (eingenäht), gen Sant Ulrich (zum Friedhof) tragen. Thie (Tu) mirs ayner nach: ich růr ein fůß!«

Mit acht Jahren mußte er als Kostgänger zu einem Pfarrer in eine Schule nach Heidenheim überwechseln, weil ein gewisser Contz von der Rosen, mit dem er herumgezogen war, einen »besen strick« aus ihm »gezogen« hatte. Vergeblich versuchte Matthäus diesem Schicksal zu entgehen: »Ich sprang bei 2 meil von Augspurg von wagen und wolt darvonlaufen, aber mein pfaff und sein magt, die erwusten mich wiederumb und banden mich im krötzen (Korb)« (Abb. 57).

Ein knappes Jahr später nahm er dann von seiner Heidenheimer Schule Reißaus, schlug sich bettelnd als fahrender Scholar durch, schloß sich Hirtenbuben an und hütete Kühe. Den Grund für seine Flucht hatte er im Trachtenbuch notiert, später aber wieder wegradiert. Die moderne Technik hat die ausradierte Schrift lesbar gemacht:

»Das ich meinem pfaffen von Haidenheim weglief, was die ursach, das er mich in ... weiß geschlagen und schier in der Brentz ertrenckt hat. Da überkam ich sein whör (Waffe) und gueng under der bredig in sein garten und hacket im al seine junge krautköpf ab und stecket darauf die whör ins ertreich und luef darvon« (Abb. 58).

Mit elf Jahren finden wir ihn wieder in Augsburg. Dort besuchte er die größte unter den Lateinschulen, die an der St. Moritz-Kirche (Abb. 59). Als er endlich 14 Jahre alt war, hatte er die Schule endgültig satt. Da »warf ich den schülsack weg. Meyne sinn stonden mir nur in frembde land« (Abb. 60). Das Trachtenbuch berichtet nun weiter, daß aus dem kleinen Matthäus trotz der für unsere Begriffe etwas ungeordneten Schulzeit doch noch etwas Rechtes geworden ist. Nach einer Kaufmannslehre bei seinem Vater und in Venedig trat er als Buchhalter in die Dienste der Fugger, wo er schließlich sogar die erste deutsche Schrift zur Theorie des Buchungswesens verfaßte.

Das letzte der hier abgedruckten Reihe von Bildern stammt aus dem Trachtenbuch des Sohnes Veit Konrad Schwarz (Abb. 61). Auch er hat mehrere Bilder aus seiner Schulzeit hinterlassen. Dabei scheint ihn sein erster Schultag besonders beeindruckt zu haben. Man sieht ihn, wie er von einer Magd mit einem großen Korb voll Brezeln

Abb. 60 und 61
Abschied ohne Brief und Siegel.

Wer neu in eine Schule eintrat, war gut beraten, wenn er den »Einstand« für seine Mitschüler und den Lehrer nicht vergaß. (Braunschweig, Herzog-Anton-Ulrich Museum)

als »Einstand« zur Schule begleitet wird. Der Text zum Bild läßt uns seine ersten Schultage miterleben:

> Adi ultimo Februario 1547 muest ich in die lateinische schuel trumpfen, ich tetts gern oder nit. Dieweil ich aber ein ernst sach, das nit anders daran was, dann das ich in die schuel muest, da erzaigt ich mich gleich auch willig und gueng gen Unser Frauen zum Johannes Buschen in die schuel. Der hett dißmals 110 buebben, die latein sollten lernen. Ich gab zum einstand eim yeden ein brötzen. Da ward ich vom preceptor, seinem weib und auch den buebben, in suma von yederman mit heelen und gueten worten entpfangen. Ja, da stuend mein sach ain 8 oder 14 tag wol; ich wollt kain schuel versaumen. Da aber die zeit furuber was, da sprach man mir seltzam zue, also das ich nit ful lust mer in die schuel hett, stellet mich aber nit dergleichen.

Der Leser mag sich bei dem Bericht über die Flucht des Matthäus Schwarz gefragt haben, wie sich ein kaum zehnjähriger Junge allein durchschlagen konnte. Damals waren jedoch viele Schüler dieses Alters alleine oder in Gruppen als »fahrende Scholaren« unterwegs und wurden von der Bevölkerung mit Spenden unterstützt. Die fahrenden Scholaren gab es schon im Mittelalter. Sie lebten vom Bettel und von Hilfsdiensten und mußten dort, wo sie sich gerade aufhielten, die Schule besuchen. Über ihr Leben hat der Schweizer Thomas Platter (1499–1582), der dem Reformatoren- und Humanistenkreis in Zürich und Bern angehörte, eingehend in seiner Biographie berichtet. Als neunjähriger »Schütz« war er einem älteren Scholaren, einem »Bacchanten«, anvertraut worden, damit er mit ihm Schulen besuche und Geistlicher werde. So kam er zusammen mit anderen durch halb Europa[21]:

> Da die Bacchanten uns ungebührlich behandelten, wurden etliche mit Paulus einig, nach Dresden zu gehen. Da war aber keine gute Schule und alles in den Schlafkammern voll Läuse, daß wir sie nachts im Stroh unter uns knistern hörten. Wir brachen daher nach Breslau auf. Unterwegs mußten wir viel Hunger leiden und bekamen mehrere Tage nichts als rohe gesalzene Zwiebeln oder Eicheln, Holzäpfel und Birnen. Manche gute Nacht lagen wir unter freiem Himmel, weil man uns nirgends bei den Häusern leiden wollte, ja man hetzte die Hunde auf uns. Als wir nach Breslau kamen, war alles so voll und wohlfeil, daß sich die anderen Schüler überaßen und in große Krankheit fielen. Da gingen wir zuerst am Dom zum Heiligen Kreuz in die Schule. Als wir aber vernahmen, daß in der Pfarre zur hl. Elisabeth einige Schweizer waren, zogen wir dorthin. Die Stadt Breslau hatte sieben Pfarren und jede eine besondere Schule. Kein Schüler durfte in eine andere singen gehen, sonst liefen die Schützen zusammen und schlugen einander gar übel. Es sind auf einmal in der Stadt, wie man sagt, etliche Tausende Bacchanten und Schützen gewesen, die sich alle von Almosen ernährten. Einige Bacchanten sollen zwanzig bis dreißig Jahre dort gewesen sein, die sich von ihren Schützen unterhalten ließen. Ich habe meinen Bacchanten an einem Abend oft fünf oder sechs Trachten zur Schule getragen, wo sie damals wohnten. Schüler und Bacchanten waren so voll Läuse, daß es unglaublich ist.
>
> Den Winter über lagen die Schützen auf der Erde in der Schule, die Bacchanten aber in den Kammern. Im Sommer aber, wenn es heiß war, lagen wir auf dem Kirchhof, trugen Gras zusammen und lagen darin wie die Säue in der Streu. Manchmal gingen wir im Sommer nach dem Abendessen in die Wirtschaften und bettelten um Bier. Da gaben uns dann die Polacken Bier, wovon ich oft so voll geworden bin, daß ich nicht wieder zur Schule gehen konnte. In Breslau war Nahrung genug. Aber man lernte nicht viel. In der Schule zu St. Elisabeth gab es noch keine gedruckten Bücher, nur der Lehrer hatte einen gedruckten Terenz.

Das Bild vom Leben mit der Schule, das uns die Auszüge aus der Biographie Platters und aus den Schwarzschen Trachtenbüchern vermittelt haben, ist charakteristisch für die Zeit des Übergangs vom Mittelalter in die Neuzeit. Einige Jahrzehnte später schon veränderte sich dieses Bild. Das nach der Reformation durchorganisierte Schulsystem und eine sich verändernde Einstellung zum Leben ließen zumindest in protestantischen Gebieten einen derart freizügigen Umgang mit der Schule nicht mehr zu. Es galt auch nicht mehr als ein »gutes Werk«, fahrende Scholaren zu unterstützen. Auf dem Weg in die Neuzeit wurde der Schulbesuch für immer größere Bevölkerungskreise zu einer Art Selbstverständlichkeit. Dort wo es Friede und Wohlstand zuließen, wurde die Schule zu einem immer gewichtigeren Teil der Kindheit und der Jugendzeit und zu einem Stück des geordneten Alltags.

Abb. 62
»Ein Knabe floht seinen Hund« heißt dieses Bild von Gerard Terborch (1617–1681). Könnte es nicht ebensogut »Aufgeschobene Hausaufgaben« heißen? Szenen dieser Art sind uns auch noch heute vertraut, und Hausaufgaben hat es auch damals schon gegeben. Die ältesten uns bekannten Hinweise auf Hausaufgaben finden wir in einer Schulordnung für die Lateinschule in Bayreuth aus dem Jahre 1464: »Alle nacht sollen die kinder scripturas schreiben, iren latein den elttern anheim sagen, und an dem morgen die schriefft in der Schule weysen und ire latein wider aufsagen« (Israel/Müller, 12, S. 82). (München, Alte Pinakothek)

Das war beispielsweise in den Niederlanden der Fall. Während in den deutschsprachigen Regionen Mitteleuropas der von den Reformatoren angestoßene Aufbau eines geordneten Schulwesens im Dreißigjährigen Krieg praktisch zum Erliegen kam, konnte sich die Schule in den reformierten Provinzen der Niederlande in einer Zeit relativer Ruhe und wirtschaftlicher Blüte im Leben und im Bewußtsein der Bürger etablieren. Die Holländer scheinen im übrigen schon recht früh begriffen zu haben, daß die Schule den wirtschaftlichen Wohlstand fördern konnte, daß für ihre Fortentwicklung aber auch pädagogische Impulse notwendig sind. Nicht umsonst hat die Stadt Amsterdam 1656 dem bedeutendsten Pädagogen jener Zeit, dem Böhmen Johann Amos Comenius, Asyl angeboten und ihn aufgefordert, dort auch sein gesamtes pädagogisches Werk drucken zu lassen. Vier Bilder aus der niederländischen Malerei können uns einen Eindruck davon vermitteln, wie fest sich die Schule im Leben der Kinder, der Familien und der Gesellschaft verankert hatte.

Abb. 63
Im Gegensatz zu zahlreichen anderen niederländischen Malern des 17. Jahrhunderts, die auf wenige Bildmotive spezialisiert waren, ist Jan Steen (1626–1679) thematisch vielseitig. Seine Genreszenen sind geprägt durch einen humoristischen Zug. Eigenheiten und Schwächen der Zeitgenossen werden von ihm mit verhaltener Ironie zur Darstellung gebracht. (Dublin, National Gallery of Ireland)

Der Knabe auf Gerard Terborchs Bild (Abb. 62) versucht mit Hingabe, seinen Hund von lästigen Flöhen zu befreien. Auch wenn diese Tätigkeit ihn und uns in Bann zieht – nicht zu übersehen sind sein Hut und auf dem groben Tisch das Heft, die Schreibfeder, das Tintenfaß und das Federtäschchen. Sie verweisen symbolisch auf zwei Lebensbereiche der Kindheit: auf das Leben der Kinder im Freien und auf die Pflichten des Schülers, die bis ins häusliche Leben hineinwirken.

Was Leben mit der Schule damals bedeuten konnte, hat Jan Steen (1626–1679) in seinen Bildern »Die Dorfschule« (Abb. 63) und »Kinder bringen einer Katze das Lesen bei« (Abb. 64) zum Ausdruck gebracht. Das Leben in der Dorfschule beherrscht ein vierschrötiger Schulmeister, der, wenn es sein muß, zum Einprägen der Lektionen auch das Pritschholz zu Hilfe nimmt, ansonsten aber mit Gelassenheit sein Lehrerhandwerk ausübt. Wie die Kinder mit dem Pritschholz zu leben gelernt haben, zeigen uns ihre Gesichter. Jan Steen hat – ohne Schönfärberei und ohne grobe Verzerrung,

Abb. 64
Jan Steen scheint sich gerne als Maler mit Kindern beschäftigt zu haben, denn sie sind recht häufig Gegenstand seiner Bilder. In dem Bild »Kinder bringen einer Katze das Lesen bei« wählt er eine heitere Alltagsszene, in der von drei Kindern im Spiel Schulerlebnisse symbolisch verarbeitet werden. (Basel, Kunstmuseum)

ohne erkennbare Absicht, kritisieren oder moralische Lehren erteilen zu wollen – einen alltäglichen Augenblick des Schullebens festgehalten. Um den Betrachter unmittelbar am Geschehen zu beteiligen, läßt er ihn aus der Augenhöhe eines Kindes in die Szene hineinschauen, wie einen Schüler, der dabeigestanden hat.

Mit den gleichen malerischen Mitteln beteiligt er uns auch am Leseunterricht für die Katze. Ihr ist im Spiel die Rolle des ABC-Schützen zugedacht. Das Kind vorne links, dessen Züge uns ein wenig an das schadenfrohe Mädchen im Dorfschulbild erinnern, hält ein aufgeschlagenes Lesebuch auf dem Knie. Die Rute, die ihm der Maler in die Hand gegeben hat, zeigt uns, daß es sich bei dem Vorgang nicht um irgendeinen kindlichen Scherz handelt, sondern daß Schule gespielt wird; denn mit dem alten Kennzeichen des Lehrerstandes wird dem Mädchen eindeutig die Rolle des Schulmeisters zugeschrieben. Die Mutter, die mit ihrer Handarbeit innehält, schaut dem Spiel amüsiert und wohlwollend zu.

Abb. 65
Eine wohlhabende Familie muß es gewesen sein, für die Jan van Scorel (1495–1562) im Jahre 1531 den Sohn als Schüler gemalt hat. Von humanistischem Geist geprägt ist der lateinische Spruch unter dem Bildnis, der dem Jungen zugeeignet wurde: Reich ist, wer nichts begehrt; der Habgierige jedoch ist arm. (Rotterdam, Museum Boymans-van Beuningen)

Das Bild erhält im kulturgeschichtlichen Zusammenhang seiner Zeit eine tiefgreifendere Bedeutung: Die Nordprovinzen der Niederlande, symbolisiert durch das typische Käsemesser an der Wand, leben nach langen kriegerischen Auseinandersetzungen nun in einem Zustand, der Schule für einfache Bürgerkinder zur Selbstverständlichkeit, und zum Gegenstand des kindlichen Spiels in einem geordneten Hauswesen werden läßt.

Die Kunst im 16. und 17. Jh. hat begonnen, den Alltag der Schule sowie individuelle Erlebnisse und Erfahrungen mit ihr darzustellen. Sie hat uns auch das »Schülerbildnis« hinterlassen. In Jan Scorels Bild (Abb. 65) haben wir das Porträt eines Kindes wohlhabender und sicher auch bildungsbeflissener Eltern vor uns, das selbstbewußt die Insignien des Schülers trägt. Ein Kind zu sein, heißt hier, ein Schüler zu sein.

Dreschen in der Scheune

Den Gegensatz zwischen den Bauernbuben, die in Brouwers Bild (Abb. 66) feixend dem auf ihren Mitschüler eindreschenden Lehrer zuschauen, und dem vornehmen, selbstsicheren Jungen auf dem Bildnis Scorels (Abb. 65) kann man sich größer kaum vorstellen. Wir haben es hier nicht nur mit Kindern verschiedener Stände und auch nicht nur mit zwei verschiedenen Schulen zu tun, der lateinischen Schule der Gelehrsamkeit für wohlhabende und bildungsbeflissene Bürger und der einfachen muttersprachlichen Schule für die Kinder der Bauern und Handwerker; wir begegnen hier augenfällig auch zwei verschiedenen Auffassungen von den Aufgaben der Malerei. Das Schülerbildnis Scorels aus dem 16. Jh. folgt noch ganz der Vorstellung, daß ein Gemälde, wenn es nicht schon religiösen Zwecken diene, zumindest repräsentativ zu sein habe. In Brouwers Bild aus dem 17. Jh. spüren wir davon nichts mehr.

»Die Schule« von Adriaen Brouwer mit einer Schülerschar, die sich in der dumpfen Finsternis des Raumes verliert, mit derben karikaturenhaften Gesichtern, mit der burlesken Turbulenz der dargestellten Aktion gehört genau zu der Welt, die Brouwer zu malen pflegt, die Welt der Schenken, der Bauern und Kartenspieler. Man kann sich kaum entscheiden, mit wem man mehr Mitleid empfinden soll, mit den zusammengepferchten, von Prügel bedrohten Schülern oder mit dem Lehrer, der diese Horde in die Geheimnisse des Lesens und Schreibens einzuführen hat. Lichtführung und Komposi-

Abb. 66
Im Mittelalter gibt es Schulen in der Regel nur für die Bürger der Städte und für den Nachwuchs des Klerus. In den Jahrzehnten nach der Reformation entstehen allmählich auch Schulen in kleinen Städten und Dörfern. Dort prägt die bäuerliche Lebenswelt ihren Charakter. (Adriaen Brouwer, Die Schule; Berlin, Gemäldegalerie)

Abb. 67
Die Schulmeister der Dorfschulen und ihre Schüler, Buben und Mädchen, müssen sich auf lange Zeit mit bescheidenen Verhältnissen zufriedengeben. Ohne den Lehrer und die Schüler würde wohl niemand den Raum auf diesem Bild für eine Schulstube halten. – Klagen über den schlechten Zustand von Schulräumen und ihre armselige Ausstattung sind bis ins 19. Jh. hinein an der Tagesordnung. (Monogrammist, Schule in der Scheune; Privatbesitz)

tion heben die Handlung und die Personen hervor, den wütenden Lehrer, das nackte Hinterteil seines Opfers und die hämischen Mienen der Schüler. Über das Drumherum, den Raum und seine Einrichtung, erfahren wir bei Brouwer kaum etwas. Doch dürfte seine Schule nicht viel anders ausgesehen haben als die »Schule in der Scheune« (Abb. 67).

In einem Raum mit grob gefügten Türen und Läden stehen ein paar niedrige Bänke. Im Katheder, das mit einem Strebholz abgestützt ist, damit es bei einem Temperamentsausbruch des Lehrers nicht zusammenbricht, thront der Schulmeister mit drohend erhobenem Pritschholz. Von hier aus beherrscht er die Szenerie, kann er nach der Flasche auf dem Bord greifen, erreicht er die Schnur, an der der mächtige Brotkorb hochgezogen wird. Doch gerade ist er so in das Geschäft des Abhörens, das Verhör, vertieft, daß er nicht bemerkt, wie an der Wand gegenüber ein Schüler seine Notdurft verrichtet – oder ist das so selbstverständlich, daß er deshalb gleichgültig bleibt? Mitten im Raum schläft ein Hund; an das Treiben um sich herum hat er sich wohl längst gewöhnt.

Wenig beeindruckt vom Geschehen wirkt auch die Personengruppe unter dem Flaschenbord. So wie die drei dasitzen, am Tisch mit dem Krug, erinnern sie an zechende Bauern auf zeitgenössischen Wirtshausbildern. Diese Vorstellung erscheint zwar gewagt, steht aber durchaus nicht im Widerspruch zur Wirklichkeit. Wenn im

17. und 18. Jh. Dorfschullehrern immer wieder untersagt werden muß, eine Wirtschaft zu betreiben oder Bier und Wein auszuschenken, dann läßt sich daraus schließen, daß der eine oder andere von ihnen versucht hat, sich auf diese Weise ein Zubrot zu verdienen[22].

Ein recht munteres Treiben herrscht auch in der »Jungen- und Mädchenschule«, die Jan Steen gemalt hat (Abb. 68). Was sich dort abspielt, entspricht nicht gerade den landläufigen Vorstellungen von einem geordneten Unterricht, denn hier bemerkt man – wie bei den anderen Bildern – von einer methodisch streng geführten Klasse keine Spur. Nicht anders als in den mittelalterlichen Schulen beschränkt sich das Unterrichten darauf, jedem Schüler einzeln seine Aufgaben zu erteilen, ihn sich dann selbst zu überlassen und irgendwann auch zu »verhören«, was oft in einem Strafgericht endete. Kein Wunder also, wenn die Schüler auf dem Boden einnicken, miteinander schwatzen, raufen oder auf den Bänken herumtanzen. Es ist freilich nicht gerechtfertigt, dieses chaotische Unterrichtsgeschehen mit den Maßstäben der heutigen Schulaufsicht zu messen. Als dieses Bild entstand, waren die modernen Methoden des Massenunterrichts, die Jahrgangsklasse, das frontale Unterrichtsverfahren und vor allem das gemeinsame Fortschreiten aller Schüler beim Lernen, noch nicht bekannt[23]. Sieht man von der einen oder anderen Übertreibung ab, dürfte das Geschehen weder auf den Lehrer noch auf den Maler als außergewöhnlich oder gar chaotisch gewirkt haben.

Abb. 68
In vielen Dorfschulen ist der Schulmeister auf die Mithilfe seiner Frau im Unterricht angewiesen, die große Zahl der Schüler aller Altersstufen ist allein kaum zu bändigen. Sie vertritt ihn auch, wenn er wegen seines kargen Lohns seinen Nebentätigkeiten nachgeht. Jan Steens »Jungen- und Mädchenschule« gibt uns auch eine Vorstellung von den damals gebräuchlichen Unterrichtsmitteln. (Edinburgh, National Galleries of Scotland)

Abb. 69 und 70
Zur Kunst des Schreibens und damit zum Beruf des Lehrers gehört die Fähigkeit, aus Gänsekielen Schreibfedern zu schneiden. Motive wie Gerard Dous »Federspitzer« (1671), das Bild eines Schreibmeisters, der wohl auch privaten Schreibunterricht erteilt hat, müssen über die Jahrhunderte hinweg beim Publikum sehr beliebt gewesen sein. Das zeigt sich auch daran, daß zwischen 1830 und 1850 Stahlstiche nach solchen Bildern gefertigt und in großer Zahl verbreitet worden sind.
(Abb. 69: Dresden, Staatliche Kunstsammlungen;
Abb. 70: Privatbesitz)

Man war das seinerzeit wahrscheinlich nicht viel anders gewohnt; dafür spricht auch die Gelassenheit, mit der der Schulmeister eine Feder schneidet.

In die Mitte des Bildes, gleichsam in das Zentrum des Geschehens, hat Jan Steen die Frau des Lehrers gesetzt. Er hat wohl gewußt, was es für einen Lehrer bedeutete, wenn er von einer tüchtigen Frau unterstützt wurde. Ohne die aktive Mithilfe seiner Frau im Unterricht wäre damals mancher Lehrer nicht zurechtgekommen.

Bis zur Einführung der Schreibfedern aus Stahl im vergangenen Jahrhundert war das Zuschneiden der Gänsefedern, die die Schüler in den Unterricht mitbringen mußten, eine der alltäglichen Aufgaben und Lasten des Lehrers, die eine Menge Geschick und Aufmerksamkeit verlangte, so wie es die Haltung des Schulmeisters ausdrückt. Gerard Dou (1613–1675) hat das Federspitzen zu einem eigenen Bildmotiv gemacht (Abb. 69). Hat ihn dabei die eindrucksvolle Physiognomie gereizt oder der Ausdruck der Konzentration und die Ästhetik der Geste, oder wollte er einfach den Schreiberberuf charakterisieren? Die Papiere, das Urkundensiegel, die Sanduhr, die Feder und das Schreibpult am Fenster sind sichere Hinweise darauf, daß der Federspitzer öffentlich Schreibdienste anbietet. Darauf scheint sich jedoch seine Tätigkeit nicht zu beschränken. Die Frau und die Kinder im Hintergrund verraten uns, daß er, wie wir es von den Winkelschulen kennen, seine Schreibkünste auch unterrichtet. Die Person des Federspitzers und der äußere Rahmen wollen freilich nicht mehr so recht zum Bild der niederländischen Bauernschule passen. Wir haben hier mit ziemlicher Sicherheit das Bildnis eines angesehenen Schreibmeisters vor uns, der mit seiner Frau eine private Schule betreibt und ansonsten versucht, von seinem Fenster aus am öffentlichen Leben teilzunehmen.

Abb. 71
Die Mühsal des Dorfschullehrerdaseins begegnet uns in Quiringh van Brekelenkams »Der Wanderschulmeister«. Wanderschulmeister nannte man vom 16. Jh. an zunächst jene Lehrer, die sich wie Knechte und Mägde saisonweise im Schuldienst verdingten, dann aber auch jene Lehrer, zu deren Besoldung der wöchentlich wechselnde Freitisch, das »Umessen«, bei den wohlhabenden Bauern des Dorfes gehörte. Schließlich aber galt die Bezeichnung auch für die Schulmeister, die ihre Schüler im wöchentlichen Wechsel in verschiedenen Bauernhäusern unterrichten mußten, weil ein eigenes Schulhaus im Dorf fehlte. (Bonn, Rheinisches Landesmuseum)

Vergleichsweise armselig wirkt daneben der Wanderschulmeister (Abb. 71) auf dem Gemälde Brekelenkams (1620–1668). Wie ein Hausierer verrichtet er, zwischen Tür und Angel stehend, seinen Dienst. Der Eindruck von der Mühsal seines Daseins wird noch dadurch gesteigert, daß der Maler demonstrativ Symbole der Sattheit und des bäuerlichen Wohlstandes – Zinn- und Messinggeschirr – ausgebreitet hat.

Die Kunst der niederländischen Maler gilt gemeinhin als leicht »lesbar«, weil ihre Bilder meist realitätsbezogen und lebensnah gemalt sind. Unter den Vertretern dieser Malerei gibt es jedoch auch Ausnahmen. Dazu zählt Pieter Bruegel d. Ä., dem wir die Handzeichnung »Der Esel in der Schule« von 1556 verdanken (Abb. 72). Ein Lehrer in altertümlichem Gelehrtenhabit, die Rute in die Hutkrempe gesteckt, züchtigt ein Kind; ein Esel studiert ein Notenblatt und stützt dabei den Vorderhuf von außen auf die Fensterbank, um möglichst nahe am Geschehen beteiligt zu sein; ein unbekleidetes Kind kriecht in einen umgestürzten Bienenkorb, um dessen Flugloch noch die Bienen

Abb. 72
Wenn man Bruegels Zeichnung »Der Esel in der Schule« sieht, denkt man unwillkürlich an eine Dorfschule seiner Zeit. Bruegel regt auch hier zum Schmunzeln und Nachdenken an. (Berlin, Kupferstichkabinett)

Abb. 73
»Die Abendschule« von Gerard Dou (um 1650) ist sicher eines der frühesten Bildwerke, das eine Unterrichtsszene im Kerzenschein zeigt.
Im 16. Jh. beginnen sich die Maler für die besonderen Wirkungen künstlicher Lichtquellen im Bild zu interessieren. Dieses Motiv bot Dou Gelegenheit, dem Reiz von Kerzen- und Lampenschein und dem Kontrast von Schlaglichtern und tiefer Dunkelheit nachzuspüren. (Amsterdam, Rijksmuseum)

schwirren; eine zerbrochene Bank und ein Nachttopf mit einer Rute darin, ein Haufen aufeinanderhockender, grimassenschneidender Kinder in den seltsamsten Kleidungsstücken und Verrenkungen, Bücher und ABC-Täfelchen – das wirkliche Bild einer Schule? Natürlich nicht, hier soll das darunter stehende Sprichwort verbildlicht werden: »Al reyst den esele ter scholen em leeren – Ist eenen esele – hy en sal gheen peert weder keeren«; auch wenn der Esel zum Lernen in die Schule geht, so ist er ein Esel und kehrt nicht als Pferd daraus zurück. Das Sprichwort nimmt die angemaßte Gelehrsamkeit und Scheinbildung aufs Korn in der Gestalt des graphisch zwar deutlich abgehobenen, aber doch aus dem Mittelpunkt herausgerückten Esels.

Zur Illustration dieses Sprichworts allein hätte es der vielen Absonderlichkeiten und auch der realistischen Einzelheiten freilich nicht bedurft, wie z. B. des Holzkastens an der Wand, in den die Schüler an den Schlachttagen Würste und Brot für den Lehrer hineinzulegen hatten. Wenn wir uns vergegenwärtigen, daß Bruegel im gleichen Jahr die Zeichnung »Die großen Fische fressen die kleinen« und 1559 das große Gemälde »Die niederländischen Sprichwörter« geschaffen hat, auf dem man fast hundert damals bekannte Redensarten und Sprüche wiedergegeben sieht, liegt die Vermutung nahe, daß der Künstler, der für seine hintergründige Allegorik bekannt ist, auch in diese Zeichnung eine Menge an Zeit- und Zeitgenossenkritik – vielleicht auch Bildungskritik – aufgenommen hat, wahrscheinlich mehr, als wir heute aus ihr noch herauslesen können.

Was soll z. B. das lange Band am Hut des Lehrers, was der riesige Hut mit der Pfauenfeder im Hintergrund, das Mädchen im Henkelkorb, die beiden wie Mönche gekleideten und Rücken an Rücken Sitzenden mit den riesigen Büchern, das Gesicht der Frau hinter dem Gitter, die Vase mit der Gänsefeder auf der Stuhllehne? Man könnte die Reihe der Fragen noch weiterführen, für zufällig und beliebig dürfen wir all das bei Bruegel nicht halten!

Solche Rätsel und Vieldeutigkeiten mutet uns Gerard Dou in seiner »Abendschule« (Abb. 73) nicht zu. Das Bildthema hat einen realen Hintergrund. Im Eifer der nachreformatorischen Bemühungen, möglichst vielen Menschen Grundkenntnisse des Katechismus und des Lesens zu vermitteln, war der Gedanke entstanden, Abendschulen einzurichten für all jene, die tagsüber keine Gelegenheit zum Schulbesuch hatten. Eine allgemeine Verbreitung haben diese Schulen nicht gefunden, und dem Maler ist es auch nicht um eine Dokumentation dieser Schulform gegangen; ihn hat die mit dem Thema notwendige Verarbeitung von Lichteffekten herausgefordert.[24]

Die Bildbeispiele in diesem Kapitel haben uns nicht nur einen Eindruck vom Lehren und Lernen in den ersten hundert Jahren nach der Reformation vermittelt, zusammen mit Jan Steens »Dorfschule« (Abb. 63) und seiner Lehrszene mit den Kindern und der Katze (Abb. 64) haben sie uns auch einen Blick in die niederländische Malerei ermöglicht. Hier begegnen wir einer Auffassung von den Aufgaben der Kunst, wie sie im frühen 16. Jh. noch nicht denkbar war. Das war die Folge eines Funktionswandels der Kunst, der sich in den niederländischen Nordprovinzen im 16. Jh. anzubahnen begonnen hatte.

Der erfolgreiche Freiheitskampf gegen Spanien, die Einführung der Reformation und das Aufblühen der Seehandelsstädte – insbesondere von Amsterdam – hatten einen tiefgreifenden Einfluß auf Kunst und Kultur. In den Ateliers der reformierten Gebiete blieben die einträglichen Bestellungen von Altar- und Andachtsbildern aus. Es war ein Glück für die Maler, daß die wohlhabenden und wirklichkeitsoffenen Bürger der reichen Handels- und Kolonialmacht rasch einen Sinn für eine wohnliche häusliche Welt entwickelten, in der lebensbezogener Bilderschmuck nicht fehlen durfte. Statt Heiligenbilder bestellten und kauften die Bürger Landschaftsdarstellungen, Seebilder, Genreszenen, Stilleben und Bildnisse. Die produktiven Malergenerationen zwischen 1600 und 1670 befriedigten diese Nachfrage nicht nur durch eine gewaltige Zahl von Bildern, sie brachten auch berühmte Maler wie Rembrandt, Vermeer oder Hals hervor, deren Werke heute zu den Meisterleistungen der Kunst gezählt werden. In ihren Bildern hatte die ästhetische und die abbildende Funktion die religiöse in den Hintergrund gedrängt. Die niederländischen Maler dieser Epoche wurden vielfach zu den Porträtisten ihrer Heimat und Gesellschaft, und so nimmt es nicht wunder, daß auch die Schule dieser Zeit in wechselnden Facetten abgebildet wurde.

Schule in der Neuzeit

er Beginn der Neuzeit kann für das Bildungswesen um 1700 angesetzt werden, und zwar im Zusammenhang mit der Entstehung und dem Ausbau der Territorialstaaten, für die Preußen zum Symbol geworden ist. Diese straff organisierten Staaten, die nach dem 30jährigen Krieg zu entstehen beginnen, ziehen im 18. Jh. all das an sich, was ihrer Macht und dem Wohlstand des Herrscherhauses zu nutzen vermag. So wie sie das Militär, die Bürokratie und die Volkswirtschaft den Staatszwecken dienstbar machen, bedienen sie sich auch der Schule.

Mit ihrer Hilfe versuchen sie, die Armut, die Unwissenheit und die Lethargie des Volkes zu bekämpfen und dadurch die Armenkassen zu entlasten, von ihr erwarten sie auch, daß sie das Arbeitskräftepotential für die merkantile Volkswirtschaft und die staatliche Bürokratie heranzieht, daß sie die Untertanen den Zwecken des Staates verfügbar macht, daß sie den Jungen das Lesen und Schreiben lehrt, weil sie es im Militärdienst brauchen – und nicht zuletzt: In den Schulen kann man auch die vielen zu Krüppeln geschossenen Kriegsinvaliden als Lehrer unterbringen, damit sie nicht länger der Staatskasse zur Last fallen. Also Gründe genug, die allgemeine Unterrichtspflicht einzuführen und durch Strafandrohung auch zu erzwingen[1], die Schulzeit zu verlängern, die Schulbürokratie auszubauen, das Schulwesen systematisch zu ordnen und weiter zu differenzieren, die Ausbildung der Lehrer zu fördern, der Schule neue Inhalte und Fächer aufzubürden und die Anforderungen an Schüler und Lehrer zu steigern.

Im Zuge dieser Entwicklung gewinnt die Schule nicht nur zunehmend an Bedeutung für das Leben des einzelnen, sie wird auch immer stärker eingespannt in die gesellschaftliche Entwicklung des 18. und 19. Jh., die gekennzeichnet ist durch das Gedankengut der Aufklärung, revolutionäre Ereignisse, den wissenschaftlichen und technischen Fortschritt, durch Industrialisierung, Kapitalismus und Proletariat, durch den Kulturkampf, die Entstehung engagierter Lehrerorganisationen und schließlich auch durch tiefgreifende Umwälzungen der jahrhundertealten ständischen Gesellschaft.

Daraus erklärt sich auch der Wandel, den die Schule als Institution und das Lehren und Lernen in diesem Zeitraum erfahren. Am Anfang stehen die nachreformatorischen Lateinschulen und die Küsterschulen, am Ende die noch uns vertrauten Volksschulen, Mittelschulen und Höheren Schulen. Man darf gespannt sein, wie sich das in den Werken der Kunst widerspiegelt.

Abb. 74
Diese Initiale aus einem Kinderbuch des 19. Jh. spielt in spöttischer Weise auf den Nürnberger Trichter an. Auch wenn sie nicht ernst gemeint ist, läßt sie etwas von dem ahnen, was die Schule der Neuzeit kennzeichnet. Die Schiefertafel und der Ranzen erscheinen fast symbolisch: Im Ranzen schleppt der Schüler die Inhalte und Stützen seines Lernens mit sich herum, und die Tafel ist das billige Schreibgerät für die Massen, die die Schulpflicht in die Schulen zwingt. (Stuttgart, Württembergisches Landesmuseum)

Abb. 75
In seinem Historienbild von 1858 läßt uns Adolf Menzel teilnehmen an der Visitation einer Dorfschule durch den Preußenkönig Friedrich Wilhelm I. (1688–1740). Sie zeigt typische Züge des »Soldatenkönigs«. Bei bescheidener Hofhaltung und einfachem Lebensstil war ihm neben einem schlagkräftigen Militär und einer effektiven Bürokratie der Ausbau des elementaren Schulwesens ein persönliches Anliegen. Menzel hat versucht, die Szene so zu erfinden und darzustellen, wie sie sich gut 130 Jahre früher abgespielt haben könnte. Dabei ist ihm jedoch entgangen, daß um diese Zeit Schiefertafeln in den Schulen noch nicht in Gebrauch waren.
(Holzstich nach dem Gemälde von A. Menzel; Privatbesitz)

Die zeitliche Nähe zur Gegenwart und die vielfältigen Erscheinungs- und Entwicklungsformen von Schule im 18. und 19. Jh. lassen im folgenden ein chronologisches Vorgehen nicht mehr zu. Wir können jedoch ein recht geschlossenes und anschauliches Bild vom Lehren und Lernen in diesen zwei Jahrhunderten gewinnen, wenn wir aus verschiedenen Blickwinkeln wesentliche Grundstrukturen betrachten, von denen einige bis heute die Schule bestimmen und die auch unsere eigenen Vorstellungen von Schule geprägt haben.

Für die bildende Kunst gilt die Renaissance des 15. Jh. als Beginn der Neuzeit. Damals entstehen jene Gestaltungsprinzipien, die bis zur Moderne um etwa 1900 ihre Gültigkeit behalten. Die kulturelle und gesellschaftliche Entwicklung findet bis zur Moderne ihren Ausdruck vor allem in sich verändernden Stilen, in unterschiedlichen Interessen an Themen und Motiven und in den Funktionen der Bildwerke selbst. Das hat u. a. zur Folge, daß Bilder zu unserer Thematik in der Zeit nach 1700 in wechselnder Dichte anzutreffen sind und zu unterschiedlichen Bereichen in unterschiedlicher Weise Aussagen machen. So begegnen wir beispielsweise im Spätbarock dem Motiv der Hofmeistererziehung sehr viel häufiger als dem Motiv des Unterrichts an dörflichen oder städtischen Schulen; die Künstler dieser Zeit arbeiteten meist für den Adel an den barocken Höfen oder für reiche Herren der Kirche, bei denen Bilder über den Alltag des Volkes wenig gefragt waren.

Ein für die Kunst dieser beiden Jahrhunderte wichtiges Ereignis ist auch die Erfindung und Verwendung neuer Techniken der Bildherstellung, der Lithographie sowie des Stahl- und Holzstichs und schließlich auch der Photographie[2]. Sie machen infolge geringer Herstellungskosten und hoher Auflagenzahlen Kunstwerke Bevölkerungskreisen zugänglich, die sich bis dahin keine eigenen Bilder leisten konnten. Jetzt entsteht eine Vielzahl von Bildern zur Schule, an denen sich die Leser der Publikumszeitschriften wie der »Gartenlaube« oder der »Illustrierten Welt« erfreuten.

Zwei aufschlußreiche Bilddokumente zur Schule in der Neuzeit verdanken wir dem Berliner Hofmaler Adolf Menzel (Abb. 75) und dem aus Ins in der Schweiz stammenden Maler Albert Anker (Abb. 76). Menzel hat in zahlreichen Graphiken und einigen repräsentativen Gemälden die Geschichte des preußischen Königshauses zur Darstellung gebracht. Dabei ist 1858 u. a. auch das Gemälde »Friedrich Wilhelm I. besucht die Schule« entstanden, das über Holzstiche und Lithographien weite Verbreitung gefunden hat. Es zeigt uns den König mit zwei Angehörigen seines Hofstaates beim Besuch einer einfachen preußischen Landschule. In der Pose des absolutistischen Herrschers läßt er sich gönnerhaft und leutselig vom dienstbeflissenen Lehrer die Schüler und Schülerinnen vorführen, um sich von den Leistungen der Schule ein Bild zu machen. Menzel ging es sicher nicht in erster Linie darum, die Schule jener Zeit abzubilden, obgleich vieles darauf hindeutet, daß er die Schulwirklichkeit des zurückliegenden 18. Jh. recht gut getroffen hat. Er wollte eine auch für die Generation Menzels noch bedeutsame Leistung dieses Königs herausstellen, die Entschlossenheit, mit der er sich als absolutistischer Herrscher höchstpersönlich um die Förderung des Schulwesens in seinem Lande bemühte, und zwar vor allem um die elementaren Schulen für das einfache Volk.

Die Szene und das Gemälde selbst drücken exemplarisch aus, wie sich das Verhältnis von Schule und Staat in der Neuzeit gestaltet hat. Die Obrigkeit geht in die Schule, um sie sich dem Staate einzuverleiben; sie löst sie aus der Hoheit der Kirche heraus und macht sie zum Instrument ihrer Politik. Wie das konkret vor sich ging, wird am Beispiel Preußens deutlich: Der abgebildete König Friedrich Wilhelm I. regelte 1736 in den *Principia regulativa* die Finanzierung der Schulen und die Besoldung der Lehrer; sein Sohn Friedrich der Große gab 1763 im Generallandschulreglement dem Elementarschulwesen eine neue Ordnung, und dessen Nachfolger wiederum zog 1794 im Allgemeinen Landrecht die staatsrechtlichen Konsequenzen: »§ 1. Schulen und

Abb. 76
Dieser Schulbesuch war sicher rechtzeitig angekündigt; wie sonst könnte er durch den Blumenstrauß auf dem Pult, die Girlande an der Wand und die Feiertagskleidung der Schüler geehrt werden. Der Lehrer ist um seine Gelassenheit und sein Selbstvertrauen fast zu beneiden. (A. Anker, Das Schulexamen, 1862; Bern, Kunstmuseum)

Abb. 77
Johann Heinrich Pestalozzi (1746–1827) gilt als einer der großen Pädagogen des 18. und 19. Jh. Noch Jahrzehnte nach seinem Tod haben ihn Maler in Bildern gewürdigt. Albert Ankers »Pestalozzi und die Waisenkinder in Stans« (1870) vermittelt uns einen Eindruck von seinem pädagogischen Denken und Handeln – Pestalozzi scheint das milde, warme Licht, das ihn umspielt, in die Dunkelheit des Waisenhauses hineinzutragen. (Zürich, Kunsthaus)

Universitäten sind Veranstaltungen des Staates, welche den Unterricht der Jugend in nützlichen Kenntnissen und Wissenschaften zur Absicht haben. §2. Dergleichen Anstalten sollen nur mit Vorwissen und Genehmigung des Staates errichtet werden... §43. Jeder Einwohner, welcher den nötigen Unterricht für seine Kinder in seinem Hause nicht besorgen kann oder will, ist schuldig, dieselben nach zurückgelegtem fünften Jahre zur Schule zu schicken«[3].

Albert Ankers Bild »Das Schulexamen« ist 1862, also nur 4 Jahre nach Menzels Historiengemälde entstanden. Auch hier wird die Schule visitiert, eine Schule aus der Zeit Ankers, in der von der Ärmlichkeit, wie sie Menzel für die Schule um etwa 1720 zum Ausdruck bringen muß, kaum noch etwas zu spüren ist. Ankers Schule präsentiert sich im Feiertagsgewand und strahlt etwas von jener Rechtschaffenheit, Biederkeit und wohlhabenden Behäbigkeit aus, die auch Ankers Landsmann Gottfried Keller in seinen Novellen »Die Leute von Seldwyla« mit feiner Ironie geschildert hat. Wie auf diesem Bild, sicher nicht immer ganz so aufgeputzt, muß man sich die im 19. Jh. vorgeschriebenen Schulvisitationen vorstellen. Der Lehrer gibt vor den lokalen Repräsentanten der Obrigkeit, dem Bürgermeister, dem Ortspfarrer und dem Schulinspektor, sowie vor Gemeinderäten, Eltern und Honoratioren der Gemeinde eine Probe seines Könnens und Wissens. Schule ist dem Staat und der Gemeinde Rechenschaft schuldig[4].

Schule in der Neuzeit hat aber auch noch eine andere Seite. Mit der Aufklärung kommen neue, »humanere« Vorstellungen vom Erziehen, Lehren und Lernen ins Spiel, um deren Verwirklichung im Schulalltag freilich bis heute noch gerungen werden muß. In Ankers Pestalozzi-Bild (Abb. 77) und in dem Bild »Die Schulstunde«

(Abb. 78) von Georg Melchior Kraus, einem Angehörigen des Kreises um Goethe in Weimar, spürt man etwas vom erzieherischen Ethos der neuen, aufgeklärten pädagogischen Theorien. Dieses Ethos hat nichts mehr gemein mit der Prügel- und Unterwerfungspädagogik, die in den Schulen des Mittelalters gang und gäbe war. Es hat auch nichts zu tun mit einer Auffassung von Schule, die bis in unsere Tage hinein geneigt ist, die Schüler mit Fachwissen vollzustopfen, sie unter Hinweis auf Anforderungen der Zukunft um das Glück einer erfüllten Kindheit zu bringen, ihnen nur Qualifikationen anzutrainieren und dabei die Entfaltung der Persönlichkeit und Individualität zu versäumen.

Das 18. und das 19. Jh. haben im Gefolge der Aufklärung bedeutende pädagogische Theorien hervorgebracht, zu deren Urhebern Persönlichkeiten wie Johann Bernhard Basedow, Jean Jacques Rousseau, Johann Heinrich Pestalozzi, Wilhelm von Humboldt, Friedrich Daniel Schleiermacher oder Johann Friedrich Herbart zu zählen sind. Begriffe wie humanistische Bildung, erziehender Unterricht, Menschenbildung und natürliche Erziehung wurden zu den Markenzeichen dieser Epoche.

Ankers Pestalozzi verkörpert den Erzieher, der das Vertrauen der ihn umgebenden Kinder besitzt und in dieser Atmosphäre erzieht und lehrt. »Die Schulstunde« von Kraus repräsentiert im Ausdruck und in der Haltung der Schüler und des Lehrers den Vorgang der Bildung im Verständnis der pädagogischen Theorien jener Zeit. Der Alltag des Unterrichts in den Schulen war davon freilich noch weit entfernt!

Abb. 78
In dem Bild »Die Schulstunde« (um 1770) von Georg Melchior Kraus (1737–1806) wird etwas sichtbar von einer neuen Einstellung zum Kind. Nicht strenge Zucht und gewaltsames Zurechtbiegen, sondern behutsames Führen in einer kindgemäßen Atmosphäre bestimmen die Erziehungsvorstellungen, die im Gefolge der Aufklärung aufkommen. Daß solche Ideen im Unterricht von Hauslehrern eher entstehen und verwirklicht werden können als im Massenbetrieb der Pflichtschule, steht auch für uns heute noch außer Frage. (Frankfurt/Main, Goethemuseum, Freies Deutsches Hochstift)

Hofmeister, Hauslehrer und Gouvernanten

Für uns heute ist es eine Selbstverständlichkeit, daß ein Kind, wenn es sechs Jahre alt geworden ist, die Schule besucht. Nicht nur deshalb, weil es das Schulpflichtgesetz seit 1920 von allen so verlangt, sondern weil wir uns die Ausbildung und die Erziehung unserer Kinder ohne Schule kaum noch vorstellen können. Daß man im vergangenen Jahrhundert Karriere machen konnte, ohne eine Schule besucht zu haben, können wir kaum noch verstehen. Wilhelm von Humboldt (1767–1835), der große neuhumanistische Gelehrte, Schulreformer und Begründer des Humanistischen Gymnasiums, hat ebenso wie Johann Wolfgang von Goethe seine Universitätsstudien begonnen, ohne eine Schule besucht zu haben. Wie zahllose andere Angehörige des Adels oder des begüterten Bürgertums sind sie durch ihre Eltern, vor allem aber durch Hauslehrer erzogen und unterrichtet worden[5]; wer seine Kinder durch einen Hauslehrer unterrichten ließ, war bis 1920 von der Schulpflicht befreit.

Einen Hauslehrer beim Unterricht zeigt uns der kolorierte Kupferstich aus dem 1793 gedruckten Lehrbuch »Schule des Vergnügens« (Abb. 79). Schon in der Vorrede weist der Verfasser darauf hin, daß das Büchlein »nicht für arme und unbemittelte Eltern, sondern für wohlhabende bestimmt« sei. Die Örtlichkeit, die Möbel, die Kleidung und Haltung der Personen auf dem Bild lassen keinen Zweifel daran, daß hier drei Kinder aus besserem Hause von ihrem Privatlehrer unterwiesen werden.

Abb. 79
Im 18. und 19. Jh. erscheinen zahlreiche Lehrbücher für den Privatunterricht. Sie sind häufig mit Bildern ausgestattet, die über ihre didaktische Funktion hinaus auch repräsentativen Charakter haben. Zur Bildausstattung verwenden die Verlage jetzt nicht mehr den Holzschnitt, sondern den viel feineren Kupferstich. Für anspruchsvolle Käufer hat man die Drucke in Handarbeit koloriert.
(Kolorierter Kupferstich, 1793; Privatbesitz)

Abb. 80
Das Licht der Kerze verdichtet die Aussage auf die Beziehung zwischen der Lehrerin, ihrem Schüler und dem zu lernenden Stoff. Die Stimmung, in der sich hier Lehren und Lernen ereignet, ist beeindruckend; sie hätte auch die Pädagogen dieser Zeit begeistert. Was hier geschieht, ist Pädagogik im Lichte der Aufklärung. (J. B. Scheffer, Schreibunterricht, 1806; Karlsruhe, Staatliche Kunsthalle)

Die Erziehung durch Hauslehrer begann meist erst nach dem 6. Lebensjahr. Kleinere Kinder wurden von den Eltern selbst, häufig aber auch von der Amme und, wenn sie etwas älter waren, von einer Gouvernante betreut, erzogen und auch schon unterrichtet.[6] Wie durch ein Fenster läßt uns der Maler J. B. Scheffer am häuslichen Schreibunterricht für einen kleinen Jungen teilnehmen (Abb. 80). Die Kerzenbeleuchtung betont die Intimität der Szene, sie läßt das Bücherregal und den Vorhang im Dunkel des Hintergrundes verschwinden und konzentriert das Licht auf das Kind, das Buch und die Lehrerin – seine Gouvernante, vielleicht auch seine Mutter. Unbestreitbar, ein erfreuliches Bild vom Lernen, mit dem aufmerksamen Gesicht des Buben und dem freundlich-geduldigen Blick seiner Lehrerin.

Während für die Jungen früher oder später ein Hauslehrer angestellt wurde, hat bei den Mädchen oft eine Gouvernante auch die Rolle der Hauslehrerin übernommen (vgl. Abb. 81). Wenn das Töchterchen seine Gouvernante akzeptierte, wurde sie auch die Begleiterin der jungen Dame auf dem Weg ins Leben. Viele Gouvernanten waren

Abb. 81
Dieses reizvolle ovale Bild von Nicolas Bernard Lépicié (1735–1784) ist unter dem Titel »Die Hausaufgabe« bekannt. Nach unserem Verständnis erscheint der Titel irreführend, weil ein kleines Mädchen aus einer offenkundig wohlhabenden Familie zumindest in diesem Alter noch keine Schule besucht; es wird von der Mutter oder von der Gouvernante erzogen und unterrichtet. (Köln, Wallraf-Richartz-Museum)

selbst vornehmer Herkunft. Über ihre Tätigkeit ist nicht viel bekannt, und ihre bildungsgeschichtliche Bedeutung wird vermutlich bis heute unterschätzt, weil sie, anders als die Hauslehrer, nur selten schriftliche Aufzeichnungen oder gar Theorien ihres Handelns hinterlassen haben. Das mag auch damit zusammenhängen, daß sie, da ihnen der Zugang zur Universität versperrt war, einer schöngeistigen Bildung verbunden waren, die Distanz hielt gegenüber akademischer Theorie und Wissenschaft.

Unter den Hauslehrern hingegen waren viele schreibfreudige Vertreter. Einige davon, beispielsweise Johann Friedrich Herbart, haben ausgehend von ihren Erfahrungen als Hauslehrer pädagogische Theorien entwickelt, die uns bis heute zu faszinieren vermögen, die aber schulpädagogisch letztlich nur wenig ergiebig waren, weil sie die Bedingungen, unter denen Unterricht in Schulen stattgefunden hat, nur unzureichend berücksichtigten. Die Hauslehrer müssen ein sehr buntes Volk gewesen sein. Verkrachte Existenzen, die längst vergessen sind, und aufstrebende Gelehrte, die Geschichte gemacht haben, waren unter ihnen gleichermaßen vertreten, und es ist nicht abwegig, anzunehmen, daß nur wenige von ihnen ihre Tätigkeit aus Berufung und Überzeugung ausübten, die meisten aber aus purer Existenznot – man hielt sich nach einem Universitätsstudium als Hauslehrer über Wasser, bis sich eine angemessenere und einträglichere Tätigkeit anbot, und das dauerte oft Jahre!

Die Bewerbung um eine der begehrten Hauslehrerstellen hat sich Benjamin Vautier (1829–1898) in seinem Bild »Der Hauslehrer« 1865 zum Thema gemacht (Abb. 82). Obgleich das Gemälde auf den ersten Blick freundlich und ansprechend wirkt, so ist es doch von hintergründigen Spannungen durchsetzt, deren einer Pol der Lehrer ist. Wie fehl am Platze sitzt er in feierlicher dunkler Kleidung steif und hager in der farbigen Pracht des Salons und wird sogar vom Hund beschnuppert. Die Ergebenheit, fast Unterwürfigkeit in Blick und Gebärde läßt den groß gewachsenen Mann beinahe klein erscheinen gegenüber dem Jungen, der ihn in selbstbewußter Haltung herausfordernd mustert. Auch die Mädchen, die sich bei ihrer Beschäftigung kaum stören lassen, wirken eher amüsiert als beeindruckt. Die Hausherrin und Mutter, beim Vorlesen unterbrochen, studiert nicht gerade begeistert sein Empfehlungsschreiben, verständlich, wenn man beim Erziehen von einem Pädagogen gestört wird. Im Bild an der Wand schaut aus vergoldetem Rahmen der Ahnherr auf die Szene herab und macht auf den Unterschied zu Stand und Herkunft des Bewerbers deutlich.

Abb. 82
Benjamin Vautiers Bild »Der Hauslehrer« versetzt den Betrachter in jenen Lebenskreis, in dem man bis zum Anfang des 20. Jh. seine Kinder zumindest zeitweise durch einen Hauslehrer unterrichten ließ. Viele stellungslose Universitätsabsolventen bewerben sich um einen solchen Dienst. Die Herrschaft ist anspruchsvoll und wählerisch, der Bewerber zeigt sich bescheiden, fromm und beflissen. (Nürnberg, Germanisches Nationalmuseum)

Der Bewerber in Vautiers Bild wäre für eine Anstellung sicher dankbar gewesen; ob ihn seine Tätigkeit glücklich gemacht hätte, ist freilich mehr als fraglich, denn von Hauslehrern wurde oft Unmögliches erwartet. Von einfacher Herkunft, aber nicht selten hochgebildet, mußten sie im Rang eines Bediensteten und bei kärglicher Besoldung den unterschiedlichsten Anforderungen gerecht werden. Wie der Lehrer im Titelkupfer zu J. E. Gailers »Neuer Orbis Pictus« (Abb. 83) mußten sie natürlich zuerst in den alten und neuen Wissenschaften bewandert sein. Darüber hinaus aber sollten sie auch erzieherisches Geschick besitzen, als Gesellschafter und Unterhalter glänzen, die jungen Herrschaften bei ihren Reisen und Studien beaufsichtigen und begleiten und ihnen allzeit Vorbild sein – ohne freilich die Standesunterschiede zu verwischen.

Die Hauslehrer, in Anlehnung an einen früheren Sprachgebrauch auch im 19. Jh. noch gelegentlich als Hofmeister oder Informatoren bezeichnet, und die Gouvernanten haben im 18. und 19. Jh. eine nicht zu unterschätzende Rolle im Bildungswesen gespielt. Es erstaunt uns heute, zu lesen, daß allein in Frankfurt zur Zeit des jungen Goethe etwa 600 Kinder Privatunterricht erhielten und daß sich viele große Männer dieser Zeit jahrelang als Hauslehrer durchschlagen mußten, so z. B. Hegel, Herder, Winckelmann, Kant, Schleiermacher und Fichte. Die Bedingungen, unter denen sie lebten und arbeiteten, müssen sehr unterschiedlich gewesen sein, bisweilen wurden sie akzeptiert, geehrt und ihre Weiterbildung großzügig gefördert, dann aber wiederum auch ausgenützt und gedemütigt[7]. Ein Gedicht aus dem Wandsbecker Boten von 1774 mag zum Schmunzeln und Nachdenken Anlaß geben[8]:

Auf den Tod eines Hofmeisters.

Beweint den Mann den wir verliehren!
Er wußte Pferde zu kuriren;
Verstand die Hunde zu dreßiren;
Die junge Herrschaft zu frisiren;
Und sie zu Possen anzuführen;
Er konnte sich fein submittiren;
Und wollt man an der Nas' ihn führen,

So ließ er keinen Groll verspühren;
Er konnt in Versen gratuliren;
Von Wind und Wetter discuriren
Die Stadtunfällen recensiren;
Und hohe Gäste divertiren;
Kurz, ach! er war für funfzig Gulden Sold,
Hofmeister und – was man von ihm gewollt.

Abb. 83
1832 erschien eines der meistgekauften Lehrbücher für Hauslehrer, J. E. Gailers »Neuer Orbis Pictus«. Die beiden Federlithographien zeigen uns den Unterricht des Hauslehrers so, wie ihn sich der Autor und sicher auch viele Bürger der Biedermeierzeit vorgestellt haben. Die bescheidene, solide und aufgeräumte Atmosphäre der bürgerlichen Familie, die diese Bilder widerspiegeln, mag manchen Hauslehrer angezogen haben. Er mußte dort weniger fürchten, blasiertem Dünkel oder neureichem Gehabe ausgeliefert zu sein. (Privatbesitz)

 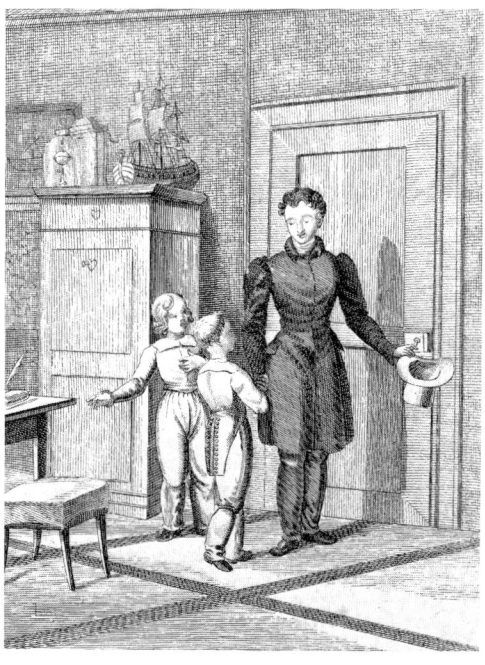

Abb. 84
Bis ins 20. Jh. hinein gibt es neben den öffentlichen Schulen eine Fülle privater Unterrichtseinrichtungen. Vielfach sind die Kirchen die Träger und Geistliche die Lehrer und Erzieher. Als Lehrer dort unterrichten zu müssen, ist offenbar sehr mühsam gewesen; sogar der Jesuitenorden hatte Schwierigkeiten, seine zu Opfern bereiten Mitglieder für den Schuldienst zu gewinnen. Der Jesuitengeneral Caraffa versuchte 1648 seine Ordensbrüder zu mehr Eifer für die Schule anzuspornen: »Freilich, ich verkenne nicht, daß es ein hartes und schwieriges Geschäft ist; aber Gott gibt mir Hoffnung, daß, da so viele sich wetteifernd anbieten, in Indien ihr Blut zu vergießen, doch auch solche nicht fehlen werden, die es freiwillig auf sich nehmen, mit ihrem Schweiß den Schulakker zu netzen, um so durch ein andauerndes Martyrium sich eine Krone zu erwerben, die in den Augen der Menschen wohl weniger glänzt, vielleicht aber in den Augen der Engel nicht weniger kostbar ist.« (Paulsen, Bd. 1, S. 371). (Pasquale de'Rossi, Zwei Geistliche, Knaben unterrichtend; Karlsruhe, Kunsthalle)

Kollegien und Institute

Mit Bildwerken aus der Zeit des Barock verbinden wir die Vorstellung von Heiterkeit, Lebensfreude, Festlichkeit und Theatralik. Die Kunst dieser Zeit war geschaffen für die Bedürfnisse und das Lebensgefühl des Adels und der Höfe und auch der das diesseitige Leben bejahenden katholischen Kirche. Bilder über den Alltag der Schule waren nicht gefragt, so daß wir im 18. Jh. nur wenige Gemälde zu unserer Thematik finden.

Eines hat Pasquale de'Rossi (1641–1725) gemalt (Abb. 84). Die Farben, das Licht, der Ernst des Geschehens, die strengen Mienen der Erwachsenen und die Kargheit des Raumes wollen zu unserer Vorstellung vom Barock nicht passen, lassen sie doch vom Lebensgefühl dieser Zeit wenig spüren. Man sieht sich in ein klösterliches Internat versetzt, in dem Knaben von Ordensgeistlichen streng erzogen und in der Tradition lateinischer Gelehrsamkeit unterrichtet werden.

Solche Einrichtungen sind vor allem in den Jahren nach der Reformation entstanden, als beide Kirchen versuchten, ihren Einfluß auf das religiöse und gesellschaftliche Leben zu sichern. Auf katholischer Seite waren in dieser Beziehung besonders die Orden der Jesuiten und Piaristen aktiv. So gründeten die Jesuiten auf der Grundlage ihrer *Ratio studiorum* von 1599 da, wo sie sich betätigen durften, ihre berühmten Jesuitenkollegien[9], die aufgrund ihrer Organisation und der Qualität ihrer Arbeit so etwas wie Vorbilder für andere vergleichbare Erziehungsinstitute wurden.

Eine für die höfische Kultur des 17. und 18. Jh. typische Variante der Kollegien und Institute bildeten die Ritterakademien, die vom 30jährigen Krieg an eingerichtet wurden und vor allem im 18. Jh. in Blüte standen. Dorthin schickte der höfische Adel die Söhne nach einer ersten häuslichen Erziehung durch die Hofmeister, damit sie nicht wie an den Lateinschulen »schulfüchsisch, sondern königlich und fürstlich und ihrem Stande gemäß« erzogen würden. In einer Ankündigung zur Gründung einer Ritterakademie in Berlin 1705 liest sich das so[10]:

In dieser Akademie sollen nicht allein die gebräuchlichen Exerzitien, als Reiten, Fechten, Voltigieren und Tanzen, getrieben und gelehrt werden, sondern es haben Se. Königl. Majestät allergnädigst verordnet, die vornehmsten und berühmtesten Professores zu berufen, welche der vornehmen Jugend in allen anständigen und nötigen Wissenschaften unterweisen sollen, nämlich in Studio morali, Politico, Jure Naturae et Gentium wie auch in principiis Juris Civilis, in Historia, Jure publico, Arte Heraldica Noticia Genealogiae und Praetensiorum Illustrium, item in Philosophia, neben welcher man die Experimenta Physica wird zeigen lassen im gleichen in der Mathesi und allen denselben Teilen, als Arithmetica, Geometria, Mechanica, Optica, Gnomonica, Fortifikation und Architektur, dabei auch im Zeichnen und in der Perspektiv', auch das Exerzieren in der Mousquit [Muskete] und Pique [Spieß] nebst denen Evolutionen. Auch sollen alle Sprachen genügend ausgelehrt werden, als die lateinische, französische, italienische, spanische, auch die deutsche in ihrer Reinigkeit, worauf sonderlich an der Tafel soll acht gegeben werden.

Im 19. Jh. hatten die Ritterakademien ausgedient. Der Niedergang der höfischen Kultur sowie der Vorrechte des Adels und der Aufstieg des Bildungs- und Besitzbürgertums begannen. Das allmähliche Aufkommen des Leistungsprinzips bei der Vergabe der Stellen in der Staatsverwaltung, die Einführung des Abiturs als Zugangsvoraussetzung zum Universitätsstudium und andere ähnliche Vorgänge machten im 19. Jh. die Bildung zu einer immer wichtigeren Voraussetzung für das persönliche Fortkommen[11]. Dies wurde noch durch den technischen und wissenschaftlichen Fortschritt und den Beginn der Industrialisierung verstärkt. Der Zwang zu einer besseren und zeitgemäßeren Bildung verband sich in Kreisen des Adels und des reich werdenden Bürgertums mit dem immer noch ausgeprägten Standesbewußtsein, das die öffentlichen Schulen für die eigenen Kinder nicht für zumutbar, die Ausbildung durch den Hauslehrer allein aber auch nicht mehr für ausreichend hielt. Das war der Boden, auf dem im 19. Jh. private und kirchliche Erziehungseinrichtungen, Kollegien, Institute, Pensionate, Unterrichtsanstalten und dergleichen mehr in großer Zahl gedeihen konnten. Sie müssen von einer erstaunlichen Vielfalt gewesen sein. Etwas davon zeigt sich in Eduard von Gebhardts Gemälde »Klosterschüler« (Abb. 85) und in Carl Spitzwegs »Institutsspaziergang« (Abb. 86).

Abb. 85
Dieses Bild von Eduard von Gebhardt trägt den Titel »Klosterschüler« (1882). Vermutlich handelt es sich hier um zwei Schüler an einem der vielen Institute und Kollegien, die im 19. Jh. u. a. auch an ehemaligen Klöstern eingerichtet wurden. Das Leben und Lernen in diesen Schulen war nicht immer leicht. Strenge Hausordnungen und bisweilen hohe Ansprüche zeichneten diese Schulen aus. (Hamburg, Kunsthalle)

Mit Eifer und intellektueller Neugier sind Gebhardts Klosterschüler mit ihrem Studium beschäftigt. In der Haltung des Gelehrten ist einer der beiden in das Buch vertieft, während der andere nachdenkend vor sich hin schaut. Die schweren Folianten im Regal, Schätze aus den alten Beständen des Hauses, bilden den Rahmen und den geistigen Hintergrund eines intellektuell anspruchsvollen und in der Tradition des Humanismus stehenden Unterrichts.

Spitzwegs »Institutsspaziergang« (um 1860) steht dazu in einem bemerkenswerten Gegensatz. Draußen vor der Stadt, in einer weiten sommerlichen Landschaft, unter einem freundlichen Himmel, kommen dem Betrachter Schülerinnen eines Instituts entgegen, dunkel gekleidet und wohlbehütet von frommen Schwestern. Hinter der Gruppe herschreitend überblicken sie die Kinderschar und achten darauf, daß alles mit jener Sittsamkeit zugeht, der sich das Institut verpflichtet weiß. Dem Geist des 19. Jh. entsprechend hatten an den Kollegien und Instituten für die Mädchen die Bildung der Tugenden der Frau den absoluten Vorrang vor der intellektuellen Bildung. Doch gab es auch da noch große Unterschiede in den Stilen und Zielen. Deshalb war es nicht gleichgültig, wem man seine Töchter anvertraute, einem Institut der »Englischen Fräulein« oder dem Pensionat einer französischen Mamsell.

Die Bedeutung der privaten Institute und Kollegien für die Erziehung und Bildung, insbesondere auch der Mädchen, im 19. Jh. wird für uns heute erst verständlich, wenn wir uns ihre Verbreitung vergegenwärtigen. 1836 besuchten beispielsweise in Dresden 1150 Schülerinnen den Unterricht an den 25 privaten Mädchenbildungsinstituten, während nur 100 Mädchen an der Mädchenabteilung der Allgemeinen Bürgerschule unterrichtet wurden[12]. Gegen Ende des 19. Jahrhunderts verloren diese Einrichtungen allmählich an Bedeutung, als die staatliche Schulgesetzgebung und Reglementierung ihre Freiheiten und Entfaltungsmöglichkeiten zunehmend einschränkte.

Abb. 86
Ein Mädcheninstitut geht spazieren. Spitzweg hat an diesem Motiv sicher auch der Gegensatz zwischen der dunkel und streng wirkenden Schülerinnenschar und der heiter und locker wirkenden Umgebung gereizt. Im Hintergrund erkennt man die Silhouette der Stadt Rothenburg o. d. T. (Carl Spitzweg, Der Institutsspaziergang, um 1860; München, Neue Pinakothek)

Abb. 87
Bei der Betrachtung von Daniel Chodowieckis (1726–1801) »Bauernschule« fühlt man sich an den Unterricht eines Wanderschulmeisters erinnert, der die Kinder in den Bauernhäusern unterweist. (Darmstadt, Hessisches Landesmuseum)

Dorfschulen

»Schule im Dorf« oder »Leben auf dem Lande« sind für manche von uns mehr als bloße Gedankenspiele oder nostalgische Träume. Im Unbehagen an der Zivilisation und Schule unserer Tage drängt sich uns die Vorstellung von der Dorfschule in der »guten alten Zeit« förmlich auf. Erstaunlicherweise ist in vielen Bildern, besonders solchen des 19. Jh., das Leben und Lernen in den Dorfschulen auch so dargestellt, daß es mit unseren Vorstellungen von der Schule in einer »heilen Welt« übereinzustimmen scheint[13]. Ein Beispiel dafür ist Johannes Köllas »Dorfschule« (Abb. 88). Der Lehrer unterrichtet in seiner Schulstube eine Handvoll Schüler. Der Kachelofen, das Bücherbrett und die kleine Uhr an der Wand vermitteln den Eindruck von Behaglichkeit und Wärme, und die Kinder scheinen sich hier wohlzufühlen. Die Art, wie sich der Lehrer einem Schüler zuwendet und in sein Heft zeigt, wirkt, trotz seiner etwas wächsernen Miene, gütig und gelassen.

Eine Schule der guten alten Zeit meint man auch in Chodowieckis »Bauernschule« wiederzufinden (Abb. 87). Auch hier unterrichtet der Lehrer nur wenige Schüler, die alle an einem Tisch Platz finden. Im Umgang miteinander scheint es keine Probleme zu geben, sogar der Kleine, der kaum auf den Tisch schauen kann, darf mit dabeisein.

Ob freilich diese Vorstellungen von der Dorfschule in der »guten alten Zeit« und auch die Art und Weise, wie sie die Maler in den Bildern festgehalten haben, der Wirklichkeit des Unterrichts im 18. und 19. Jh. entsprechen, muß bezweifelt werden. Visitationsprotokolle, Beschwerden von Lehrern und biographische Berichte sprechen eine andere Sprache: Da ist die Rede von Schülerzahlen, die oft weit über 100 hinausgehen, von Lehrern, die selbst bescheidenen Anforderungen im Lesen, Schrei-

Abb. 88
In der 2. Hälfte des 18. Jh., etwa zu der Zeit, als Johannes Köllas »Dorfschule« entstanden ist, hat der Schriftsteller J. H. Jung-Stilling in seiner »Lebensgeschichte« seine Tätigkeit als Dorfschullehrer beschrieben: »Des Morgens, sobald die Kinder in die Schule kamen und alle beisammen waren, so betete er mit ihnen und katechisierte sie in den ersten Grundsätzen des Christentums nach eigenem Gutdünken ohne Buch; dann ließ er einen jeden ein Stück lesen; wenn das vorbei war, so ermunterte er die Kinder, den Katechismus zu lernen, indem er ihnen versprach, schöne Historien zu erzählen, wenn sie ihre Aufgabe recht gut auswendig können würden; während der Zeit schrieb er ihnen vor, was sie nachschreiben sollten, ließ sie noch einmal alle lesen und denn kam's zum Erzählen ... So war es auf seiner Schule Sitte und Gebrauch von einem Tag zum andern. Es läßt sich nicht aussprechen, mit welchem Eifer die Kinder lernten, um nur früh ans Erzählen zu kommen; waren sie aber mutwillig oder nicht fleißig gewesen, so erzählte der Schulmeister nicht, sondern lase selbsten.«
(Johannes Kölla, Dorfschule; Zürich, Kunsthaus)

ben und Rechnen nicht gewachsen sind und sich nur mit dem Stock behaupten können, von mittelalterlichen Erziehungsmethoden, von erbärmlicher Lehrerbesoldung und von viel zu kleinen oder baufälligen Unterrichtsräumen. Einen Eindruck von dieser Seite der Dorfschule gibt uns ein Schulbesuchsbericht aus dem Jahr 1782[14]:

> Die Schulstube war die einzige im Hause; zwar geräumig genug: aber für das, was sie alles fassen sollte, doch immer zu klein. Als wir hereintraten, schlug uns widriger Dampf entgegen, der uns das Atmen eine Weile sehr beschwerlich machte. Das erste, was wir erblickten, war ein Hühnerhahn, und weiterhin zwei Hühner und ein Hund. Am Kamin stand ein Bett, worauf ein Spinnrad, ein Brot, und allerlei zerrissene Kleidungsstücke lagen. Zunächst am Bette stand eine Wiege; daneben saß die Hausfrau und besänftigte ihr schreiendes Kind. An der einen Wand war eine Schneiderwerkstätte aufgeschlagen, woran ein arbeitender Geselle saß. An der anderen war ein großer Kasten, ein Speiseschrank, Kleidungsstücke und andere Sachen angebracht. Den übrigen Raum nahmen die Schulkinder an einem Tisch und auf mehreren Bänken ein. Es waren ihrer 50 von verschiedenem Alter und Geschlecht, aber alle untereinander und dicht zusammengepfropft. Wir mußten stehen, weil zum Sitzen kein Platz war. Am Ende des Schultisches erblickten wir den Lehrer. Er war eben beschäftigt, die Lektion der Kinder, mit der Karbatsche in der Hand, zu überhören ... er tat es, und ließ seine größeren Schüler etwas Auswendiggelerntes hersagen, wovon wir anfangs beinahe nichts verstehen konnten, denn das saugende Kind schrie immerfort und der Hahn, welcher sich bei unserem Eintritt in einen kleinen Alkoven zurückgezogen hatte, krähte von da aus so mächtig dazwischen, daß uns die Ohren gellten ...

Was wir aus diesem Bericht über die Dorfschule erfahren, dürfte der Wirklichkeit näherkommen als der Eindruck, den uns die beiden Bilder vermittelt haben. Die kargen Lebensverhältnisse großer Teile der Landbevölkerung, ihre geringe Bereitschaft, die Kinder anstatt zum Viehhüten und zur Feldarbeit in die Schule zu schicken und die schlechten finanziellen Verhältnisse der Gemeinden boten keine günstigen Voraussetzungen für ein blühendes Dorfschulwesen. Im übrigen wollte die Obrigkeit die Schule bewußt »im Dorf lassen«. Friedrich der Große beispielsweise meinte, auf dem Lande sei es genug, wenn die Leute »ein bisgen Lesen und Schreiben« lernen[15].

Kein Wunder also, wenn noch um 1800 selbst in dem als fortschrittlich geltenden Brandenburg-Preußen die Verhältnisse folgendermaßen beschrieben werden[16]:

> In vielen Dörfern wird zwar Schule gehalten, aber nicht von einem vorbereiteten, geprüften, förmlich angesetzten und besoldeten Lehrer, sondern die Gemeinde mietet sich, für drei oder vier Wintermonate, irgend einen leicht zu befriedigenden Schneidergesellen, der dann mit seiner Schule wöchentlich von einem Hause zum andern wandert, und ebenso in der Reihe von den Hauswirthen gespeiset wird. In der Altmark (!) und in Pommern pflegt man diese wandernden Lehrer, die immer nur für das nächste Jahr gemietet werden, *Gang-* oder *Laufschulmeister* zu nennen. Oft hütet dann ein und derselbe Mann im Sommer das Vieh, im Winter die Jugend des Dorfs; und die Vereinigung dieser beiden Posten ist immer noch natürlicher und begreiflicher, als wenn, wie dies würklich auf mehrern Dörfern der Fall ist, der Schulmeister, um leben zu können, zugleich *Nachtwächter* ist.

Für die Schulen auf dem Dorfe und das »bisgen Lesen und Schreiben« brauchte man keinen gelehrten Schulmeister. Einen solchen hätten die Gemeinden auch nicht besolden können, sofern sich überhaupt einer beworben hätte. Bis ins 19. Jh. hinein konnte sich fast jeder, der einen guten Leumund besaß und sich dazu befähigt fühlte, um eine freie Dorflehrerstelle bemühen. Ein Wahlgremium, bestehend aus dem Pfarrer, dem Schultheiß und den Räten, prüfte die Bewerber und traf seine Wahl.

Wie das praktisch vor sich ging, schildert uns das Protokoll einer Lehrerwahl aus dem 18. Jh. Beworben hatten sich ein Schuster, ein Weber, ein Schneider, ein Kesselflicker und ein invalider Unteroffizier. Im Protokoll lesen wir u. a.[17]:

Abb. 89
Lehrerin in einer Dorfschule? Was auf diesem Bild wie eine Selbstverständlichkeit aussieht, erhitzte bis weit ins 19. Jh. hinein die Gemüter. Erst im Laufe des 19. Jh. wurden Frauen als Lehrerinnen an Dorfschulen zugelassen – mit allerdings minderen Rechten: »Die Lehrerinnen verlieren im Fall ihrer Verehelichung den Anspruch auf ihre Stelle« und »haben keinen Anspruch auf ein Ruhegehalt«, denn die »Anstellung weiblicher Individuen im öffentlichen Dienst auf Lebenszeit steht im Widerspruch mit dem Wesen und der Natur des Weibs« (Württ. Volksschullehrergesetz 1877). (Stahlstich; Privatbesitz)

2. Jakob Maehl, Weber, hat die Fünfzig hinter sich, hat gesungen: a) »O Mensch, bewein', b) Zeuch ein zu Deinen Thoren, c) Wer nur den lieben Gott läßt walten.« Melodie ging in viele andere Lieder, Stimme sollte stärker sein, quiekte mehrmals, so nicht sein muß. Gelesen Josua 19,1–7 mit 10 Lesefehlern, buchstabiren Jos. 18,23–26 ohne Fehler. Dreierlei Handschriften gelesen, schwach und mit Stocken, drei Fragen aus dem Verstant, hierin gab er Satisfaction. Diktando 3 Zeilen geschrieben, fünf Fehler. Des Rechnens auch nicht kündig ...

4. Johann Schütt, Kesselflicker, hat 50 Jahre des Lebens auf Erden gewandelt und hat gesungen: a) »O Ewigkeit, du Donnerwort, b) Eins ist not, c) Liebster Jesu, wir sind hier«, mit ziemlichem applausu. Buchstabirt Genes. 10,13–18, auch nicht uneben. Beim Katechismus merkte man, das er sothane Stücken noch nicht in exercitio stehet, Diktando 3 Reihen geschrieben, 10 Fehler. Des Rechnens nur im Addiren erfahren. ...

Es wurde nun einmütig davor gehalten, daß Jakob Maehl der capabelste, wogegen den andern, namentlich dem Kesselflicker, nicht zu trauen, sintemalen er viel durch die Lande streiche, dagegen der einbeinige Kriegsknecht die Fuchtel gegen die armen Kindlein zu stark zu gebrauchen in Verdacht zu nehmen sei, was denen mitleidigen Müttern derselben doch sehr ins Herz stechen und weh tun könnte, auch sei zwischen rohen Soldaten und solchen Würmlein ein Unterschied zu setzen. Der Pastor ließ nun votiren, und wurde Maehl einstimmig erwählet.

So wie die Bewerber in diesem Protokoll ist auch noch der Lehrer in Albert Ankers »Dorfschule von 1848« (Abb. 90) ein gelernter Handwerker. Die Werkzeuge und das Material in den Ecken der Klasse weisen ihn als Küfer aus und zeigen, daß er sein Handwerk auch ausübt. Die braven Mädchen und die lebhaften Buben, die markante Person des Lehrers sowie die hellen freundlichen Farben und der klare Aufbau des Bildes machen das Motiv sehr anziehend, können aber in den Augen des nostalgischen Betrachters die vom Maler beabsichtigte Aussage leicht verfälschen. Man übersieht fast, daß etwa 40 Schüler in einem recht engen Raum in die Schulbänke eingezwängt sind und daß sich die Buben dort, wo sie der Stock des Lehrers nicht mehr erreicht, für den Unterricht kaum interessieren. Als Anker 1896 das Bild gleichsam in der Rückerinnerung malte, gehörte diese Art der Dorfschule bereits der Vergangenheit an.

Abb. 90

Unterricht in einer »Dorfschule von 1848«. Der Maler Albert Anker hat dieses Bild 1896 so angelegt, als blicke man in einen Raum, der wie die Bühne in einem Theater zum Betrachter hin offen ist. So kann er das ganze Unterrichtsgeschehen vor uns ausbreiten: Der Schulmeister versucht, unter den Buben Ordnung zu schaffen. Mit den Mädchen gibt es keine Probleme, sie sind am Rande des Geschehens sittsam in ihre Bücher vertieft. Wenn der Unterricht zu Ende und die Dorfjugend entlassen ist, wird der Lehrer zum Werkzeug greifen und als Handwerker ein Zubrot verdienen. Trotz der ansprechenden Gestaltung – Anker wollte diese Schule nicht idealisieren; er wollte die Zeitgenossen auf den Fortschritt aufmerksam machen, der sich in der 2. Hälfte des 19. Jh. im Schulwesen vollzogen hatte. (Basel, Kunstmuseum)

Abb. 91
Bürgerkinder lernen in einer städtischen Schule der Biedermeierzeit. Zuhause hat man ihnen wohl längst beigebracht, daß Lernen für das Leben nützlich ist. Und die Eltern sind offenbar auch bereit und in der Lage, sich die Ausbildung ihrer Kinder etwas kosten zu lassen. Der Lehrer ist à-la-mode gekleidet; selbstbewußt und gebildet, scheint er seinen Beruf ganz auszufüllen. (J. M. Voltz, Die Schule, 1823; Privatbesitz)

Schulen für Bürgerkinder

Am Lehrer erkennt man die Schule. Das gilt für Ankers »Dorfschule« (Abb. 90) ebenso wie für »Die Schule« auf dem kolorierten Kupferstich (Abb. 91). Der Lehrer im modisch geschnittenen Jackett, eng anliegender Hose und gediegenen Stiefeln wäre in Ankers »Dorfschule« nicht denkbar. Wir würden ihn dort nicht nur aus malerischen Gründen als störend empfinden, er wäre in der bäuerlich-ländlichen Welt Ankers auch völlig fehl am Platze. In dem hellen geräumigen Schulsaal dagegen, umgeben von einem Kreis gutgekleideter Schüler mit ihren Dreivierteljacken und den breiten Rockaufschlägen, wirkt er wie selbstverständlich. Dieser kolorierte Kupferstich aus dem Jahre 1823 repräsentiert das bürgerliche Schulwesen der Biedermeierzeit[18].

Der Unterschied zwischen der Dorfschule und der Bürgerschule wird nicht nur in der Gestalt des Lehrers oder an den Schülern sichtbar. Er zeigt sich auch in der Ausstattung der Klassenzimmer und im Unterrichtsgeschehen. In der Bürgerschule deutet nichts darauf hin, daß dort außerhalb des Unterrichts noch andere Geschäfte oder gar ein Handwerk betrieben werden. Zum Handwerkszeug des Lehrers gehören Lesepult und Silbentafel, ausgestopfte Vögel, Anschauungshilfen und ein stattlicher Lehrmittelschrank. Die Art, wie der Lehrer seinen Unterricht organisiert, läßt vermuten, daß er mit den pädagogischen Ideen seiner Zeit vertraut ist. Er hat eine Gruppe von Schülern an der Tafel um sich versammelt und übt mit ihnen das Lesen von Silben, während die anderen Schüler mit einer Schreibarbeit beschäftigt sind. Den Stock benutzt er zum Zeigen. Seine Schüler und er selbst kommen aus einem bürgerlich-städtischen Milieu. Es sind die Kinder von Beamten, Notaren, Apothekern, Advokaten und Geschäftsleuten.

Die Schule auf diesem Kupferstich ist charakteristisch für eine Facette der Kultur des 19. Jh. Es gilt als das Jahrhundert der Bürger, mit dem wir Begriffe wie Biedermeier, Liberalismus, Industrialisierung, Besitz und vor allem auch Bildung verbinden.

Diesem Bürgertum konnten die alten Lateinschulen, die in den Städten schon seit 200 Jahren bestanden, ebensowenig genügen wie die elementaren deutschen Schulen für das einfache Volk. Die Vertreter dieses Standes förderten unter z. T. erheblichen persönlichen Opfern den Aufbau von Schulen, die ihren Vorstellungen von einer lebensnahen und standesgerechten Bildung eher entsprachen als das bis dahin bestehende Schulangebot. In der Folge entstand neben den Elementarschulen und den traditionellen Lateinschulen eine Vielfalt unterschiedlichster Schulformen: Humanistische Gymnasien, Realschulen, Realgymnasien, Bürgerschulen, Oberrealschulen, Rektoratsschulen, Lyceen, Sekundarschulen u. a. m. Gegen Ende des 19. Jh. schälte sich allmählich das uns vertraute dreigliedrige Schulsystem heraus, die Volksschulen, die Mittelschulen und die Höheren Schulen[19].

Der Bildungseifer, der das Bürgertum des vergangenen Jahrhunderts beseelt hat, fand seinen Niederschlag auch in Kinder- und Jugendbüchern. In einem bis dahin nicht bekannten Maße waren die Eltern bereit, sich auch persönlich um die Erziehung und Bildung ihrer Kinder zu bemühen. In dieser Absicht verfaßte der Arzt Heinrich Hoffmann 1844 für seinen 4jährigen Sohn ein Buch mit gereimten Geschichten und bunten Bildern, das er erst auf Anraten seiner Freunde drucken ließ und das schließlich zu einem der meistgekauften Kinderbücher wurde – den Struwwelpeter. Wie nie zuvor waren Eltern auch bereit und finanziell in der Lage, Geld auszugeben für die Bildung und Beschäftigung ihrer Kinder. Autoren und Verleger entwickelten neue Ideen, um sich diesen Markt zu erschließen. Dabei entstand eine Fülle an Bilderbogen, Ausschneidbogen, Malbüchern, Bilderbüchern und belehrend-unterhaltsamen Erzählungen für Kinder und Jugendliche. Es ist für uns heute noch faszinierend zu sehen, wie die Aufmachung dieser Bücher sowie der Inhalt und die Gestaltung von Texten und Bildern den Bedürfnissen und der Weltsicht ihres bürgerlichen Käuferkreises entgegengekommen sind.

Ein typisches Beispiel dafür ist »Die Preisverleihung« aus einem Malbuch[20], das in der zweiten Hälfte des 19. Jh. erschienen ist (Abb. 92). Die Vorlageseite ist im Mehrfar-

Abb. 92
Schulen, die etwas auf sich halten, laden einmal im Jahr die Eltern, die Obrigkeit und die Honoratioren zu einer öffentlichen Preisverleihung ein. Dabei werden die besten Schüler für ihren Fleiß und ihre Leistungen ausgezeichnet und alle präsentieren sich im Sonntagsgewand.
(Mal-Buch, 1886; Stuttgart, Württembergisches Landesmuseum)

bendruck nach der damals modernsten lithographischen Technik hergestellt. Kinder, die mit ihren Malstiften die Ausmalseiten bearbeiteten, erfuhren dabei, wie sich wohlerzogene Schüler in der Schule verhalten und kleiden, daß Fleiß und Eifer Früchte tragen, daß zur höheren Bildung Stil und Würde gehören und daß hinter der Schule auch der Staat steht. Beim Ausmalen lernten sie das Umgehen mit Formen, Farben und Malstiften, darüber hinaus aber wurden ihnen gleichzeitig Grundwerte der bürgerlichen Gesellschaft nahegebracht, wie Strebsamkeit, Ordnungsliebe und Gehorsam. Obgleich diese Bücher nicht billig waren, wurden sie doch in großen Stückzahlen gekauft, weil sie dem Selbstverständnis und dem gesellschaftlichen Leitbild des zahlungsfähigen Bürgertums entsprachen – auch wenn die Wirklichkeit des bürgerlichen Lebens und des Schulalltags unter der Oberfläche oft ganz anders aussah. Diese Seite der – fast möchte man sagen doppelbödigen – bürgerlichen Kultur wird freilich in Gemälden oder in farbigen Buchillustrationen nicht zur Darstellung gebracht. Sie ist allenfalls Thema der Karikatur oder sie findet eindrucksvoll ihren Niederschlag in Biographien oder Romanen. Kennenlernen kann man sie in Heinrich Manns »Professor Unrat« oder in Hermann Hesses selbstbiographischen Darstellungen »Aus meiner Schülerzeit«, wo letzterer über sein Schülerleben um 1880 schreibt: »Wir Schüler einer kleinen halb ländlichen Lateinschule waren an Lehrer gewöhnt, die wir entweder fürchteten oder haßten, denen wir auswichen und die wir belogen, oder die wir belächelten oder verachteten«[21].

Öffentliche Schulen für Bürgerkinder waren bis in die 2. Hälfte des 19. Jh. hinein fast ausschließlich Schulen für Jungen. Der Pädagoge Wilhelm Harnisch, der nicht zu den konservativsten Vertretern des Bürgertums zählte, hat noch 1839 die Ansicht vertreten, daß die Erziehung und Bildung der Mädchen am besten im Familienkreis erfolge. Nachdem dafür aber die Voraussetzungen weithin fehlten, müsse man eben

Abb. 93
Der Ausbau des Eisenbahnwesens Mitte des 19. Jh. ermöglicht Kindern auch aus kleineren Städten den Besuch von bürgerlichen Schulen, ohne deshalb in ein Internat gehen zu müssen. Von da an bietet das Eisenbahnabteil ganzen Gymnasiastengenerationen die letzte Gelegenheit, Vokabeln zu lernen, in holpriger Schrift Aufgaben abzuschreiben und Aufsätze zu vervollständigen. Was aber viel aufregender ist: dort kann man ungestört jene Beziehungen knüpfen, die ein nach Geschlechtern streng getrenntes Schulsystem verhindern will. (Holzstich, 1895; Privatbesitz)

Mädchenschulen akzeptieren, aber nur bis zum Alter von 14 Jahren[22]: »In der Regel hat das Mädchen mit dem vierzehnten Jahre seine Schulbildung beendigt, und sollte es in diesem Alter noch einer höheren Bildung bedürfen, so erreicht es solche am zweckmäßigsten im häuslichen Kreise in einzelnen Lehrstunden oder in besonders dazu eingerichteten Bildungsvereinen und Kunstkreisen.« Wenn schon Mädchenschulen eingerichtet werden müßten, dann nur unter bestimmten Bedingungen:

> Die Leitung öffentlicher Mädchenschulen muß von Männern besorgt werden, und Männer und Frauen (Jungfrauen) erteilen Unterricht an denselben. Ein bloßer Unterricht von Frauen in den Schulen ist nirgend hinreichend, ein bloßer Unterricht von Männern für Mädchenschulen auch nicht ganz passend ... Es ist immer besser, auch die vornehmen Anstalten sind öffentlich, als daß jeder beliebige, ehemalige Stundenläufer sie nach Lust und Gefallen anlegt. Zu wünschen bleibt dabei aber, daß Schulen für größere Mädchen nie zu groß werden, teils, damit es möglich ist, auch in der gewöhnlichen Schulstube die Handarbeiten vorzunehmen, besonders aber darum, weil es wider das weibliche Wesen ist, in großen Haufen zusammen zu sein.

Bei dieser Einstellung, die von breiten Kreisen des Bürgertums geteilt wurde, war es denn auch kein Wunder, daß der Aufbau eines öffentlichen höheren Mädchenschulwesens noch lange auf sich warten ließ. Für gehobene Bildungsansprüche der Mädchen stand zwar ein variantenreiches Angebot an privaten Unterrichtseinrichtungen oder der häusliche Privatunterricht zur Verfügung, was dort aber vermittelt wurde, war mit der gymnasialen Bildung für die Jungen nicht vergleichbar (vgl. Abb. 94 und 95). Erst an der Wende zum 20. Jh. wurden die ersten Mädchen zum Abitur und zum Universitätsstudium zugelassen.

Abb. 94 und 95
Mädchen aus bürgerlichen Familien besuchen in der 2. Hälfte des 19. Jh. in immer größerer Zahl »Höhere Töchterschulen«. Sie lernen dort, was einer Tochter aus gutem Hause, die auf einen standesgemäßen Freier wartet, wohl ansteht: parlieren, Klavier spielen, Sitte und Anstand, einem Haushalt vorstehen und sich in Gesellschaft bewegen. Für sie entsteht auch jene Art erbaulicher und illustrierter Unterhaltungsliteratur, der diese beiden Farblithographien entnommen sind. Es ist für diese Zeit bezeichnend, daß selbst an den Höheren Töchterschulen das letzte Wort ein »Herr Direktor« hat. (Privatbesitz)

Bewahranstalten und Kleinkinderschulen

Wohin mit den kleinen Kindern, wenn beide Eltern zur Arbeit aus dem Hause gehen, weil sie arbeiten wollen oder arbeiten müssen? Solange die überwiegende Mehrheit der Bevölkerung von der Landwirtschaft lebte oder im Handwerk sein Auskommen fand, war das kein Problem: Man nahm seine Kinder zur Arbeit mit, beaufsichtigte sie dabei und leitete sie zur Mitarbeit an. Das änderte sich, als im 19. Jh. infolge der Industrialisierung immer mehr Familien ihren traditionellen Broterwerb aufgeben mußten und beide Elternteile aus purer materieller Not zu Fabrikarbeit gezwungen waren. Dorthin konnten die Eltern ihre Kinder nicht mehr mitnehmen. Was blieb anderes übrig, als sie sich selbst zu überlassen? Das Elend dieser Kinder muß unbeschreiblich gewesen sein. Während die reichen Bürger ihre Kinder durch Hauslehrer und Gouvernanten erziehen lassen konnten, mußten die Buben und Mädchen der Fabrikarbeiter selbst irgendwo Geld verdienen oder sie lungerten unbeaufsichtigt, unterernährt und verwahrlost herum, zogen bettelnd durch die Straßen und waren ständigen Gefahren ausgesetzt. Das war nicht nur eine ständige Sorge für die Eltern und ein Ärgernis für die Öffentlichkeit, weitblickende Zeitgenossen sahen darin auch Gefahren für die Gesellschaft[23]:

> Soll die kommende Generation nicht zum großen Theil aus arbeitsscheuen Müßiggängern bestehen, die auf Unkosten der Aengstlichen oder Gutmüthigen leben, aus Bettlern, Landstreichern, Dieben und Gaunern, welche einmal die unzähligen, nothwendig werdenden Zucht- und Arbeitshäuser füllen; so errichtet Kleinkinderschulen und laßt die Kinder von früh auf an Ordnung, Reinlichkeit, Gehorsam, Schamgefühl sich gewöhnen.

Auf Initiative von Privatpersonen, karitativen Vereinigungen oder Vertretern der Kirchen entstand im 19. Jh. eine Vielfalt von Einrichtungen für die Betreuung von 2–6jährigen, um die sich sonst niemand kümmerte: Warteschulen, Bewahrschulen, Spielschulen, Hüteschulen, Kindergärten, Kleinkinderschulen u. a. m. Unter ihnen kam den Bewahranstalten und den Kleinkinderschulen besondere Bedeutung zu[24].

Abb. 96
Kinder armer Leute in einer Bewahranstalt. Max Liebermann hat dieses Motiv nicht ohne Sympathie gemalt. Von dem dunklen Hintergrund des einfachen Raumes heben sich die Kinder als helle freundliche Gruppe ab. Die Art, wie der Maler Glanzlichter auf die Kleider setzt, den Kindergesichtern Leben verleiht und wie er die Kinder friedlich beim Spiel zeigt, läßt dem Gedanken kaum noch Raum, daß die Bewahranstalten und Kleinkinderschulen im 19. Jh. für notleidende und verwahrloste Kinder aus den ärmlichsten Verhältnissen eingerichtet worden sind. (Max Liebermann, Kleinkinderschule, 1879/80; Essen, Kruppsche Gemäldesammlung, Privatbesitz)

Zwei Gemälde können uns einen Einblick in das Leben und das Wesen von Bewahranstalten und Kleinkinderschulen vermitteln. Um 1880 hat Max Liebermann die »Kleinkinderschule« gemalt (Abb. 96). Er hat einen Augenblick festgehalten, in dem etwa drei- bis fünfjährige Kinder friedlich miteinander beschäftigt sind. Sie spielen das Fadenspiel, das Kinder auch heute noch spielen, sie lassen den »Teufel aus dem Kasten« springen und Spielfigürchen auf der Bank marschieren. Die ältere Frau, der die Kleinen anvertraut sind, kann sich in diesem Augenblick sogar ungestört ihrer Handarbeit widmen. Liebermanns Kleinkinderschule hat trotz des Bildtitels freilich eher den Charakter einer bescheiden ausgestatteten Kinderbewahranstalt, in der es darum geht, die Kinder zu versorgen, zu beaufsichtigen und irgendwie zu beschäftigen, in der eine gezielte pädagogische Förderung aber noch keine wesentliche Rolle spielt.

Anders hingegen Claus Meyers »Kleinkinderschule in Überlingen« aus dem Jahre 1888 (Abb. 97). Hier sind die Kinder – fast schon wie in einer Schule – mit pädagogischen Materialien beschäftigt; sie stricken, sie schreiben und malen auf Schiefertafeln und betrachten Bilderbücher wie den Struwwelpeter. Die Erzieherin, auch hier eine ältere Frau, leitet die Kinder beim Lernen an und wird dabei von einer Helferin, einem jungen Mädchen, unterstützt. Spielen, arbeiten und vorbereitender Unterricht gehörten zum Programm von Kleinkinderschulen, deren Tagesablauf durch einen »Beschäftigungsplan« geregelt war.

Abb. 97
In einem privaten und gediegen möblierten Wohnraum sind zwölf Kinder mit Schiefertafeln, Büchern und Spielzeug beschäftigt. Von einer alten Frau und einer jungen Helferin werden sie betreut, angeleitet und erzogen. Das Licht, das sich in den Vorhängen fängt, und die Haube der Frau und die Köpfe der Kinder umspielt, betont den Eindruck der Behaglichkeit und einer gelösten pädagogischen Atmosphäre. Man wird sich fragen müssen, ob der Maler sich nicht eher von einem Wunschbild als von der Wirklichkeit hat leiten lassen. (Claus Meyer, Kleinkinderschule in Überlingen, 1888; Karlsruhe, Staatliche Kunsthalle)

Lehren und Lernen

Im Laufe des 18. Jh. haben die am Wohlstand und der Macht ihrer Länder interessierten Landesherren allen Bürgern die Verpflichtung auferlegt, ihre Kinder privat unterrichten zu lassen oder in die Schule zu schicken. Von da an sind Schule und Unterricht Teil der Kindheit und unauslöschliche Bestandteile der Lebensgeschichte in unserer Kultur. Jeder weiß, was es heißt, gemeinsam mit anderen unter Anleitung beliebter oder unbeliebter Lehrer Dinge lernen zu müssen, die Spaß machen oder einem die Freude an der Schule verderben, was es heißt, sich einfügen zu müssen, geprüft, gelobt oder bestraft zu werden und sich dabei zu bewähren und zu behaupten; und jeder hat es erlebt, wie schwierig es für die Lehrer ist, auch Schüler unterrichten zu müssen, die nur gezwungenermaßen zur Schule gehen und zum Lernen keine Lust haben. Der Dichter und Maler Wilhelm Busch hat sich darauf in der ihm eigenen hintersinnigen Weise im »Lehrer Lämpel« seinen Reim gemacht[25]:

Also lautet ein Beschluß:
Daß der Mensch was lernen muß. –
– Nicht allein das A-B-C
Bringt den Menschen in die Höh;
Nicht allein im Schreiben, Lesen
Übt sich ein vernünftig Wesen;

Nicht allein in Rechnungssachen
Soll der Mensch sich Mühe machen;
Sondern auch der Weisheit Lehren
Muß man mit Vergnügen hören. –
Daß dies mit Verstand geschah,
War Herr Lehrer Lämpel da. –

Bilder, die Schulklassen beim alltäglichen Unterricht zeigen, sind nicht allzu häufig anzutreffen. Das mag daran liegen, daß dieses Motiv weder für Maler noch für Käufer sonderlich anziehend war. Hugo Oehmichens »Gesangsunterricht« aus dem 19. Jh., der einem Holzstich als Vorlage diente (Abb. 98), gewinnt seinen Reiz durch die Gegenüberstellung von Lehrer und Schülerinnen in einem schlichten und doch malerischen Klassenraum einer Dorfschule. Wir sehen den alten Schulmeister, wie er mit

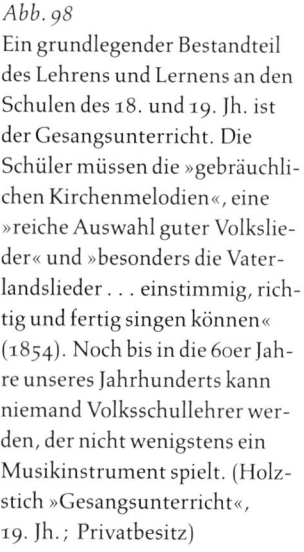

Abb. 98
Ein grundlegender Bestandteil des Lehrens und Lernens an den Schulen des 18. und 19. Jh. ist der Gesangsunterricht. Die Schüler müssen die »gebräuchlichen Kirchenmelodien«, eine »reiche Auswahl guter Volkslieder« und »besonders die Vaterlandslieder ... einstimmig, richtig und fertig singen können« (1854). Noch bis in die 60er Jahre unseres Jahrhunderts kann niemand Volksschullehrer werden, der nicht wenigstens ein Musikinstrument spielt. (Holzstich »Gesangsunterricht«, 19. Jh.; Privatbesitz)

Abb. 99
Szenen dieser Art sind uns allen wohl vertraut. Der Lehrer regt sich auf, weil er wieder einmal erfahren muß, daß seine Mühen vergeblich waren. Seine »Opfer« hadern mit dem Schicksal, weil es sie »erwischt« hat, oder sie sind zerknirscht, weil sie nicht genügend gelernt haben. Und die anderen ducken sich übers Heft und sind froh, daß sie heute wieder einmal davongekommen sind. – Damals mag die Strafpredigt gelautet haben: »Non scholae, sed vitae discimus«, heute würde der Lehrer auf die Folgen für Zeugnisse und Versetzung hinweisen. (Mal-Buch, 1886; Stuttgart, Württembergisches Landesmuseum)

einem der Mädchen das Lied einübt, das an der Tafel steht. Die Kleine läßt sich vom Eifer des Lehrers, der die Violine spielt, gleichzeitig singt und mit dem Fuß den Takt schlägt, nicht anstecken. Auch ihre drei Mitschülerinnen zeigen sich wenig beeindruckt. Wenn man bedenkt, welchen Stellenwert der Gesang in der Schule bis ins 20. Jh. hinein hatte, und wenn man sich vor Augen führt, daß viele Lehrer im Gottesdienst für den Gemeindegesang verantwortlich waren und die Schüler eine Vielzahl von Liedern auswendig lernen mußten, wird der Eifer des Lehrers, aber auch die Haltung der Schülerinnen verständlich. Der Schulhistoriker Friedrich Paulsen berichtete über die Praxis des Gesangsunterrichts, wie er ihn um 1850 selbst erlebte[26]:

> Ein Schultag verlief nun etwa so. Er begann morgens und endete abends mit gemeinsamem Gesang und Gebet der ganzen Schule. Gesungen wurde stehend, oft bis zur Erschöpfung, und nicht bloß im figürlichen Sinn: ich bin wiederholt eigentlich zusammengebrochen, Hitze, Anstrengung und vor allem die unbequeme Stellung (man stand mit gebeugten Knien eingeklemmt zwischen Tisch und Bank) brachten mir ein paarmal einen Ohnmachtsanfall.

Ein anderer Aspekt vom Lehren und Lernen eröffnet sich uns in der Lithographie »Die Schule« aus einem Malbuch des Jahres 1886 (Abb. 99). In einer bürgerlichen Schule hat der im Katheder sitzende Lehrer drei Schüler zum Abhören zu sich zitiert. Die beiden größeren machen nicht den Eindruck, als hätten sie dabei gut abgeschnitten, nur der kleinste scheint zurecht zu kommen. Kinder, die sich mit diesem Bild aus dem Malbuch beschäftigten, konnten eine wichtige Einsicht gewinnen: Wer im Unterricht nicht aufpaßt und nichts lernt, muß Tadel oder Strafe des Lehrers und die Bloßstellung vor der Klasse fürchten. Für den Künstler genügten das Katheder mit dem mahnenden Lehrer, ein paar eifrige Schüler, Lob und Strafe und eine Karte an der Wand, um diesen Aspekt des schulischen Unterrichts einzufangen.

Zwei weitere charakteristische Wesenszüge des Unterrichts im 19. Jh. erschließen sich uns in der Gegenüberstellung der »Dorfschule im Schwarzwald« (Abb. 101) von Albert Anker (1858) und des Bildes »En classe, le travail des petits« von J. J. Geoffroy aus dem Jahre 1889 (Abb. 100). Die beiden Maler gehen aus unterschiedlichen Blickwinkeln an ihr Motiv heran. Während Anker in der von ihm bevorzugten »Manier des Bühnenraums«[27] von einem sehr tiefen Augenpunkt aus das Unterrichtsgeschehen im Klassenraum dargestellt hat, läßt Geoffroy den Betrachter von schräg oben auf die Lehrerin und die Schüler blicken.

»Die Dorfschule im Schwarzwald« macht uns zu Zeugen einer Form des Unterrichts, wie sie bis in die 60er Jahre unseres Jahrhunderts in den kleinen Schulen auf dem Lande noch weithin üblich war. Dort hatte der Lehrer Buben und Mädchen verschiedener Schuljahrgänge gleichzeitig zu unterrichten. Das sah so aus, wie man es auf dem Bild an einigen Stellen erkennen kann. Die Schüler wurden gruppenweise oder einzeln und in Stillarbeit mit unterschiedlichen Aufgaben beschäftigt. Der Lehrer hatte dabei alle Hände voll zu tun; er mußte den Schülern die Arbeitsanweisungen geben, mit einzelnen Gruppen Neues erarbeiten, die Aufgaben kontrollieren und, wie auf dem Bild, die Schüler abfragen oder maßregeln und für Zucht und Ordnung sorgen. Wer diese Art von Unterricht nicht selbst erlebt hat, kann sich kaum vorstellen, daß das gutgehen konnte. Vom Lehrer wurde freilich viel Vorbereitung, methodische Phantasie, Organisationstalent und pädagogische Verantwortung erwartet – er war aber auch noch Herr des Geschehens: Der 45-Minuten-Takt, das Testen und Benoten, das Kommen und Gehen der Fachlehrer, der Zwang von Busfahrplänen und vor allem der allgegenwärtige Druck durchkonstruierter, artifizieller und anspruchsvoller Lehrpläne war dieser Schule noch fremd. Die Qualität des Unterrichts und der Ruf einer Schule standen oder fielen mit der Qualität des Lehrers.

Dem Lehren und Lernen in der Schule auf dem monumentalen Gemälde »En classe« lagen ganz andere Auffassungen vom Unterricht zugrunde. Im Werk des

Abb. 100
Wo immer die Zahl der Schüler ausreicht, versucht man im 19. Jh. Jahrgangsklassen einzurichten und jeder Klasse einen eigenen Lehrer und ein eigenes Klassenzimmer zuzuweisen. Nachdem die Lehrerin den neuen Unterrichtsstoff für alle Schüler gemeinsam eingeführt hat, kann sie sich in der anschließenden schriftlichen Übung einzelnen Schülern zuwenden. (J. J. Geoffroy: En classe, le travail des petits, 1889; Paris, Ministère de l'Education Nationale)

Franzosen Geoffroy (1853–1924) nimmt die Beschäftigung mit der Kindheit und mit der Schule breiten Raum ein. Darin ist er durchaus vergleichbar mit dem Schweizer Maler Albert Anker (1831–1910) und in gewisser Weise auch mit Benjamin Vautier (1829–1898), einem Vertreter der Düsseldorfer Malerschule. Im Gegensatz zu Anker und Vautier, die in ihrer Kunstauffassung stärker dem Genre verhaftet blieben und ländlich-idyllische Schulmotive bevorzugten, wandte sich Geoffroy bewußt einer für seine Zeit modernen Schule zu, um dem pädagogischen Fortschritt Ausdruck zu verleihen.

Bei ihm findet der Unterricht in einem Klassenzimmer statt, dessen Bauweise und Ausstattung jenen Anforderungen entsprach, die man seinerzeit an einen Schulhausneubau stellte. Den Hygienevorstellungen des zu Ende gehenden 19. Jh. folgend ist der Sockel der Wand mit unempfindlicher und abwaschbarer Ölfarbe gestrichen, und die kurz geschorenen und sauber gewaschenen Buben tragen Schulkittel; die solide und zweckmäßig gearbeiteten Bänke mit den eingelassenen Tintenfässern und den aufklappbaren Schreibflächen dienen der Ordnung und sollen das Lernen erleichtern. In einer solchen Schule können die in ihren Bänken aufgereihten, etwa gleichaltrigen Schüler fleißig und konzentriert ihre Aufgaben erledigen und die junge Lehrerin kann gelassen und ohne Stock ihren Unterricht versehen.

Der Unterricht in Geoffroys Bild trägt bereits die Züge des Frontalunterrichts, der sich an den größeren Schulen weithin durchgesetzt hatte und das Lehren und Lernen auch heute noch prägt[28]. Geoffroy konnte diesen Unterricht noch als eine Errungenschaft hervorheben – in welchem Maße diese Art des Lehrens im Gleichschritt über die Bedürfnisse der Kinder und über ihre individuellen Fähigkeiten hinweggehen würde, das konnte er freilich noch nicht ahnen.

Abb. 101
1858 ist dieses Bild vom Lehren und Lernen in einer Dorfschule im Schwarzwald entstanden. Auch wenn es fast in der Art der alten holländischen Genremalerei gestaltet ist, dürfte es der Wirklichkeit des Unterrichts in den dörflichen Schulen seiner Entstehungszeit recht nahekommen. Die meisten Dorfschulen waren damals einklassig oder sie hatten nur eine Oberstufenklasse und eine Unterstufenklasse. (Albert Anker, Dorfschule im Schwarzwald, 1858; Bern, Kunstmuseum)

Praxis in der Schule

Wenn eine wandernde Menagerie, ein Bärenführer, ein Kasperltheater oder ein Zauberer dem Lehrer und seinen Schülern ein Gastspiel anbot, kam Leben in die Schule. Vielleicht hat die Erinnerung an seine eigene Kindheit den Maler W. Schütze um 1870 veranlaßt, ein solches Ereignis, eine »Wandernde Menagerie in der Schule«, in einem Gemälde darzustellen (Abb. 102), vielleicht hat ihn auch die Beobachtung von Schulkindern bei einem solchen Erlebnis beeindruckt. In einer Zeit, in der die modernen Medien den letzten Winkel der Welt längst in die Wohnzimmer serviert haben, kann man es sich kaum mehr vorstellen, welche Sensation ein solcher Besuch für die Kinder damals gewesen sein muß. Dabei war es sicher nicht nur die ingesamt eindrucksärmere Umwelt, die dem Besuch der Menagerie ihre Bedeutung verlieh. Hautnah erlebten die Kinder und vielleicht auch der Lehrer den Unterschied zwischen der bunten Vielfalt einer fernen Welt und dem öden schulischen Alltag.

Der Schulalltag war im 19. Jh. weit mehr als heute geprägt von der einförmigen Routine des Lesens, Schreibens und Rechnens, vom mechanischen Memorieren, Üben und Wiederholen, von sterilem Buchwissen und inhaltsleerem Wortgeklingel. Themen aus dem praktischen Leben oder aus Natur und Technik spielten im Unterricht kaum eine Rolle oder sie wurden unter Zuhilfenahme von Bildern und Modellen bloß mit Worten traktiert.

Es ist deshalb kein Wunder, daß aufgeklärte Zeitgenossen die Schule damals heftig kritisierten; in den höheren Schulen würden lebensfremde und blasierte Schwätzer und in den Elementarschulen lethargisches Volk erzogen, unfähig, die praktischen Probleme des Lebens in die Hand zu nehmen und selbständig zu lösen.

Schon im 18. Jh. wurden immer wieder Versuche unternommen, die Schule näher an die Lebenswirklichkeit heranzuführen und Praxis in die Schule hereinzuholen. Die Obrigkeit stand dem durchaus aufgeschlossen gegenüber, weil sie sich davon eine

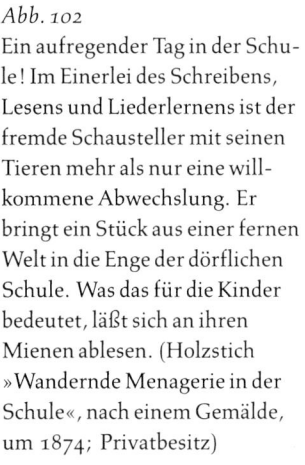

Abb. 102
Ein aufregender Tag in der Schule! Im Einerlei des Schreibens, Lesens und Liederlernens ist der fremde Schausteller mit seinen Tieren mehr als nur eine willkommene Abwechslung. Er bringt ein Stück aus einer fernen Welt in die Enge der dörflichen Schule. Was das für die Kinder bedeutet, läßt sich an ihren Mienen ablesen. (Holzstich »Wandernde Menagerie in der Schule«, nach einem Gemälde, um 1874; Privatbesitz)

Abb. 103
Nähschule im 19. Jh. Schon 1715 wird in einer Schulordnung für Baden-Durlach die Einrichtung und der Besuch von Nähschulen angeordnet: »Insonderheit aber / sollen Unsere Underthanen von andern löblichen Völckern hierinnen ein Exempel nemmen / und ihre Töchterlein / an statt dessen / daß sie Sommerszeit auff den Gassen / oder im Winter / in Stuben / Häusern / oder anderstwo herumlauffen / auch allerhand gottloß und üppiges Wesen / von Kindheit auff / lernen / zum Spinnen / Nehen / Wircken / Stricken / und anderen dergleichen weiblichen Handarbeiten / fleissig anweisen / damit sie / nach dem Exempel Benachbarter und anderer löblichen Völcker / das tägliche Brodt gewinnen / auch sich / und ihre Eltern / von Kindheit an / ernähren helffen.« (Benjamin Vautier, Die Nähschule, 1859; Düsseldorf)

Hebung des eigenen und des allgemeinen Wohlstands versprach[29]. So wurden beispielsweise 1766 in der Markgrafschaft Baden-Durlach die Lehrer der Dorfschulen angewiesen, die Pflanzung von Maulbeerbäumen und die Seidenraupenzucht zu lernen und zu lehren, 1767 wurde die Einrichtung von Spinn-, Näh- und Strickschulen sowie die Einführung des Geometrieunterrichts angeordnet, 1768 wurde am Lehrerseminar den künftigen Lehrern die Obstbaumzucht und das Okulieren beigebracht, und um 1800 wurden dann auch noch die sogenannten Industrieschulen[30] eingerichtet. In der Absicht, die Schulausbildung enger mit der Lebenspraxis zu verknüpfen, entstanden im 18. Jh. die ersten Realschulen[31], die Vorläufer unserer heutigen Realschulen und Berufsschulen.

Das Schicksal und die Bedeutung solcher Versuche läßt sich am Beispiel der Nähschulen nachzeichnen. Das umseitig abgedruckte Bild von Benjamin Vautier (Abb. 103) spiegelt etwas vom Wesen der Nähschule wider, wie sie sich die Zeitgenossen vorgestellt haben mögen. Die schulpflichtigen Mädchen des Dorfes kamen am Nachmittag oder am Abend in der Schule oder in einer Wohnstube zusammen, um das Nähen, das Stricken oder das Spinnen zu lernen. Ihre »Lehrerin« war eine in den Handarbeiten bewanderte und ehrsame Frau, häufig die Frau oder eine Verwandte des Schulmeisters, nicht selten auch eine ältere Witwe, deren Altersversorgung auf diese Weise aufgebessert wurde. Die Nähschulen hatten wie andere vergleichbare Einrichtungen zunächst die Aufgabe, in Verbindung mit der Schule und mit Unterstützung des Lehrers unmittelbar lebenspraktische Fähigkeiten zu vermitteln. Da sie durch die Gemeinden oft nicht die erforderliche Unterstützung erhielten, ihr pädagogischer und wirtschaftlicher Wert unter Fachleuten aber unbestritten war, wurden zwischen 1850 und 1870 ihre Aufgaben teilweise in die Volksschulen übernommen. Ein neues Unterrichtsfach, der Handarbeitsunterricht, war entstanden. In ähnlicher Weise fanden auch andere Aspekte der Praxis in den Fächerkanon der Schule allmählich Eingang: das Zeichnen, die Realien, die Heimatkunde, der Handfertigkeitsunterricht für die Buben und nicht zuletzt auch der Turnunterricht.

Abb. 104
Schulgärten haben eine lange Geschichte. Am Anfang steht der »Krautgarten«, den die Gemeinde dem Lehrer zur Verfügung stellt; er baut dort für seine Familie das Gemüse an und läßt die Schüler umgraben und jäten. Um 1750 entdecken Pädagogen und Obrigkeit, daß der Krautgarten des Lehrers auch pädagogische Früchte tragen kann, wenn der Lehrer moderne Methoden der Gemüsezucht und des Obstbaus praktiziert und lehrt. Am Ende des 19. Jh. werden schließlich in pädagogischer Absicht spezielle Schulgärten angelegt: »Der Schulgarten kann ferner ein vorzügliches Erziehungs- und Unterrichtsmittel werden; er führt täglich die nützlichen Gegenstände vor das Auge des Kindes und fördert dadurch das Interesse für die kultivierten Obstbäume, Sträucher, Blumen und Gemüse. Der Schulgarten kann für die Kinder ein Versuchs- und Übungsfeld sein und dadurch die Selbständigkeit für die Ausführung haus- und landwirtschaftlicher Arbeiten, gestützt auf eigene Erfahrungen, wecken.« (Preuß. Ministerialverfügung 1905). (Holzstich »Im Gemeindeschulgarten zu Friedenau bei Berlin«, 1899; Privatbesitz)

Das Turnen wurde unter den unterschiedlichsten Zielsetzungen in die Schulen aufgenommen. »Praxis« und »Leben« brachte es in die Schule insofern, als es einen Ausgleich bot zu dem stundenlangen Stillsitzen, der einseitig geistigen Beanspruchung und der Vernachlässigung des Leiblichen. Dann aber auch noch in Beziehung zu einer anderen Dimension der Lebenspraxis des vergangenen Jahrhunderts – gewichtige Fürsprecher des Turnunterrichts in der Schule waren die Militärs und die Kriegsminister, die im Schulturnen einen Beitrag zur Wehrertüchtigung sahen[32].

In Ankers »Turnstunde« von 1879/80 (Abb. 105) ist der zuletzt erwähnte Aspekt des Schulturnens nicht zu übersehen, vielleicht auch gerade deshalb, weil sich der Unterricht in der sommerlich-heiteren und friedlichen Umgebung eines Dörfchens abspielt. In zwei Reihen sind die Buben angetreten und üben abwechselnd den Gleichschritt nach dem Kommando und dem Taktschlag des Lehrers. Die Turngeräte, die vor dem neuen Schulhaus aufgebaut sind, lassen uns vermuten, was in den Turnstunden sonst noch alles geboten war. Die Mädchen sind am Turnunterricht nicht beteiligt, für sie steht statt dessen irgendwann das Fach Handarbeit auf dem Stundenplan. Die beiden alten Bauern schauen dem neumodischen Treiben auf dem Schulhausplatz interessiert zu, in ihrer Schulzeit hat es so etwas noch nicht gegeben.

Die Bestrebungen, Schule und Leben stärker aneinander zu binden, um die Schule humaner und lebensbedeutsamer zu gestalten, sind bis heute nicht zur Ruhe gekommen. Die Erfahrung unserer Tage freilich lehrt, daß dort, wo die Anstrengung des Begriffs preisgegeben und die Mühen echter Praxis gemieden werden, das Leben, das sich der Unterricht zum Thema macht, nur noch aus Arbeitsblättern, Folien und Disketten besteht.

Abb. 105
Ein Ereignis auf dem Schulhof, das so viele interessierte Zuschauer anzieht, kann nicht alltäglich sein. Als das Gemälde um 1880 entsteht, ist das Turnen in einer Dorfschule noch keine Selbstverständlichkeit. Der Anblick der für diese Zeit modernen Turngeräte muß bei den zuschauenden Bauern Kopfschütteln hervorgerufen haben; daß es wie beim Exerzieren zugeht, findet vielleicht schon eher ihren Beifall. (Albert Anker, Die Turnstunde, 1879/80; Privatbesitz)

Schuldienste

Als in den 60er Jahren die Autoren ihren Dienst als Lehrer in kleinen Dörfern im Hunsrück und im Schwarzwald antraten, konnten sie noch selbst auf eindringliche Weise erfahren, daß eine Dorfgemeinschaft von der Schule und vom Lehrer mehr erwartete als Fleiß und Pflichterfüllung im Unterricht. Der Bürgermeister des Hunsrückdorfes wies den Junglehrer beim Vorstellungsgespräch darauf hin, bisher seien alle tüchtigen Lehrer nach dem Abendläuten durch das Dorf gegangen und hätten dafür gesorgt, daß sich keine Kinder mehr auf der Straße herumtrieben. Im anderen Fall erinnerte ein Bauer an die Tradition der Schuldienste: An einem schwülen Junimorgen klopfte der Bauer vom benachbarten Hof an der Tür der Dorfschule im Kinzigtal und fragte den jungen Lehrer, ob man nicht mehr, wie gewohnt, die Schüler vor einem heraufziehenden Gewitter zum Heueinfahren nach Hause schicke; die Kinder, die zu Hause nicht gebraucht würden, könnten ja, wie das bisher immer üblich gewesen sei, mit dem Lehrer zusammen bei ihm auf dem Hof mithelfen.

Von der Schule und von den Lehrern haben Obrigkeit, Eltern und Mitbürger immer schon Dienste erwartet, die weit über das bloße Unterrichten der Kinder oder ihre Erziehung in der Schule hinausgingen. Markgraf Karl Friedrich von Baden machte 1768 in einer Verordnung den Lehramtskandidaten deutlich, welche Dienste er von den Lehrern in der Schule erwarte, nämlich daß die Schulkandidaten als »Werkzeuge zugerichtet werden mögen, die dem gemeinen Wesen auch auser dem Schullehren nüzliche Dienste zu leisten imstande seyen«; denn: »Die Bildung guter Bürger ist ein Hauptnuzen, den das gemeine Wesen von dem Unterricht in der Schule zu erwarten hat«[33].

Die eine Aufgabe der Schule, »Die Bildung guter Bürger«, ist in einer Lithographie (Abb. 106), die uns an den Stil Ludwig Richters erinnert, im Schild über der Schultür

Abb. 106
In dieser »Erziehungs Anstalt für Gott und Vaterland« scheint dem Lehrer und den Schülern noch klar zu sein, was sie der Gesellschaft und der Obrigkeit schuldig sind und wem die Schule zu dienen hat. Wir wissen nicht, ob sich der Zeichner Oskar Pletsch (1830–1888) von Ironie leiten ließ, als er diese Lithographie schuf, oder ob er die Idylle ernst genommen hat. In seinem Schaffen orientierte sich Pletsch stark an Ludwig Richter. Und von diesem ist bekannt, daß er die Idylle in den Bildern wie eine bessere Gegenwelt bewußt gepflegt hat. (Privatbesitz)

Abb. 107
Verhör und Strafgericht in der Schule. Was geschehen ist, sieht man auf den ersten Blick. Heute würde der Lehrer sagen, das alles gehe ihn nichts an, und der Polizist müßte den Staatsanwalt und das Jugendamt bemühen. Damals hat man solche Dienste vom Lehrer erwartet und die Lehrer haben sie als Teil ihres Erziehungsauftrags in der Schule und in der Gemeinde akzeptiert. (Anonym, Verhör in der Schule, im Stil von B. Vautier, 19. Jh.; Privatbesitz)

in einer für das 19. Jh. treffenden Weise wiedergegeben. Die andere Aufgabe, die »auser dem Schullehren nüzliche(n) Dienste«, finden wir in den drei nachfolgenden Bildern wieder. Hier geht es nicht mehr um Pflichten gegenüber der großen Politik, sondern um die Gestaltung des gemeinsamen Lebens im Alltag sowie bei Fest und Feier. Dazu gehörte, die Schuljugend zu überwachen und bei Verfehlungen zu rügen oder zu strafen, durch Holzlesen und Kurrendesingen zum Schulunterhalt beizutragen, bei der Ernte zu helfen, Maikäfer und andere Ernteschädlinge zu vernichten, öffentliche Feste mitzugestalten, Ehrentage zu verschönern und Ehrengäste zu würdigen, Prozessionen anzuführen und dabei das Federvieh zu verscheuchen, den Kirchengesang zu bestreiten, bei Hochzeiten und Kindstaufen den Chor zu stellen und »Leichen in das Grab zu singen«.

Auf dem ersten Bildbeispiel aus dem 19. Jh. werden ein Schüler und eine Schülerin während des Unterrichts vom Dorfbüttel dem grimmig dreinschauenden Lehrer zum

Verhör und zur Bestrafung vorgeführt (Abb. 107). Das *Corpus delicti*, reife Mohnkapseln und ein Bund Gelberüben, tragen sie noch in den Händen. Die beiden jugendlichen Übeltäter und die gespannt zuschauenden Mitschüler werden das Ereignis nicht so schnell vergessen haben. Vielleicht liegt hier auch der Grund dafür, daß dieses Motiv, das Verhör und das Strafgericht in der Schule, im 19. Jh. mehrfach gemalt wurde.

Schuldienste sind sicher nicht immer unerfreulich gewesen, zumal dann nicht, wenn es etwas zu feiern gab und Aussicht bestand, daß für Lehrer und Schüler dabei etwas abfiel. In manchen Fällen hatten Lehrer und Schüler auch Anspruch auf ein Entgelt für ihre Leistungen. Ein Ständchen zu singen (Abb. 109) gehörte zu den angenehmeren Pflichten der Schule. Für die Schüler war das eine willkommene

Abb. 108
Im Innenhof eines bäuerlichen Anwesens hat sich eine kleine Trauergemeinde eingefunden. Zu ihr gehören auch die Schulkinder mit ihrem Lehrer. Frierend warten sie auf ein Zeichen des Leichenbestatters, um mit ihrem Gesang zu beginnen. Danach begleiten sie den Trauerzug zum Friedhof. Der Gesang bei Begräbnissen gehört noch am Anfang des 20. Jh. zu den Aufgaben der Schule in einem Dorf. (Ludwig Knaus, Leichenbegängnis in der Schwalm, 1871; Marburg, Universitätsmuseum)

Abb. 109
Die Schule bringt ein Ständchen. Diesmal ist es sicher besonders gut vorbereitet. Wie sich auf dem Notenblatt in der Hand des Schülers entziffern läßt, gilt es dem Pfarrer, also dem Vorgesetzten des Lehrers: »Heil, unserem Pastor Heil, von uns und unserer Schule...«. Der idyllische Pfarrhausgarten nahe der Kirche und die herausgeputzten Kinder mit den Blumen und den Geburtstagsgeschenken wecken die Erinnerung an die vergangene Biedermeierzeit. Auch die Frau oder Haushälterin des Pfarrers scheint am Fenster das Ereignis zu genießen. (Louis Toussaint, Das Ständchen, 1857; Privatbesitz)

Abwechslung und für den Lehrer eine Möglichkeit, vor einem wohlgelaunten Publikum seine Fähigkeiten als Komponist, Chorleiter und Dirigent ins rechte Licht zu rücken. Der Lehrer hatte bei Schuldiensten dieser Art über die mangelnde Beteiligung der Schüler nur selten zu klagen.

Als eine Last haben Lehrer und Schüler häufig die aufwendigen Dienstleistungen für die Kirche empfunden. Die Lehrer an den Elementarschulen und auch ein Teil der Lehrer an den höheren Schulen mußten mit ihren Schülern bei Gottesdiensten und bei zahlreichen anderen kirchlichen Veranstaltungen Chorgesang und Kirchenmusik bestreiten[34]. Sie hatten dabei oft ihre liebe Mühe und Not, genügend Schüler zusammenzubringen, und sie beklagten sich immer wieder bitter über windige Ausreden und Entschuldigungen. Stundenlang in einer kalten Kirche zu stehen oder bei Wind und Wetter »Leichen hinzusingen« war für die Kinder wenig verlockend, zumal das Entgelt dafür höchstens bei »vornehmen Leichen« ins Gewicht fiel. Der Anblick der frierenden, um ihren dirigierenden Lehrer gescharten Schulkinder in Ludwig Knaus' »Leichenbegängnis in der Schwalm« aus dem Jahre 1871 läßt uns die Mühsal vieler Schuldienste nachfühlen (Abb. 108). Erst das 20. Jh. hat die Schule von solchen Lasten befreit, ihr dafür aber andere aufgebürdet.

Leben und Los der Lehrer

Im Winter 1795/96 erkrankte der alte Schulmeister des Dörfchens Amelsen bei Einbeck nach 38 Jahren Schuldienst so schwer, daß sich die Gemeinde nach einem Nachfolger umsehen mußte. Fünf Bewerber um die Schulstelle wurden schließlich im Rahmen eines sonntäglichen Gottesdienstes in der damals üblichen Weise der Gemeinde vorgestellt und geprüft. Dem Bewerber, den der Wahlausschuß für geeignet und würdig befunden hatte, wurde bei seiner feierlichen Amtseinführung ein Verzeichnis seiner Amtspflichten und seiner Einkünfte übergeben. Der Lehrer des Dörfchens hatte – wie dies bis um etwa 1900 weithin üblich war – nicht nur die Schule zu »besorgen«, sondern auch die Mesnerdienste zu versehen, zu denen u. a. das Reinigen der Kirche, das Waschen der Altartücher oder das Aufziehen der Turmuhrgewichte gehörte.

Die Einkünfte für diese vielfältigen Dienstpflichten setzten sich aus einem Bündel von Geldleistungen, Naturalien und Nutzungsrechten zusammen[35]:

1) Für das Singen in der Kirche bekömmt derselbe 2 Mltr. Rocken.
2) Für das Leuten bey Gewittern von den Ackerleuten und Köthern 24 Bunde Rokken.
3) Für die Montags-Bethstunden bezahlt
   a) jeder Ackermann jährlich 4 mgl.
   b) jeder Köthner jährlich 2 mgl.
   c) jeder Brinksitzer jährlich 1 mgl.
   d) jeder Beysitzer jährlich –4 mgl.
4) Für eine Leiche auszuleuten 2 mgl.
5) eine Kinderleiche hinzusingen 9 mgl.
6) Erwachsene Leiche hinzusingen 12 mgl.
7) Schulgeld von jedem Kinde für das Winterhalbejahr 12 gr.
8) Holzgeld von jedem Kinde für das Winterhalbjahr 6 gr.
9) jährliches Eintrittsgeld von jedem Kinde 1 gr.
10) Für Rechnen und Schreiben, welches in Privatstunden gehört, bezahlt jedes Kind besonders.
11) wenn bei einer Leiche verlangt wird 2 Gesänge vor dem Hause zu singen, so wird dafür besonders bezahlt.
12) Eben dieses ist auch der Fall, wenn die so genannten kleinen Verse bei dem Grabe zu singen, verlangt wird.
13) Jeder Confirmande bezahlt 2 mgl.
14) am Hagelfeier werden für das Singen 2 mgl. bezahlt.
15) bey einer Copulation werden 12 mgl. und ein Tuch gegeben.
16) bei einer ehelichen Kind-Taufe 3 mgl.
17) bei einer unehelichen – 18 mgl.
18) bei einer Krankenberichtung 3 mgl.
19) Gemeinde-Holtz-Antheil beträgt ohngefehr 18 gr.
20) Von der Kirche bekommt derselbe im Durchschnitt jährlich etwas über 6 rthlr.
21) Freie Hued und Weide für Kühe und Schweine.
22) Für die Aufsicht auf die Uhr ein Stück Feldland.
23) Eine Wiese und Garten.
24) Heil. Abend und Neujahrgeld ohngefehr 1 rthlr. 6 gr.
25) Oster-Eier ohngefehr 55 Stück.
26) Die Benutzung des Grases und der Bäume auf dem Kirchhofe.
27) ein kleiner Gartenfleck beim Hause.
28) und freie Wohnung.«

Die eindrucksvolle Länge dieser Liste freilich verschleiert die wahre Höhe der Einkünfte. In Wirklichkeit war das Einkommen der Lehrer an den elementaren Schulen, den späteren Volksschulen, bis um 1870 so dürftig, daß es noch nicht einmal dem eines Fabrikarbeiters entsprach. Und dabei machte sich noch mancher reiche Bauer einen Spaß daraus, einen Lehrer seinem verdienten Lohn nachlaufen zu lassen. Ohne zusätzliche Nebentätigkeiten konnte kaum ein Dorfschullehrer seine Familie durchbringen. Wie erfinderisch die Not die Lehrer damals machte, können wir zahllosen Visitationsberichten aus dieser Zeit entnehmen – ihnen zufolge waren Lehrer nicht nur in allen lokalen Handwerksberufen tätig, besonders häufig im Schuster- und Schneiderhandwerk (Abb. 110), sondern auch als Zolleinnehmer,

Kelterschreiber, Zehnteintreiber, Aderlasser, Seifensieder, Kuhhirt und Feldschütz. Obwohl niemand diese Nebentätigkeiten der Lehrer gerne sah, wurden sie toleriert, solange sie nicht zu einem öffentlichen Ärgernis wurden. Schwierigkeiten gab es besonders dann, wenn der kirchlichen Schulaufsicht bekannt wurde, daß Lehrer als fahrende Händler »märzelnd« über Land zogen und die Schule vernachlässigten, die Schüler im Rahmen ihrer Nebeneinkünfte arbeiten ließen oder – was offenbar gar nicht so selten war – eine Branntweinbrennerei oder Tabakshandel betrieben und in der Schule Bier, Wein oder Schnaps verkauften und ausschenkten. Die fast sprichwörtlich gewordene Armut der Dorfschullehrer machte sie zum Gespött ihrer Umwelt. Im Lied vom armen Dorfschulmeisterlein hat dieses Los der Lehrer volkstümlich und drastisch seinen Ausdruck gefunden[36].

Für diese bitteren Seiten des Lehrerberufs hat sich die Malerei im 19. Jh. kaum interessiert, weil ihr sozialkritische Absichten damals noch weitgehend fremd waren. Die Darstellung des Elends und der bedrückenden Arbeitsbedingungen blieben noch lange der Karikatur vorbehalten. Dafür ist J. Nussbiegels kolorierte Radierung »Antikes Schulwesen« (1825; Abb. 110) ein Beispiel. Aus vielen charakteristischen Einzelelementen montierte der Künstler ein Zerrbild des Schulwesens, das die Elementarschule seiner Zeit als antiquiert an den Pranger stellt.

Einer eigenwilligen und doppelbödigen Auseinandersetzung mit dem Schicksal des Lehrers begegnen wir in Johann Peter Hasenclevers »Jobs als Schulmeister« aus dem Jahre 1845 (Abb. 112). Das Bild hat seine thematische Grundlage in einem damals in

Abb. 110
Diese Karikatur enthält eine Fülle von Anspielungen auf das Los der Lehrer im 18. und 19. Jh.: Der Lehrer übt nebenbei das Schusterhandwerk aus, weil das Einkommen nicht ausreicht; das Familienleben findet neben dem Unterricht statt, weil die Lehrerwohnung auch als Schulstube dient; auch die Hühner passen ins Bild, denn der Lehrer betreibt nebenbei eine kleine Landwirtschaft. Der wohlbeleibte Pfarrer schließlich vertritt die Obrigkeit, er hat als Vorgesetzter des Lehrers die Schule regelmäßig zu visitieren. Daneben aber können wir hier auch mancherlei Anspielungen auf das Los der Schüler entdecken. (J. Nussbiegel, Antikes Schulwesen, 1825, kolorierte Radierung; Nürnberg, Germanisches Nationalmuseum)

Bürgerkreisen viel gelesenen Versepos, der »Jobsiade«[37]. Er schildert das Leben des hoffnungsvollen Bürgersöhnchens Jobs, der, von seinen Eltern für Höheres bestimmt, nach einem abgebrochenen Studium sich auch eine Zeitlang als Schulmeister versucht.

In dieser Eigenschaft zeigt ihn uns Hasenclever beim Unterricht in einer bescheiden ausgestatteten, ziemlich vernachlässigt wirkenden Schule. In großspuriger Pose, wie die Romanfigur, ist er dabei, mit den Schülern eine banale Leseübung zu zelebrieren. Ohne Zweifel, dahinter steckt ein Stück Spott über jene Lehrer, die auch noch in der Ärmlichkeit der Schulstube ihren Blütenträumen nachhängen und vor dem Forum der Klasse doch noch ihre wahre Größe entfalten können. Mit dieser Interpretation allein wird man jedoch dem Bild noch nicht gerecht. Eine Auseinandersetzung mit den Figuren der Kinder, ihren Mienen, ihrer Haltung und Kleidung, kann uns eine zweite Bedeutungsebene erschließen: Die Kinder repräsentieren in persiflierender Weise Bürger der späten Biedermeierzeit, und der aufgeblasene Lehrer Jobs verkörpert im barocken Stil die Obrigkeit.

Abb. 111
Die Anforderungen des Alltags und die Schwierigkeiten im Unterricht lassen manchen Lehrer hart werden oder resignieren. Sicher greifen viele öfter zum Stock, als ihnen lieb ist. Sie sehen keine andere Möglichkeit, als auf diese Weise die Vorgaben der Lehrpläne und der Schulaufsicht durchzupauken oder mit der Widerspenstigkeit, der Faulheit und den beschränkten Fähigkeiten mancher Schüler fertigzuwerden. (Neukolorierter Holzstich »Eine schwäbische Dorfschule«, 19. Jh., nach einem Gemälde von Julius Geertz, Der Souffleur in der Schule, 1872; Privatbesitz)

Abb. 112
Ein Lehrer, wie er sich abmüht, den Schülern das Lesen beizubringen? Bei näherem Hinsehen entdeckt man eine Reihe von Ungereimtheiten. Was sollen die Theatralik des Lehrers, die festliche Kleidung des Mädchens in der Bildmitte, die Sonnenblume auf dem Revers des kleinen »Napoleon«? (Johann Peter Hasenclever, Jobs als Schulmeister, 1845; Düsseldorf, Kunstmuseum)

Die Bilder von Nussbiegel und Hasenclever sind in ihrem Anspruch und in der Auffassung des Themas Ausnahmen. Die weit überwiegende Zahl der Bildwerke, die sich im 19. Jh. mit dem Los des Lehrers und dem Alltag in seiner Schule befassen, begnügen sich in genrehafter Art mit der Darstellung von Episoden, die den Betrachter weniger zum Nachdenken als zum Schmunzeln anregen wollen. Dabei ist der Konflikt zwischen Lehrern und Schülern ein bevorzugtes Bildthema – die meist harmlosen Bubenstreiche, das Ertappt- und Hereingelegtwerden; ein anderes beliebtes Bildthema ist die Person des Lehrers selbst, seine Verschrobenheit, Vergeßlichkeit, Pedanterie und sein schulmeisterliches Gehabe.

Vier Holzstiche aus illustrierten Publikumszeitschriften mögen in diese genrehafte Auffassung des Themas einen Einblick geben. Wenn ein Lehrer mit dem Stock in der Hand seinen pädagogischen Bemühungen Nachdruck verleiht und ein kleiner Souffleur hinter dem Pult dem Opfer der Strafe zu entgehen hilft (Abb. 111), wenn sich ein Lehrer zur Glättung von Stimme und Stimmung ein Schnäpschen genehmigt (Abb. 113), wenn ein von Schülern rußgeschwärzter Schlüssel den Lehrer in Rage bringt (Abb. 114), dann sind das jene idyllischen Ereignisse und Situationen aus dem Leben der Schule, die dem Betrachter gefallen, weil sie nostalgische Erinnerungen wecken. Man erfährt hier nicht, daß sich die Lehrer mit von der Feldarbeit übermüdeten Bauernkindern abplagen mußten, daß sie in den städtischen Armenschulen hilflos das Elend der Kinder mitansehen und unter oft einfachsten Bedingungen mit unvorstellbar großen Klassen arbeiten mußten, daß die Gemeinden und Eltern es für unnötig hielten, den Kindern Bücher, Tafel und Griffel zu kaufen, daß viele von Ortsgeistlichen bevormundet und ausgenützt wurden. Wir erfahren auch nichts darüber, daß die Lehrer bis in die zweite Hälfte des 19. Jh. am unteren Ende der sozialen Hierarchie des Dorfes angesiedelt waren und in den Gemeinderechnungen bei den niedersten Gemeindediensten geführt wurden, neben »dem Bittel, dem Nachtwächter, dem Hornabsäger und dem Mausfanger«[38]. Und es kommt auch nicht zum Ausdruck, daß Obrigkeit und Teile der Gesellschaft den Lehrerstand in schöner Regelmäßigkeit zum Sündenbock nicht erwünschter politischer Entwicklungen abstempelten. So wurde der Stand der Volksschullehrer von Friedrich Wilhelm IV. für die Revolution von 1848 verantwortlich gemacht, als er den Seminardirektoren erklärte[39]:

> All' das Elend, das im verflossenen Jahre über Preußen hereingebrochen, ist Ihre, einzig Ihre Schuld, die Schuld der Afterbildung, der irreligiösen Menschenweisheit, die Sie als echte Weisheit verbreiten, mit der Sie den Glauben und die Treue in dem Gemüthe Meiner Unterthanen ausgerottet und deren Herzen von Mir abgewandt haben. Diese pfauenhaft aufgestutzte Scheinbildung habe Ich schon als Kronprinz aus innerster Seele gehaßt und als Regent Alles aufgeboten, um sie zu unterdrücken.

Wilhelm II. warf den Gymnasiallehrern 1890 vor, sie hätten nicht genug getan, um das Aufkommen der Sozialdemokratie zu verhindern[40]:

> Wenn die Schule das getan hätte, was von ihr zu verlangen ist (und Ich kann zu Ihnen als Eingeweihter sprechen, denn Ich habe auch auf dem Gymnasium gesessen und weiß, wie es da zugeht), so hätte sie von vornherein von selber das Gefecht gegen die Sozialdemokratie übernehmen müssen. Die Lehrerkollegien hätten alle miteinander die Sache fest ergreifen und die heranwachsende Generation so instruieren müssen, daß diejenigen jungen Leute, die mit Mir etwa gleichaltrig sind, also von etwa dreißig Jahren, von selbst bereits das Material bilden würden, mit dem Ich im Staate arbeiten könnte, um der Bewegung schneller Herr zu werden. Das ist aber nicht der Fall gewesen.

Abb. 113 und 114
Mißtöne beim Gesangsunterricht, Frechheiten der Schüler und dreiste Streiche zerren an den Nerven. Verstohlen greift der Lehrer zur Flasche – und nicht einmal dabei ist er ungestört. (Holzstiche »Einer von den Wenigen, die etwas zuzusetzen haben« und »Wer hat denn das wieder gethan?«, um 1880, beide nach Gemälden von F. Sonderland; Privatbesitz)

Das Los der Lehrer an den höheren Schulen in den Städten, den Schulen für die Kinder der Bürger und den späteren Gymnasien war insgesamt erträglicher als das Los der Lehrer an den Volksschulen und den städtischen Armenschulen. Natürlich mußten auch sie den Spott der Schüler über sich ergehen lassen und bösartige Streiche überheblicher Herrensöhnchen ertragen. Die meisten hatten zudem ihre liebe Mühe und Not, den Schülern das Lernen schmackhaft zu machen, weil viele den Anforderungen einer höheren Bildung nicht gewachsen waren, aber mitgeschleppt werden mußten, weil Stand und Verhältnisse der Eltern den Besuch einer höheren Schule einfach geboten. Manche wohlhabende und einflußreiche Eltern erwarteten vom Lehrer mehr als nur Toleranz gegenüber dem Übermut und der Faulheit ihrer Söhne. Sie erwarteten auch noch Großzügigkeit, wenn es um Zeugnisse ging, und tatkräftige Hilfe beim Sprung über die Hürden der Examina. Angesichts der Abhängigkeiten, in denen die Lehrer damals lebten, müssen solche Erwartungen bedrückend gewesen sein. Wenn man aber bedenkt, daß die Lehrer an den höheren Schulen finanziell deutlich besser gestellt waren als ihre Kollegen an den elementaren Schulen, nicht wie diese mit »Schuldiensten« und Nebentätigkeiten überhäuft waren, eine akademische Ausbildung genossen hatten und damit zu den gebildeten Bürgern zählten, daß sie früh die kirchliche Schulaufsicht losgeworden waren, daß sie sich durch Privatstunden erkleckliche Nebeneinkünfte verschaffen konnten, dann wird verständlich, weshalb mancher Volksschullehrer glücklich gewesen wäre, wenn er mit einem Studienrat oder Gymnasialprofessor hätte tauschen können[41].

In der Malerei wird das Schicksal des Gymnasiallehrerstandes im 19. Jh. vergleichsweise selten aufgegriffen. Wir finden dieses Motiv vorwiegend in der Karikatur und in Illustrationen von Büchern und Zeitschriften. Ein Beispiel dafür ist das Ausziehbild aus einem Verwandlungsbilderbuch von Lothar Meggendorfer (Abb. 115). Es ist auch insoweit kennzeichnend, als es den in diesen Illustrationen bevorzugten Aspekt des Lehrerschicksals widergibt, den täglichen Kleinkrieg zwischen dem Lehrer und den Schülern und die den »Paukern« an der »Penne« eigenen oder auch nur zugeschriebenen Eigenheiten. In der Literatur hingegen sind die Lehrer der höheren Schulen recht häufig beschrieben[42]. Zahlreiche Schriftsteller, bis in unsere Gegenwart hinein, haben in Biographien ihre Lehrer und ihre Schulzeit dargestellt oder in Romanen und Erzählungen verarbeitet. Das Bild, das sich uns dabei bietet, trägt überwiegend negative Züge, ja, man hat nicht selten den Eindruck, daß es sich

Abb. 115
Das 19. Jh. ist sehr erfinderisch in der Entwicklung von beweglichen Bildern, den Vorläufern des Films. Zu ihnen zählen auch die sog. Verwandlungsbilder. Manche waren so konstruiert, daß man durch Ziehen an einer Lasche den Charakter einer Szene verändern konnte: Aus der Perspektive des Schülers sieht man zunächst den Lehrer an der Tafel schreiben, während die Klasse tobt; zieht man an der Lasche, dann tobt der Lehrer, und die Klasse schreibt. (Verwandlungsbild, 1896; Stuttgart, Württembergisches Landesmuseum)

Abb. 116
Das Bild eines Lehrers – in der Sichtweise des malerischen Realismus im 19. Jh. Die eindrucksvolle Gestalt mag den Leser veranlassen, sich auch einmal die Lehrer auf den anderen Bildern genauer anzusehen. (Holzstich »Der Herr Cantor«, nach einem Gemälde; Privatbesitz)

hier um späte Abrechnungen handelt, in denen es manchmal auch am Verständnis fehlt für das persönliche Schicksal des Lehrers und die Zwänge, denen er unterliegt. Hier seien aus der langen Reihe der Schriftsteller, die sich mit ihren Lehrern beschäftigen, nur einige genannt: Theodor Fontane, Rainer Maria Rilke, Thomas und Heinrich Mann, Ludwig Thoma und Hermann Hesse.

Das mühevolle Leben und die Lasten des Berufs haben auch in den Gesichtern der Lehrer ihre Spuren hinterlassen. Hugo Kauffmann hat 1880 in einem Gemälde, das hier als Holzstich widergegeben ist (Abb. 116), einen Lehrer geschaffen, von dem man den Eindruck haben muß, daß er sein Los getragen hat, ohne zu resignieren, daß er trotz der Widrigkeiten des Lebens und der vielen, auch erfolglosen Anstrengungen in seinem Beruf Pestalozzis Grundsatz nicht aufgegeben hat[43]: »Es ist eine Lust trotz allem, was man sieht und hört, immer das Beste zu glauben vom Menschen und obgleich man sich täglich irrt, doch täglich wieder ans Menschenherz zu glauben und Weisen wie Toren, die einen beiderseits irreführen, zu verzeihen.«

Abb. 117
Zur Arbeit ist kein Bub geschaffen,
Das Lernen findet er nicht schön;
Er möchte träumen, möchte gaffen
Und Vogelnester suchen gehn.
(Wilhelm Busch)
Daß die beiden Kinder in Edouard Girardets Bild »Der Gang in die Schule« (1848) keine Begeisterung zeigen, kann man ihnen nachfühlen. Die Düsternis der Schulstube wirkt wenig einladend, ja sogar bedrohlich und beengend neben der sonnigen und offenen Gebirgslandschaft. (Bern, Kunstmuseum)

Schülerlos

Edouard Girardets Bild »Der Gang in die Schule« (Abb. 117) weckt zwiespältige Gefühle. Wir wissen alle, was in der Mutter, vielleicht ist es auch die Großmutter oder eine Magd, und in den beiden Kindern in diesem Augenblick vorgeht. Dazu stehen die Farben, das warme Licht, das romantische Rankenwerk und die Stimmung der Natur in einem merkwürdigen Gegensatz. Sie mildern das Erregende dessen, was hier geschieht und lassen uns dieses Bild erst »schön« erscheinen.

Girardets Gemälde ist ein Musterbeispiel dafür, wie eine bestimmte Gattung der Malerei des 19. Jh., die Genremalerei, das Los der Schüler, aber auch das Los der Lehrer und die Schule insgesamt anzugehen pflegte. Die Ästhetik von Werken dieser Art der Malerei machte sogar in ihrem Kern leidvolle und bedrückende Ereignisse annehmbar. Deshalb konnte sich die Kunst dieser Epoche auch so ausgiebig dem alltäglichen Leben zuwenden, dem Leben der Bauern, der Handwerker, der Kinder und

Abb. 118
Im 19. Jh. werden Zeugnisse und Zensuren in den Schulen allenthalben eingeführt. Jetzt beginnen die Schüler Noten zu fürchten, oder sie können sich von ihnen bestätigt fühlen. (Holzstich »Die gute Censur«, nach einem Gemälde; 19. Jh.; Privatbesitz)

Abb. 119
Es gehört zum Los des Schülers, die Erwartungen des Lehrers und vor allem der Eltern erfüllen zu müssen. Den Schülern zur Mahnung ist in den Deckenbalken der Schule ein Spruch Salomos eingeschnitzt: »Ein weiser Sohn erfreut des Vaters Gemüth«. (Holzstich »Das ist ein Taugenichts«, um 1874; Privatbesitz)

nicht zuletzt auch der Schule. Kaum eine andere Zeit hat das Leben in und mit der Schule ähnlich vielfältig und häufig als Gestaltungsmotiv aufgegriffen. Bemerkenswerterweise haben sich aber nicht die Großen der Kunst oder die Avantgarde diesem Thema zugewandt, es waren vielmehr in der Regel Gegner der traditionellen Akademiemalerei oder spätromantisch-biedermeierliche »Kleinmeister«. Sie haben sich mit ihren Bildwerken zur Schule großer Beliebtheit erfreut.

In Inhalt und Stil trafen sie den Geschmack eines breiten bürgerlichen Publikums, das sich an Bildern mit ländlich-idyllischen Volksschulszenen ergötzte, seine Kinder aber an städtischen Gymnasien unterrichten ließ und selbst keine Volksschule besucht hatte. Der Inhalt und Stil ihrer Bilder entsprach aber auch der Vorstellungswelt vieler Kleinbürger; sie kannten diese Schule aus eigener Erfahrung und konnten in den Bildern Versatzstücke ihrer verklärten Erinnerung genießen.

Während sich freilich das wohlhabende Bürgertum die Wohnungen mit den Originalgemälden schmücken konnte, war das weniger begüterte Kleinbürgertum auf zeitgenössische Reproduktionen angewiesen. In den verschiedenartigsten Publikumszeitschriften, in Bilderbogen und Bildermappen wurden solche Themen in Form von Holzstichen, Stahlstichen und Lithographien einem breiten Publikum zugänglich gemacht. Eine Reihe davon wurde auch in dieses Buch aufgenommen. Dazu gehören u. a. die Holzstiche in den Abb. 118–121, die sich in eben dieser genrehaften Weise mit dem Schülerlos befassen.

Eine andere, weit weniger idyllische Sichtweise des Lebens in der Schule im 19. Jh., die der Kunst dieser Zeit noch weitgehend verschlossen war, teilt sich uns in späteren, retrospektiv angelegten Zeugnissen der Literatur und in zeitgenössischen Schriftdo-

kumenten mit. Ein geradezu erschreckendes Bild vom Schülerlos hat der 1881 geborene Schriftsteller Leonhard Frank in einem autobiographischen Roman gezeichnet[44]:

> Die große Not, herzabdrückend und die Seele verwundend, begann für Michael erst in der Schule.
> Der Schlag ins Gesicht, dem ein viele Sekunden währender Wutblick des Lehrers in die Augen des hypnotisierten Schülers voranging, und die mit vollster Wucht verabreichten Hiebe mit dem Rohrstock, daß Fingerspitzen und Handballen blau anliefen, auf den Hintern, daß die Striemen schwollen, rotviolett und dick wie Würmer, waren nicht das Ärgste, das der Volksschullehrer Dürr seinen vierzig Prügelknaben zufügte. Das Ärgste war die Angst. Seine Erziehungsmethode war, die Knaben in Angstbesessene zu verwandeln. Das Schulzimmer war mit Angst geheizt. Angst war nachts der Trauminhalt seiner Schüler.

Franks Romanfigur überlebt diese Schule, aber nicht ohne Schaden:

> Michael, ein empfindsamer Knabe, der vor der Schulzeit fließend gesprochen und unter dem Hammer des Lehrers plötzlich gestottert hatte, ein Leiden, das er erst nach Jahrzehnten wieder überwand, wurde nicht mehr aufgerufen, da er so dumm sei, daß nichts von ihm kommen könne und sowieso nie im Leben etwas aus ihm würde. Der Lehrer hatte den Stotterer in die letzte Bank gesetzt, ihn allein. Nur zur Belustigung der Klasse rief er ihn noch manchmal auf, und sie durften zusammen mit dem Lehrer über Michael lachen, wenn er seine falsche Antwort stotternd herauspreßte.
> Als Michael nach sieben Jahren die Schule verließ, war er ein schwerverwundeter Junge ...

Sicher ist Franks literarische Verarbeitung sehr subjektiv gefärbt und geht auf Erfahrungen zurück, die in dieser Härte für die Schule im zu Ende gehenden 19. Jh. nicht repräsentativ sein dürften. Wir können getrost davon ausgehen, daß es auch damals verständnisvolle und gütige Lehrer gegeben hat, bei denen sich die Schüler wohlfühlten und die ihnen auch etwas bedeuteten; in der Literatur ist davon allerdings nur selten die Rede. Das Los der Schüler, die Lasten und die Freuden mit der Schule,

Abb. 120
Die Art und Weise, wie diese Schüler mit ihrem Los fertigwerden, paßt ganz gut in die von den Genremalern gepflegte Weltsicht. Das gleiche gilt für den Spruch auf der Tafel über der Tür:
»Wenn das Huhn frißt vor dem Hahn
und die Frau sprechet vor dem Mann
so soll man das Huhn sieden und braden
und die Frau wohl mit Schlägen beladen.«
(Holzstich »Durchbrenner«, 19. Jh.; Privatbesitz)

Abb. 121 und 122
Strafen gehören zur Schule: »Die geschärfte körperliche Züchtigung besteht 1. in Schlägen mit einem dünnen, etwas biegsamen, knotenfreien Stöckchen von mäßiger Länge auf die innere Fläche der Hand ... oder 2. in Schlägen mit einem ebensolchen Stöckchen auf das nicht entkleidete Gesäß mit Vermeidung des Kreuzes, deren Anzahl nicht über acht betragen darf« (Württ. Ministerialverfügung 1880). (Holzstich »Heilsame Verwendung des Haselnußstokkes in der Schule«, um 1883, nach einem Gemälde von F. Sonderland; Privatbesitz. J. T. Lieber, Die Strafe, 19. Jh.; Privatbesitz)

werden erfahrungsgemäß auch nicht allein durch die Persönlichkeit des Lehrers bestimmt. Es ist die Schule selbst mit ihren Vorgaben, Regeln, Lebensformen und es sind nicht zuletzt die Mitschüler, die das Erleben von Schule prägen. Das findet sich auch in den Bildern wieder.

Die Kinder mußten schon vom ersten Schultag an erfahren, daß die Schule von ihnen Leistungen verlangt, denen man sich nicht entziehen kann. Für den kleinen Jungen in Vautiers Bild (Abb. 119) ist es ersichtlich deprimierend, daß der Lehrer vor der Klasse seiner Mutter erklärt, er sei ein Taugenichts, vielleicht fürchtet er schon die Folgen in Gestalt des väterlichen Strafgerichts, oder es bedrücken ihn – wie es heute eher die Regel sein dürfte – Schuldgefühle, weil er spürt, daß er seine Eltern enttäuscht hat. Der Junge auf dem Bild von L. Tannert (Abb. 118) hat dagegen offensichtlich allen Grund, auf sich selbst stolz zu sein, als er sein Zeugnis zuhause präsentieren kann. Er weiß, daß seine Eltern mit ihm zufrieden sein werden.

Charakteristisch sind diese beiden Bilder aber auch noch unter einem anderen Aspekt. Im 19. Jh. bekommen in Staatsverwaltung und Wirtschaft bei der Auswahl von Stellenbewerbern Bildung und Schulleistung ein immer größeres Gewicht gegenüber Stand und Herkunft. Jetzt erst werden Noten und Zeugnisse zu einem vom Staat verordneten Bestandteil des schulischen Alltags und damit zu einer schicksalhaften Größe im Schülerleben[45]. Neben Lob und Tadel, Honiglöffel und Stock, die klassischen Erziehungsinstrumente der Schule, treten Zeugnisse und Zensuren. Ihre Bedeutung im 20. Jahrhundert ist uns allen bekannt.

Ein in Bild- und Literaturdokumenten aller Epochen häufig bearbeitetes Thema des Schullebens ist das Strafen und das Bestraftwerden. Das kann nicht nur daran liegen, daß sich erlebte Schulstrafen und erlittene Strafangst tief in unser Bewußtsein eingegraben haben. Wahrscheinlich hat es auch damit zu tun, daß kaum jemand die

Erfahrung erspart bleibt, als Erzieher strafen zu müssen, obwohl er das »Leidzufügen« innerlich ablehnt. Vermutlich wird in vielen Bildern dieser Konflikt verarbeitet.

Was uns heute an Dokumenten über das Strafen in der Schule entsetzt, ist die Grausamkeit, mit der bis vor wenigen Jahrzehnten die Schüler auch körperlich gezüchtigt wurden. Der Einfallsreichtum von sadistischen oder nur verzweifelten Lehrern und solchen, die es einfach nicht besser wußten, war fast unvorstellbar. Die Palette der Körperstrafen reichte vom Züchtigen mit Ruten, Riemen, Peitschen und Stöcken auf das entblößte Gesäß über stundenlanges Stehen oder Eingeschlossensein bis zum Knien auf Dreikanthölzern und Erbsen[46]. Es ist ein Segen, daß Angst vor Prügel und Mißhandlungen durch Lehrer inzwischen der Vergangenheit angehören. Vielleicht hatte die Brutalität vieler Lehrer etwas mit ihrem eigenen Los zu tun.

Zwei auch kulturhistorisch interessante Bildbeispiele über das Verständnis von Körperstrafen in der Schule haben wir in Abb. 121 und 122 vor uns. Beide Bilder sind im Motiv und Bildaufbau identisch. Der 1889 in einer illustrierten Zeitung publizierte Holzstich wurde nach einem Gemälde des Düsseldorfer Malers F. Sonderland (1836–1896) gestochen. Das in einigen Einzelheiten anders gestaltete Ölgemälde (Abb. 122) trägt die Signatur J. T. Lieber und dürfte gegen Ende des 19. Jh. gemalt worden sein. Es liegt nahe, anzunehmen, daß Lieber den Holzstich aus der illustrierten Zeitung als Vorlage verwandt hat.

Dieser Entstehungszusammenhang zeigt uns einerseits, wie beliebt solche Motive im 19. Jh. gewesen sein müssen und wie sie verbreitet wurden. Andererseits aber macht er uns auch bewußt, daß man die im Bild dargestellte Strafe damals keineswegs für bedenklich oder gar verwerflich hielt. Im Gegenteil, ganz im Geiste des 19. Jh. wird sie – entgegen den Ratschlägen der Philantropen – in der Bildunterschrift des Holzstichs pädagogisch ausdrücklich gebilligt als »Heilsame Verwendung des Haselnußstockes in der Schule«. Die gleiche Haltung zur Strafe in der Schule spricht auch aus Bild und Text der Seite mit dem C aus einem ABC-Büchlein von 1868, das Vorschulkindern einen Karzer und seine Bestimmung zeigt (Abb. 123). Dem 19. Jh. muß man dabei aber zugute halten, daß die Schulverwaltung über Verordnungen zumindest versucht hat, der Lehrerwillkür beim Strafen und den schlimmsten Entgleisungen einen Riegel vorzuschieben.

Abb. 123
Eine Seite aus einem ABC-Büchlein für »muntere Knaben und Mädchen« (1868). Die Bilder und Texte befassen sich mit der Schule und dem Leben der Schüler. In solchen Büchern lernen Kinder im Vorschulalter nicht nur das ABC, sie werden auch auf die Anforderungen der Schule vorbereitet. (Stuttgart, Württembergisches Landesmuseum)

Abb. 124
Zwischen dem Kaminfeger und der Schuljugend gibt es im 19. Jahrhundert einen ständigen Kleinkrieg. Die Schüler treiben mit dem Schwarzen Mann ihren Spott: Kaminfeger kreideweiß, hat ein Säckchen voller Läus'... In diesem Bild aus einem Kinderbuch ist der Kaminfeger am Zug – aber nicht um sich zu rächen. Der Schüler hat sich auf dem Weg zur Schule verspätet und den Kaminfeger fast niedergerannt. Der gibt ihm einen Denkzettel. (J. Mukarovsky, Kaminfeger; Chromolithographie, 1898; Stuttgart, Württembergisches Landesmuseum)

Wie heute noch war auch damals das Verhältnis der Schüler untereinander ein prägendes Element im Leben mit der Schule. Aus dem 19. Jh. sind uns zahlreiche Bilder überliefert, in denen gemeinsame Schülerstreiche, Raufereien und Szenen, bei denen Schüler ihre Lehrer überlisten, mit einem Unterton von Verständnis und Schadenfreude dargestellt sind.

Der Holzstich »Durchbrenner« (Abb. 120) ist dafür ein typisches Beispiel. Für die Freunde der Genremalerei muß dieses Bild eine wahre Augenweide gewesen sein, weil hier alles zusammenstimmt, die dörfliche Idylle, die Schule in dem rebenumrankten und mit Schnitzereien verzierten Fachwerkhaus, die Schuhe vor der Tür, die beiden Schüler, die sich davonstehlen und ihre Leidensgenossen, die dazu den Mut nicht aufbringen, aber mit Staunen und Bewunderung zusehen.

Die Schule wird hier für die Schüler zum gemeinsamen Schicksal, das sich, wenn man zusammenhält, mutig genug ist und alle Listen kennt, durchaus meistern läßt und im nachhinein auch ganz erträglich erscheint. Davon ist auch etwas in Gotthard Kühls Bild »Die Nachsitzer« (Abb. 125) zu spüren, wenngleich hier die Situation der beiden Schüler schon sehr realistisch gesehen ist.

Wenn man sich von den Bildern der Genremalerei im 19. Jh. leiten läßt, dann gewinnt man den Eindruck, daß das Leben der Schüler, trotz mancher Raufereien vor und nach dem Unterricht im Grunde von Zusammenspiel und Friedfertigkeit untereinander geprägt war. Daß sich Schüler – wie auch noch heute – oft brutale Rangkämpfe lieferten und sich durch Konkurrenz, Bosheiten und Schadenfreude gegenseitig ihr Los schwer gemacht haben, ist in Bildern selten zu sehen. Das ist auch verständlich – niemand erinnert sich gerne daran.

Abb. 125
Ganz anders als wir es von der Genremalerei kennen, läßt uns der Maler Gotthard Kühl Anteil nehmen am Schicksal zweier Schulbuben. Die beiden haben wohl eine Strafe abzusitzen und dabei Aufgaben zu machen. Der kleinere Junge hat dem größeren Leidensgenossen seine Arbeit gereicht und wartet auf dessen Urteil. Dieser schaut wie abwesend über das Blatt hinweg. Der Mischung aus Einsamkeit, Langeweile und Melancholie könnten Haltung und Gesten der beiden kaum besser Ausdruck verleihen. Das Barockporträt an der Wand, die bleigefaßten Scheiben und die beiden Topfpflanzen auf der Fensterbank wollen zu der üblichen Schulsaalatmosphäre nicht passen; das hohe Bildformat und der eigentümliche, fast brutale Bildausschnitt verstärken noch den Eindruck der Isolierung. Zu seinem Thema ist der Maler wahrscheinlich auf einer seiner Studienreisen in die Niederlande angeregt worden. Einige Hinweise sprechen dafür, daß es sich bei dem Raum um den Schulsaal einer Waisenhausschule dieses Landes handelt. (G. Kühl, »In der Schulklasse«, um 1886; Bremen, Kunsthalle)

Abb. 126
Ein Schulschluß wie im Bilderbuch! Die Kinder sind adrett gekleidet und wirken wohlerzogen. Ein freundlicher Blick der Lehrerin begleitet sie auf ihrem Heimweg. – Die Kleidung und die Kopfbedeckungen der Kinder wirken merkwürdig uneinheitlich und geben uns keinen Hinweis, wo sich das abspielt. Das ist nicht ungewöhnlich. Bilderbücher waren im 19. Jh. oft von vornherein so angelegt, daß sich Käufer in ganz Europa mit ihren Bildern identifizieren konnten.
(J. Mukarovsky, Letzter Schultag, Chromolithographic, 1898; Stuttgart, Württembergisches Landesmuseum)

Die Schule ist aus!

Ein im Leben der Schule alltägliches und gleichwohl immer wieder ungeduldig erwartetes Ereignis ist das Zeichen der Glocke, das den Unterricht beendet. Beim Verlassen der Schule spiegeln sich Erleichterung und Freude in den Gesichtern der Kinder; und die Lehrerin, die ihren Schülern aus dem Fenster der Klasse nachschaut (Abb. 126), macht auch nicht gerade einen betrübten Eindruck. In diesem Bild empfindet man die süßliche Gestaltung kaum noch als störend; sie paßt zu der Vorstellung, die man in Bürgerkreisen des 19. Jh. von feiertäglicher Stimmung hatte.

In der ersten Hälfte des 19. Jh. trat neben die herrschende Kunstauffassung, der es vor allem um die Darstellung erhabener Gedanken oder heroischer Taten ging, eine neue künstlerische Leitidee. Ihre Vertreter setzten sich bewußt in Gegensatz zu jener oft phrasenhaft übersteigerten Malerei, die an den Kunstakademien gepflegt wurde, und suchten die »Wahrheit« im Natürlichen, in der Einfachheit und Schlichtheit, wie sie sie im Alltagsleben und in der Natur zur Erscheinung kommen sahen[47]. Ein Bereich, der solchen Vorstellungen besonders nahestand, war – neben der Landschaft und den Stilleben, der Welt der Bauern und der einfachen Bürger – vor allem auch das Leben und Wesen der Kinder. Und wo könnte man Kinder – und zwar nicht die überformten und schon zurechtgebogenen Söhne und Töchter der höheren Stände, sondern die einfachen Bauern- und Bürgerkinder – in ihrer Natürlichkeit besser erleben als da, wo sie aus der Zucht und Aufsicht der Erwachsenen entlassen waren? Der Heimweg von der Schule, diese Zeitspanne, in der man dem Lehrer entronnen, aber noch nicht wieder einbezogen war in die Zwänge häuslicher Hilfen und Verrichtungen, war sicher für viele Buben und Mädchen damals eine der wenigen Gelegenheiten, ihren kindlichen Bedürfnissen gemäß ihre Kindheit zu leben. Und so sahen die Maler das offenbar auch; denn sehr häufig haben sie Geschehnisse, die sich auf dem Heimweg zutrugen, auf die Leinwand gebracht. Bei vielen von diesen Bildern muß man schon genau hinsehen, um zu erkennen, daß es sich um Szenen auf dem Schulweg handelt. Die Kinder tragen ihre Schulsachen mit sich herum und geben sich ohne sonderliche Eile ihren Beschäftigungen hin – ja, man hat zuweilen den Eindruck, als wollten sie die Zeit der Freiheit, der Anregungen und der Abenteuer ausdehnen, um sie möglichst lange zu genießen.

Auf dem Heimweg von der Schule finden sich Freunde, mit denen man all das probieren kann, was man alleine oder unter den Augen der Erwachsenen kaum wagen würde. Den beiden Rauchern (Abb. 127) stehen die Gefühle fast ins Gesicht geschrie-

Abb. 127 und 128
Wenn die Schule aus ist, geht das Lernen weiter. Schüler lernen eben mehr und auch anderes, als Lehrpläne vorschreiben und Eltern manchmal lieb ist.
(Holzstiche »Aller Anfang ist schwer«, um 1895, und »Aus der Schulzeit« von E. Schulz, 1876; Privatbesitz)

Abb. 129
Nach der Schule beginnt für viele Kinder ein oft langer und beschwerlicher Heimweg. In Gesellschaft mit anderen ist das leicht zu ertragen. Streitereien nimmt man lieber in Kauf als allein zu sein. (Holzstich »Heimkehrende Schuljugend«, 19. Jh.; Privatbesitz)

ben. Die Angst, erwischt zu werden, ist zurückgetreten. Der eine wartet nur darauf, zu sehen, ob und wie der erste Zug bekommt, der andere folgt ergeben den Anweisungen des »Könners« und fragt sich noch, wo denn der Genuß zu finden sei. Auf dem Heimweg von der Schule ergeben sich auch Gelegenheiten, Gefühle zu zeigen, ohne von anderen verlacht zu werden (Abb. 128).

Natürlich gab es hin und wieder auch Anlaß zu Ärger. So mußte das Frankfurter Polizey-Amt 1816 die Schuljugend unter Androhung von Strafen zur Ordnung rufen[48]:

Der ausgelassene Muthwillen und Unfug, welchen die Knaben auf den Straßen besonders nach den Schulstunden verüben, hat bisher den allgemeinen Unwillen erregt, und die lautesten Beschwerden veranlaßt.

Ihr Herumlaufen, Schreyen und Lermen, hauptsächlich auch das Werfen mit Steinen, womit sie nicht selten sich und andere beschädigen, oder, wenn sie gar in ganzen Haufen gegen einander über stehen, und unter Nachäffung des Kriegs, mit Steinen und hölzernen Waffen auf einander losgehen, sind ihre gewöhnlichsten Unarten, die schon lange jedermann zur größten Belästigung und Aergerniß gereicht haben.

Zuweilen treiben sie es auch gar so weit, daß sie Feuer auf den Straßen in entlegenen Gegenden anmachen, kleine Schießgewehre loszünden, und in Meßläden nach der Messe einsteigen, sie aufbrechen, und dadurch deren Eigenthümern auf mancherley Art Schaden zufügen.

Eben dahin gehört auch ihr Schaukeln auf den Ketten an den Einfassungs-Steinen um die Allee auf dem Roßmarkte und an Privathäusern, wodurch sie nicht nur die Steine nach und nach zersprengen, sondern sich auch selbsten Leibes- und Lebensgefahr aussetzen ...

Unter diesen Umständen sieht sich das Polizey-Amt bewogen, seine Pflichten nachdrücklich eintreten zu lassen, und noch strengere Mittel als bisher anzuwenden, um einen so tief eingerissenen Unfug abzustellen, und noch größerer Verwilderung für die Zukunft vorzubeugen.

Der Holzstich »Heimkehrende Schuljugend«, der ein Gemälde von Gertrud Knobloch zur Vorlage hatte, wendet sich wie üblich einer ländlichen Situation zu (Abb. 129)[49]. Das ferne Dorf und der Zusammenhalt der Gruppe aus so unterschiedlichen Kindern verweist uns durchaus realitätsbezogen auf eine Erfahrung des Schulwegs, die der Jugend heute so erspart bleibt – für viele Jungen und Mädchen auf dem Land war der Schulweg sehr lang, mühselig und nicht selten auch recht gefährlich.

Abb. 130
Die Freude der Kinder beim Verlassen der Schule ist unübersehbar, auch wenn der Lehrer nicht wie ein böser Pauker wirkt. Der alte Mann vor dem Rosenbusch bildet in seiner gelassenen freundlichen Haltung einen reizvollen Kontrast zur überschäumenden Jugend, die in vielen Verhaltensformen sich Luft verschafft – im Hüteschwenken, Raufen, Drängen und Lachen. Der Busch mit den weißen Rosen kann wie ein Symbol für dieses unschuldig kindliche Treiben gesehen werden. (F. G. Waldmüller, Nach der Schule; 1841; Berlin, Nationalgalerie)

Abb. 131
»Die Erfahrungen des vergangenen Jahrhunderts haben uns gelehrt und lehren es immer mehr, daß die Pflege des gedächtnismäßigen Wissens, das nur zu sehr den Geist unserer allgemeinen Volks- und höheren Schulen beherrscht, nicht zu jener Volks- und Menschenbildung führt, welche die modernen Staaten von Tag zu Tag nötiger haben« (Georg Kerschensteiner, 1912). Vielleicht sollte dieses Bild auch dazu aufrufen, solche Ideen in der Praxis wirksam werden zu lassen. (Ernst Würtenberger, Auf der Schulbank/Der Nachsitzer, 1909; Karlsruhe, Staatliche Kunsthalle)

Spuren in die Gegenwart

as Lehren und Lernen an den Schulen im 20. Jahrhundert kennen wir aus eigener Anschauung. Hier können wir uns ein eigenes Bild machen. Wir haben alle erlebt und erfahren, was die Schule in diesem Jahrhundert bedeutet, wie sie uns geprägt hat, wie sie in unseren Alltag und das Leben unserer Kinder hineinwirkt, wie sich die Gesellschaft und die Politik mit ihr auseinandersetzen und wie sie sich verändert[1], und wir können selbst sehen, wie sie in die Kultur unserer Zeit verwickelt ist, wie sie sich dieser stellt oder entzieht und wie sie diese lehrend überliefert.

Obwohl wir offenbar über reiche eigene Erfahrungen verfügen und die neuen Medien dieses Jahrhunderts, Photographie, Film und Video, massenhaft und unmittelbar Szenen aus dem Schulalltag festgehalten haben, kann für uns auch heute noch das vom Künstler gezeichnete Bild aufschlußreich sein. Denn solche Bilder sind Ergebnis einer mehr oder weniger bewußt ablaufenden Wechselwirkung von persönlicher Verwicklung, ästhetischem Bewußtsein und künstlerischen Auffassungen vor dem Hintergrund des allgemeinen Zeitgefühls.

Im Jahr 1909 hat Ernst Würtenberger (1868–1934) das nebenstehende Bild »Auf der Schulbank (Der Nachsitzer)« gemalt (Abb. 131). Ein Junge mit rötlich-blondem Schopf, in einer dunklen Jacke und mit derben Schuhen an den Füßen sitzt alleine im Klassenzimmer und schreibt aus einem Buch ab, dessen dunkler Einband, Format und bräunlicher Schnitt an eine Bibel erinnern. Wuchtig und klobig wirken die beiden Schulbänke trotz ihrer blaßbraunen Farbe. Die Art, wie die Bretter derb verzinkt und die Tintenfässer ohne Einfassung und Deckel in die Tischplatte eingelassen sind, verstärkt den Eindruck des Ungefügen – und der Maler hat ihn noch betont durch die schwarze Konturlinie und die schmutzig-braunen Schattenflächen. Außer einem Stück Papier auf dem Boden ist sonst nichts zu sehen. In dieser Öde kann der Betrachter, der wie ein übergroßer Lehrer von schräg oben auf Schüler und Bank herabschaut, die Stille fühlen, die nur vom Kratzen der Stahlfeder auf dem Papier durchbrochen wird. Der Maler verhehlt sein Mitleid mit dem einsamen Nachsitzer nicht. Es ist, als wolle er den Zwiespalt zwischen den Praktiken der Schule und den Bedürfnissen des Kindes herausstellen.

Das Bild ist in einer Zeit entstanden, die von vielfältigen reformpädagogischen Ideen bewegt war. Sie alle wollten weg von den Methoden der überlieferten »Pauk- und Buchschule«, hin zu einem kindgemäßen und lebensnahen Lernen in einer natürlichen Gemeinschaft von Schülern und Lehrern. Würtenberger, dem späteren

Lehrer an der Karlsruher Kunstakademie, waren die in der »Pädagogischen Bewegung« und in anderen kulturellen Strömungen um die Jahrhundertwende aufkommenden Schulreformideen sicher bekannt[2]. Er kannte die Losung vom »Jahrhundert des Kindes«, das Gedankengut der Kunsterziehungsbewegung, und er wußte auch, was die aufgeschlossenen Menschen dieser Zeit umtrieb. Möglicherweise wollte Würtenberger – ähnlich wie der Pestalozzianhänger Anker mit seiner »Dorfschule von 1848« (Abb. 90) – durch die Darstellung der alten Schulpraxis die Notwendigkeit ihrer Reform im Interesse der Kinder unterstreichen.

Auch sein Schüler Karl Hubbuch (1891–1979), ebenfalls Maler an der Karlsruher Akademie, hat sich im 20. Jh. diesem Thema gewidmet. Der Ausschnitt, den Hubbuch für sein Bild »In der Volksschule« (Abb. 132) gewählt hat, befremdet auf den ersten Blick: Wir erfahren nichts über das eigentliche Geschehen in der Klasse, über ihre Ausstattung, die Zahl der Schüler oder über den Lehrer. Sechs Jungen stehen stellvertretend für die gesamte Klasse. Der gleiche Anteil an der Bildfläche, der der eigentlichen Schulstube zukommt, wird dem Blick nach draußen gewidmet – durch riesige Fenster, die in ihrer ungeteilten Form den Baustil unserer Zeit vorwegzunehmen scheinen.

Mit Hilfe dieses Kunstmittels gibt uns der Maler einen Interpretationshinweis. Kein Fensterkreuz verstellt den Blick auf die Häuserzeile gegenüber, die uns mit Detailtreue geschildert wird. Vor der Formenvielfalt der Gauben, dem reichen Zierrat um Erker und Fenster und dem Einfallsreichtum der Fassadengliederungen wirken die Schüler in den einförmigen Bänken, mit dem gleichgerichteten Blick und den gekreuzten Armen leblos und stereotyp. Was muß das für ein Unterricht sein, wenn der Maler mehr gefesselt wird durch die Straßenarchitektur, die er durch das Fenster wahr-

Abb. 132
In den 20er Jahren gibt es eine Reihe von Malern, die – geprägt durch den Ersten Weltkrieg und seine Folgen – sich kritisch mit den Realitäten des Alltags auseinandersetzen. Zu ihnen zählt Karl Hubbuch. In seinem Bild »In der Volksschule« (1923) sieht man mehr von den Häusern an der Straße als von der Schule. (Aquarellierte Zeichnung; Privatbesitz)

nimmt, als durch das Geschehen und die Menschen in der Klasse, wenn er sich damit begnügen kann, durch sechs Schüler das Leben der ganzen Klasse zu charakterisieren? Soll das etwa heißen, man pflege auf die Gestaltung der Häuser mehr Phantasie zu wenden als auf die Bildung der Kinder?

Etwa drei Jahrzehnte später finden wir ein Bild, dem eine ganz andere Kunstauffassung zugrunde liegt (Abb. 133). Als sich nach dem 2. Weltkrieg wieder ein freies Kunstleben entfalten konnte, nahmen die Künstler, die so lange von der internationalen Kunstentwicklung abgeschnitten waren, die künstlerischen Errungenschaften aus dem ersten Drittel des Jahrhunderts – Abstraktion, Kubismus, Konstruktivismus, Surrealismus – begierig wieder auf. Angesichts der vielfältigen Möglichkeiten, die sich hier boten, war es dann auch nicht verwunderlich, daß diese neuen Gestaltungsprinzipien die Malerei in Europa lange Zeit in vielen Spielarten bestimmten. Einen Künstler wird es gewiß gereizt haben, zu zeigen, wie auch mit eher starr wirkenden, geometrischen Elementarformen ein lebendiger Bewegungsfluß zu gestalten ist. Wenn der Lehrer die letzte Stunde überzogen hat und die Schüler fürchten müssen, die Bahn nicht mehr zu erreichen, dann stürmt alles aus dem Schulhaus heraus, und die beim Stillsitzen aufgestaute Energie macht sich Luft im Dauerlauf. Eine solche oder eine ähnliche Beobachtung mag Heribert Losert (geb. 1913) das Motiv zu seinem Aquarell »Laufende Schulkinder« (1964) vorgegeben haben. Während das Tempo der Rennenden im Wechsel heller und dunkler Flächen, in sich auflösenden Konturen oder

Abb. 133
Für Heribert Losert, den Maler des Aquarells »Laufende Schulkinder« (1964) waren formale Probleme bei der Wahl und Gestaltung des Motivs bestimmend: »So schien mir das Kind, vor allem auch sein Tun während der Schulzeit, wie Schreiben und Lesen oder auch Turnen und Spiel, für bildliche Darstellungen in der von mir stets als notwendig erachteten Übersetzung und der sich daraus ergebenden flächigen Stilisierung als Thema besonders geeignet« (H. Losert an die Verfasser, 1985). Dennoch spürt man noch etwas von jenem Zeitgefühl, das die 60er Jahre kennzeichnete. (Kirchheim u. d. T., Museum im Kornhaus)

in der aufgerissenen Farbstruktur seinen formalen Ausdruck findet und das Dunkel von der rechten Bildhälfte in die Helligkeit nach links hin zu drücken scheint, wird der Vorstellung von Dynamik durch das aggressiv wirkende Rot der oberen Bildzone Nachdruck verliehen. Daß der Maler die Schüler ins Licht laufen läßt, betont den Eindruck von Vitalität, Lebensfreude und Optimismus, den dieses Bild ausstrahlt. Vor dem Lebensgefühl seiner Entstehungszeit, dem noch immer blühenden Wirtschaftswunder und dem Zukunftsglauben der 60er Jahre, wird das Bild zur Metapher: Diese Schüler haben das Gefühl, daß es vorwärts geht.

Der niederländische Maler Co Westerik (geb. 1924) läßt sich mit seinem Werk kaum eindeutig einer Richtung der modernen Malerei zuordnen; viele seiner Bilder werden aber mit dem »magischen Realismus« in Verbindung gebracht. In dem Bild »Schulmeister mit Kind« aus dem Jahr 1961 (Abb. 134) ist die Symbolik verhaltener als in den meisten anderen seiner Gemälde, aber die Mehrdeutigkeit des Ausdrucks ist auch hier unübersehbar.

Dicht vor der Klinkerwand einer – wahrscheinlich modernen – Schule, ganz nah an den Betrachter herangerückt, steht die Halbfigur eines Lehrers. Der Schüler ist in Schulterhöhe vom unteren Bildrand überschnitten, so daß sich der Blick ganz auf sein Gesicht konzentriert. Die beiden Gestalten bilden in ihrer aufgedunsen wirkenden Körperlichkeit einen herben Gegensatz zu den klaren, glatten Rechtecken der Backsteinmauer. Mit aufgerissenen Augen, offenem Mund und Tränen auf den Wangen steht das Kind da. Sein verstörter Blick ist – vom Lehrer abgewandt – aus dem Bild herausgerichtet. Der Lehrer schaut nicht den leidenden Schüler, sondern den Betrachter mit blassen, kalten Augen an. Die mächtige fleischige rechte Hand legt er dem Jungen auf den Kopf – eine tröstende, beschützende Geste, aber in Verbindung mit

Abb. 134
»Die Jugend ist in der Ehrfurcht vor Gott, im Geiste der christlichen Nächstenliebe, zur Brüderlichkeit aller Menschen und zur Friedensliebe, in der Liebe zu Volk und Heimat, zu sittlicher und politischer Verantwortlichkeit, zu beruflicher und sozialer Bewährung und zu freiheitlicher demokratischer Gesinnung zu erziehen« (Verfassung des Landes Baden-Württemberg).
(Co Westerik, Schulmeister mit Kind, 1961; Privatbesitz)

Abb. 135
Eine moderne Schule unserer Zeit. Nachdem man die Funktionalität des Raumes festgestellt hat, geht man die Reihen durch, um zu sehen, wie sich die Kinder fühlen. (Peter Tillberg, Wirst Du wohl mal Nutzen bringen, Kleiner? 1971/72; Stockholm, Moderna Museet)

dem Griff seiner Linken entsteht der Eindruck, als sei der Kopf des Kindes eingespannt in eine Zange. Die Geste ist so ambivalent wie das Schwarz seiner Kleidung – vornehm, drohend, oder soll es an das Demutsgewand des Priesters erinnern? Und dann das am Kragen haftende Barett, es wirkt wie der Deckel eines Gefäßes, der gleich zuschnappen wird.

Westeriks »Schulmeister mit Kind« macht den Betrachter in einer eigentümlichen Weise betroffen. Es geht hier wohl nur vordergründig um das Verhältnis zwischen dem Lehrer und seinem Schüler, zumal eine auf den Lehrer bezogene Deutung des Vorgangs nicht gelingen will, denn sein Gesicht zeigt keinerlei Gefühle und keine persönlichen Züge. Der Schulmeister wirkt hier wie die Verkörperung der Institution Schule, die wesenlos und unpersönlich, übermächtig und undurchschaubar zugleich den Schüler in ihre Obhut nimmt und fest im Griff hat.

Der schwedische Maler Peter Tillberg (geb. 1946) führt uns mit seinem Bild »Wirst du wohl mal Nutzen bringen, Kleiner?« von 1971/1972 in einen modernen Schulsaal (Abb. 135). Er hat ihn streng zentralperspektivisch konstruiert mit einem Fluchtpunkt, der nur wenig aus dem Bildzentrum nach links verschoben ist. In dem hellen Quader folgt alles, was sich in die Tiefe erstreckt, unmittelbar den Fluchtlinien: die Milchglaskugeln der Lampen sind an ihnen aufgereiht, und die Schüler sitzen diszipliniert an den Einzeltischen, die so exakt hintereinanderstehen, als könne kein Mutwille, aber auch keine pädagogische Maßnahme diese Ordnung je stören. Durch den weiten Winkel der Perspektive wirken die hinteren Schüler unendlich fern und doch hat der Lehrer alle im Blick.

Die Pinnwand mit den Schülerbildern, das Regal und das Bild unterstreichen mehr das Funktionale des Raumes, als daß sie ihn beleben. Gerade das kleine Bild, das fast

143

Abb. 136
Viele Lehrer kennen das Dilemma, das Hanefi Yeters »Analphabeten in zwei Sprachen« (1978) zum Ausdruck bringt. Und mancher von ihnen versucht, hier zu helfen – so gut es geht, auch wenn ihm die Öffentlichkeit nicht immer Beifall zollt. (Berlin, im Besitz des Künstlers)

verloren an der großen kahlen Fläche der Rückwand hängt, verdeutlicht das Hoffnungslose des Versuchs, den ästhetischen Bedürfnissen der Kinder entgegenzukommen. Auch wenn der Himmel und die Landschaft draußen dem kühlen Grau des Raumes keine andere Farbe entgegensetzen, bilden die Wolkenballen und die Schatten der Gebüsche draußen einen fast lebendigen Kontrast zu den geometrischen Formen im Inneren – aber die Fenster haben keine Griffe zum Öffnen. Es fällt schwer, sich das Verhalten der Schüler in diesem Raum anders vorzustellen, als sie es im Bild zeigen; die stumpfe Aufmerksamkeit, mit der fast alle dem Geschehen folgen, das sich an der Tafel abzuspielen scheint, paßt zu ihrer Umgebung. In Tillbergs Schule ist alles wohl geordnet; das Lernen folgt unterrichtsökonomischen und fachlichen Prinzipien, aber soziale, praktische oder ästhetische Erfahrungen bleiben auf der Strecke: Wirst Du wohl mal Nutzen bringen?

Zur Auseinandersetzung mit einem Stück ganz aktueller Schulgeschichte will uns das Bild von Hanefi Yeter (geb. 1947), »Analphabeten in zwei Sprachen« (1978) aufrufen (Abb. 136). Was in Pressemeldungen oder Stellungnahmen von Politikern als gesellschaftliches Problem mehr oder weniger engagiert, aber meist mit sachlicher Distanz vorgetragen wird, begegnet uns als persönliches Schicksal unmittelbar in den Schulen, besonders an den Schulen der industriellen Ballungsräume. Die Wandtafel mit ihren Satzfetzen und Kritzeleien könnte in vielen solcher Schulen angetroffen werden. »Ayşe darf nicht . . .«, ja, noch nicht einmal denken, was Gabi und Kay, ihre deutschen Mitschüler in der Zeichnung an der Tafel vorführen. Die Kultur und die Wertvorstellungen ihrer türkischen Eltern stehen in scharfem Gegensatz zur Welt, die Ayşe täglich außerhalb des Elternhauses erlebt. Nicht nur in sprachlichem, sondern auch in kulturellem Zwiespalt, in keiner Sprache und Kultur wirklich verwurzelt, steht das Mädchen an das Tafelbord gelehnt, zwar dicht neben dem Jungen – wohl einem Landsmann – aber mit den zusammengenommenen Händen und dem starren Blick allein und isoliert. Und der Junge, der sich ebenso verschließt, wendet die Augen zur Seite.

»Rede in der Schule« nannte Thomas Huber (geb. 1955) sein 1983 gemaltes Bild (Abb. 137). Auf den ersten Blick fühlt sich der Betrachter an seine eigene Schulzeit erinnert, an die große Schulaula, in der sich bei feierlichen Anlässen Schüler, Eltern und Lehrer versammelten.

Eine »Rede in der Schule« ohne Redner, ohne Publikum, jedoch mit einer Reihe eigenartiger Gegenstände, die im Raum aufgestellt sind – Ständer mit Bildern, ein

Abb. 137
Thomas Hubers »Rede in der Schule« (1983) geht auf persönliche Erfahrungen des Malers zurück. In seiner Klasse an der Düsseldorfer Kunstakademie war es üblich, daß die Schüler ihre Arbeiten vorstellten, erläuterten und diskutierten. Das Motiv wird zum Anlaß für eine eigenwillige und vielschichtige Auseinandersetzung mit Problemen der Wahrnehmung und ihrer Verarbeitung. (Darmstadt, Hessisches Landesmuseum)

Abb. 138
Beherrschend steht die Lehrerin frontal in der mittleren Bildachse, um sie sind die Schüler gruppiert. Ein unbestimmter Eindruck von Raumtiefe wird durch einige Überschneidungen und die Verkleinerung der Figuren zum oberen Bildrand hin angedeutet, sonst gibt es keine Hinweise auf Räumlichkeit. Schemenhaft heben sich die Oberkörper der Kinder, so als säßen sie unbeweglich und brav hinter ihren Tischen, aus dem grauen Farbgrund. Auch wenn die Lehrerin den Kindern im Vordergrund zugewandt scheint, ist dies ein bedrückend stummer Unterricht.
Die Personen erinnern an Gliederpuppen, und trotz der verschiedenfarbigen Kleidung und Haare wirken die Schüler wie verkleinerte Kopien ihrer Lehrerin.
Oskar Schlemmer hat ohne Zweifel im Thema »Unterricht« eine Gelegenheit wahrgenommen, dem ästhetischen Problem des Verhältnisses von menschlicher Figur und umgebendem Raum nachzugehen. (Oskar Schlemmer, Unterricht; 1928; Stuttgart, Galerie der Stadt)

Bettgestell mit Gefäßen, die statuenhafte Gestalt einer Frau, das Architekturmodell – dies alles verwirrt den ersten naheliegenden Eindruck. Auch der Blick durch die hohen Fenster in einen fast unwirklich erscheinenden Parkausschnitt verunsichert die ursprüngliche Vertrautheit mit einer faßbaren Realität.

Thomas Hubers Bild ist kein einfaches Werk. Es will eigentlich nicht von einer Rede in der Schule erzählen, es will selbst eine solche Rede sein; eine andere allerdings als die gewohnten. Gewiß ist auch seine »Rede« nach Gesetzen, den Regeln der Rhetorik vergleichbar, aufgebaut. Aber was hier ausgesagt wird, führt nicht, wie der Gang eines Vortrags, in abgemessenen Schritten und strenger logischer Konsequenz zu einem bestimmten Ziel. Seine Rede bedient sich der Sprache der Bilder, des Bildes im Bild, der Mehrdeutigkeit, der gegenseitigen Durchdringung von Bedeutungsebenen und läßt unbewußt gesteuerte Assoziationen zu. Er lädt uns ein, gleichsam auf einem der Stühle Platz zu nehmen, ins Bild einzutreten und uns einzulassen auf ein mutiges und freies Wechselspiel zwischen unseren Vorstellungen und dem gemalten Raum mit seinen Dingen. Zugleich nimmt er uns die Angst davor, daß dies im Uferlosen und Chaotischen enden müsse; die strenge Ordnung seines Bildes selbst wirkt da wie eine Art Beweis.

Die »Rede in der Schule« ist – so verstanden – auch eine Rede an die Schule, sich nämlich nicht zu scheuen oder zu drücken vor den Folgen von Freiheit, Phantasie und Kreativität. Die Schule möge über die eingeschworenen Ordnungen von Logik und Rationalität hinaus auch anderen menschlichen Erfahrungsmöglichkeiten und existentiellen Bedürfnissen und Bestimmungen Spielraum gewähren.

Wir sind Bildspuren ins 20. Jahrhundert gefolgt. »Noch nie ist in einem Zeitalter so viel Hoffnung auf das institutionalisierte Lehren und Lernen gesetzt worden wie in dem unseren. Noch nie hat es so viele, so ausgedehnte, so beherrschende und so kostspielige Bildungseinrichtungen gegeben wie heute. Noch nie hat man sie in dem Umfang gebraucht und zugleich auch bezahlen können. Eben darum nennt man unsere Gesellschaft ›Lerngesellschaft‹ oder ›Bildungsgesellschaft‹...«[3]

Dennoch müssen wir heute noch immer fragen, ob die Schule in diesem Jahrhundert jener Bestimmung, die sie in mehr als tausend Jahren ihrer Geschichte begleitet hat und die heute wichtiger ist denn je, näher gekommen ist – die heranwachsende Generation durch Lehren und Lernen nicht nur in die Kultur der Zeit und die Welt der Erwachsenen einzuführen, sondern die jungen Menschen auch zu sich selbst zu bringen. Die Bilder aus dem 20. Jahrhundert geben auf den ersten Blick zu Optimismus wenig Anlaß. Das liegt vor allem daran, daß sie auf eine bestechende Weise ehrlich geworden sind. Hier wird nichts verherrlicht oder beschönigt, und sie neigen auch nicht mehr wie die Genremalerei des 19. Jahrhunderts dazu, die Probleme des Alltags zu verharmlosen. Sie stehen dem, was an der Schule unserer Tage geschieht, kritisch gegenüber als eine Aufforderung, Schule so zu gestalten, daß sie das geben kann, was sie den Kindern und der Jugend schuldet.

Anmerkungen

Teil I: Aus den Anfängen der Schule

1 Zit. nach R. Alt, 1/S. 31. – Zum Schul- und Erziehungswesen der frühen Hochkulturen wird verwiesen auf die Ausführungen bei H. Brunner und S. N. Kramer.

2 Eine eingehende Darstellung des Erziehungswesens der griechischen und römischen Antike findet sich bei H.-I. Marrou.

3 Die Geschichte des Schulwesens im Schoße der mittelalterlichen Kirche ist u. a. bei D. Illmer (Erziehung), R. Limmer, F. A. Specht und W. Wühr dargestellt.

4 Vgl. F. Steenbock, S. 52.

5 So z. B. beim Berthold-Missale, Pierpont Morgan Library New York, oder beim Evangeliar aus Morienval in der Kathedrale von Noyon.

6 Vgl. hierzu vor allem D. Jackson, S. 50–101 sowie die Ausführungen bei W. Wattenbach.

7 Wenn im folgenden von den Schulen an den Klöstern, Domen und Pfarreien des Mittelalters die Rede ist, dann sollte der Leser bedenken, daß unsere modernen Vorstellungen von Schule und Unterricht auf die entsprechenden Einrichtungen der mittelalterlichen Kirche nur mit Einschränkungen übertragen werden dürfen. Auf diese Problematik hat in neuerer Zeit vor allem D. Illmer (Erziehung) aufmerksam gemacht.

8 Ein frühes Beispiel dafür ist die Ordensregel des Basilius (um 360). Sie enthält ziemlich detaillierte Vorschriften über die Aufnahme und den Unterricht von Knaben: »So muß die Seele, solange sie noch bildsam und zart ist und das in sie Gelegte sich wie in weiches Wachs leicht einprägt, gleich von Anfang an zu jeder Übung guter Taten angehalten werden, so daß, wenn Vernunft und Urteilskraft hinzukommen, sie von den Anfangsgründen und überlieferten Eindrücken der Frömmigkeit den Ausgang nimmt« (U. von Balthasar, S. 121–122).

9 Bis in Einzelheiten gehende Umrißzeichnungen und Beschreibungen der inneren und der äußeren Schule im Klosterplan von St. Gallen finden sich bei F. A. Specht, S. 150–171.

10 Vgl. dazu u. a. die Veröffentlichungen in den Freiburger Münsterblättern und das Buch von E. Adam.

11 Die Originalhandschrift des Hortus deliciarum ist 1870 bei der Beschießung Straßburgs verbrannt. Eine Nachzeichnung der Seite mit den Sieben Freien Künsten ist jedoch überliefert (vgl. J. Dolch, S. 125).

12 Zur Problematik der Deutung der Freiburger Figuren vgl. G. Münzel, S. 150–195.

13 Weitere Beispiele von Septem-artes-Darstellungen in E. Kirschbaum, 2/S. 703 ff. Zur Darstellung der Grammatik vgl. auch R. Wittkower, S. 309–318.

14 Vgl. die einschlägigen Ausführungen bei H.-I. Marrou und bei D. Illmer (Artes liberales).

15 Zit. nach F. A. Specht, S. 43.

16 Zit. nach F. A. Specht, S. 46–47.

17 Zit. nach F. A. Specht, S. 47.

18 Alle Zitate zu den Sieben Freien Künsten nach J. Wilhelmsmeyer, S. 11–12.

19 Vgl. E. Kirschbaum, 4/S. 395–403.

20 Im 12. Jh. steht vor allem der theologisch sehr einflußreiche Bernhard v. Clairvaux dem Theoretisieren überaus kritisch gegenüber; für ihn sind mystische »Erkenntnis«, Armut, Glaube und Liebe der rechte Weg zu Gott.

21 Der Begriff clericus hat sich in der englischen Sprache bis heute gehalten. »Clerk« ist eine noch heute übliche Bezeichnung für den Büroangestellten oder Schreiber.

22 Zum Bildungskanon des Ritterstandes vgl. u. a. J. Dolch, S. 127–135 und Th. Ballauf 1/S. 437–444.

23 R. Assunto, S. 235.

24 Zit. nach W. Goez, S. 244.

25 Zur Symbolik des gotischen Kirchenbaues siehe vor allem H. Sedlmayer, H. Jantzen und G. Bandmann.

26 Eine im Mittelalter berühmte literarische Sammlung solcher Heiligengeschichten ist die »Legenda aurea« aus der 2. Hälfte des 13. Jh.

27 Den am Ende des 13. Jh. entstehenden handgeschriebenen und -gemalten Armenbibeln folgen im 15. Jh. als Blockbücher gedruckte Ausgaben – ein Hinweis auf die Beliebtheit solcher »Bilderbücher«. Vergleichbar ist der im 14. Jh. entstehende »Heilsspiegel«, bei dem der Textteil jedoch größer ist.

28 Eine eingehende Darstellung mit zahlreichen Abbildungen findet sich bei M. Avery.

29 Brenk, B. u. a.: Lektionar zu den Festen der Heiligen Benedikt, Maurus und Scholastika Vat. lat. 1202. Kommentarband zum Faksimile des Codex Benedictus. Zürich u. Stuttgart 1981 (Belser Faksimile Editionen aus der Bibliotheca Apostolica Vaticana), S. 86.

30 In einer Übergabeformel aus dem 9. Jh. heißt es u. a.: »Ich halte es nämlich für billig, daß wir unserem Schöpfer auch von unserer Frucht geben. Deshalb will ich diesen unseren Sohn namens N., der die Opfergabe und die Bitturkunde um Aufnahme in der Hand hält und dessen Hand in das Altartuch gewickelt ist, in dem Namen der Heiligen, deren Reliquien hier sind, und im Beisein des Abtes vor Zeugen hiemit übergeben, daß er der Regel gemäß hier bleibe. Er darf also von diesem Tage ab seinen Nacken nicht mehr dem Joche der Regel entziehen, er erkenne vielmehr, daß er treu die Vorschriften dieser Regel beachten und Gott dem Herrn freudigen Herzens Kriegsdienste leisten muß«. (Zit. nach E. Schoelen, S. 27).

31 Eine literarische Verarbeitung des klösterlichen Schullebens verdanken wir H. Hesse in »Narziß und Goldmund«.

32 Sehr anschaulich wird das Leben der Novizen und ihr Unterricht in den Klosterschulen geschildert bei F. A. Specht, S. 58–229. – Eine eindrucksvolle Beschreibung des Schulbetriebs hat der spätere Abt Walafried Strabo in seinem Tagebuch aus dem 9. Jh. hinterlassen; Auszüge sind abgedruckt bei R. Limmer, S. 45–52.

33 Vgl. W.-D. Burkhard.

34 Zum Thema Domschulen vgl. vor allem F. A. Specht, S. 329–394.

35 Der Bildungsstand der einfachen Landgeistlichen war besonders im frühen Mittelalter oft sehr bescheiden. Um hier Abhilfe zu schaffen, hat Karl der Große 769/770 ungebildeten Priestern die Entlassung aus ihrem Amt angedroht (vgl. W. Wühr, S. 53). Die

Anforderungen an ihren Bildungsstand im 9. Jh. sind bei F. A. Specht, S. 62–63 auf der Grundlage der Freisinger Handschrift wiedergegeben.

36 Der Chorgesang diente nicht nur der Erbauung und der geistlichen Erleuchtung. Der in der römischen Kirche über Nationen und Volksstämme hinweg einheitliche Kirchengesang war ein wichtiges Zeichen der Glaubensgemeinschaft und des Zusammenhalts. Eine päpstliche *Schola cantorum* in Rom war die ursprüngliche Pflege- und Ausbildungsstätte, von der aus immer wieder die Impulse zum rechten Gesang ins Land hinausgehen sollten.

37 Aus Angst vor Strafen liefen manche Schüler aus der Schule weg und versteckten sich in Wäldern und Höhlen. – Im Jahr 937 sollten mehrere Schüler des Klosters St. Gallen mit der Rute gezüchtigt werden. Als einer von ihnen auf den Speicher geschickt wurde, um von den dort gelagerten Ruten zu holen, steckte er mit einem brennenden Scheit aus dem Ofen das dürre Holz des Speichers in Brand und lief schreiend herab, das Dach stehe in Flammen. Die gesamte Klosteranlage brannte vollständig nieder. Auf eine gerade zu makabre Weise soll sich der junge Otto II. an seinem Erzieher für Schläge und Strenge gerächt haben: Er steckte ein verstorbenes Kind in sein Bett und bedeckte es mit seinen Kleidern, um so seinem Erzieher einen Schreck einzujagen. Vgl. hierzu F. A. Specht, S. 208–210.

38 Zit. nach F. A. Specht, S. 170. – Die noch heute gebräuchliche Redewendung »Ich darf nicht aus der Schule schwätzen« taucht in Schulordnungen bis in die Neuzeit hinein immer wieder auf. Sie sollte wohl nicht nur dem Entstehen von Gerüchten entgegenwirken, sondern auch verhindern, daß die ausgeübten Erziehungspraktiken außerhalb der Schule bekannt wurden.

39 Angehörige dieser Zunft hat es noch bis in die Neuzeit gegeben; sie waren auch immer wieder Gegenstand bildlicher Darstellung (siehe auch Abb. 69 und 70). Ein künstlerisch herausragendes Beispiel ist Rembrandts Schreibmeister Coppenol in Kassel (Schloß Wilhelmshöhe).

40 Zur Geschichte der Kultur und insbesondere der Schule in der mittelalterlichen Stadt wird verwiesen auf die Sammlung der Schulordnungen von A. Israel/J. Müller sowie auf die Aufsätze in B. Moeller/H. Patze/K. Stackmann.

41 Vgl. F. A. Specht, S. 248–250; über einen ähnlichen Vorgang berichtet Specht auch von Lübeck aus dem Jahre 1252 (vgl. auch A. Israel/J. Müller, 12/S. 38).

42 Vgl. u. a. die Kantorenordnung zu St. Stephan in Wien 1460 (A. Israel/J. Müller, 12/S. 74–78).

43 Zit. nach A. Israel/J. Müller, 12/S. 50.

44 A. Israel/J. Müller, 12/S. 60–61.

45 Die gelegentlich vertretene Hypothese, diese Miniatur zeige den Unterricht in einer inneren und äußeren Klosterschule, erscheint den Verfassern wenig wahrscheinlich. Ein Minnesänger als Lehrer an einer Klosterschule ist kaum denkbar.

46 In der Literatur bekannt ist ein über Jahrzehnte währender Streit zwischen dem Magistrat in Hamburg und der dortigen Kirche um das Recht auf Einrichtung von Schulen und auf die Berufung der Magister (vgl. K. Wriedt, S. 167–168).

47 Über das allmähliche Eindringen der deutschen Sprache in die Schule der mittelalterlichen Stadt vgl. die Ausführungen bei E. Hesselbach.

48 Vgl. vor allem die umfassenden Darstellungen bei M. Güdemann.

49 Zit. nach J. Knepper, S. 262. – Ein anderes Beispiel für eine städtische Reglementierung des jüdischen Schulwesens ist die Ratsverordnung der Stadt Nürnberg von 1406 (vgl. A. Israel/J. Müller, 13/S. 270–271).

50 Die Schulmeister der Winkelschulen müssen ein sehr buntes Volk gewesen sein. Ihre Einkünfte bezogen sie aus den verschiedensten Tätigkeiten, aus dem Unterricht, aus Dienstleistungen als Schreib- und Rechenmeister für die Bürger oder die Verwaltung der Stadt, aber auch aus manchen absonderlichen Nebentätigkeiten wie Geldverleihen, Makeln oder Spekulieren. Die Rechenmeister waren dabei offenbar besonders erfolgreich. Einige Winkelschulmeister brachten es zu Ansehen und Wohlstand. Andere landeten im Schuldturm oder standen als »herrenlose Streuner, die zur erudirung und unterweißung der jugent keineswegs tüchtig« erschienen, in sehr zweifelhaftem Ruf; 1537 wurde in Nürnberg ein deutscher Schulmeister geköpft, »weil er seine Schulmädchen, denen er Zucht lernen sollte, unziemlich gebraucht« hatte (R. Endres, S. 204 und 197; bei Endres finden sich weitere interessante Ausführungen über die Schreib- und Rechenmeister in Nürnberg).

51 Konkurrenzkämpfe zwischen den Winkelschulmeistern nahmen oft groteske Formen an, so daß sich manche Städte gezwungen sahen, Schuleinzugsbereiche abzugrenzen oder die Schulmeister in Zünften zusammenzufassen und Zunftordnungen in Kraft zu setzen (vgl. Vormbaum, 2/S. 635–636).

52 Zit. nach A. Israel/J. Müller, 12/S. 109.

53 Zit. nach A. Israel/J. Müller, 12/S. 123.

54 Über die Winkelschulen ist nur wenig bekannt. Ihre Schulmeister haben praktisch keine Aufzeichnungen über ihre Arbeit oder ihre pädagogischen Theorien hinterlassen. Unser Wissen schöpfen wir heute weitgehend aus Quellen, die aus den Archivbeständen der »Konkurrenz« stammen, aus Archiven der Kirche und der Städte. Das Bild, das sich aus diesen Quellen ergibt, ist sicher sehr einseitig, weil sich die aktenmäßige Erfassung meist nur auf die Regelung von Konfliktfällen erstreckte. – Man muß davon ausgehen, daß die Winkelschulen über etwa 5 Jahrhunderte eine nicht zu unterschätzende Rolle gespielt haben. Bis ins 18. Jh. hinein wurden sie als sog. Nebenschulen geduldet, wenn das öffentliche Schulwesen unzureichend blieb.

55 Zur Baugeschichte der Universität wird auf die Untersuchungen von K. Rückbrod verwiesen.

56 Ein Beispiel dafür ist die Universität Tübingen, deren Gründung und Geschichte W. Jens beschrieben hat.

Teil II: Schule auf dem Weg in die Neuzeit

1 Ein anschauliches Bild vom Lebensgefühl dieser Zeit vermittelt W. Rüdigers Buch über die Renaissance.

2 Zit. nach A. Israel/J. Müller, 2/S. 7–8.

3 Die umfangreichen Bestände an Holzschnitten aus dieser Zeit sind erst in Ansätzen unter schulgeschichtlichen Aspekten bearbeitet, so z. B. bei R. Alt, R. Borch, F. Falk, E. Reicke und W. L. Schreiber/P. Heitz.

4 Vgl. E. Kirschbaum/W. Braunfels, 5/S. 174–175.

5 So z. B. auf Cranachs Altarbild mit der Hl. Sippe im Staedel in Frankfurt oder auf dem Hl.-Sippe-Altar von B. Strigel in Nürnberg und dem Schnitzaltar eines fränkischen Meisters im Hess. Landesmuseum in Darmstadt.

6 Zit. nach A. Israel/J. Müller, 2/S. 4–6.

7 Die Reformatoren hatten zunächst keinen bildungspolitischen Ehrgeiz, es ging ihnen um den Glauben und um eine Reform der Kirche. Erst als die Ereignisse den Erfolg der Reformation in Frage zu stellen drohten, richteten sie ihr Augenmerk verstärkt auf die Schulen und die Bildung.

8 Zit. nach H. Lorenzen, S. 67–68.

9 Mit den Forderungen nach einer Schulbildung für alle verbanden die Reformatoren weniger das Ziel einer »allgemeinen Volksbildung« als vielmehr das einer religiösen Laienschulung zur Sicherung und Festigung des neuen Glaubens.

10 Th. Dietrich/J.-G. Klink, S. 5–15.

11 Vgl. die zahlreichen Schulordnungen des 16. Jh., die R. Vormbaum herausgegeben hat.

12 Vgl. R. Vormbaum, 1/S. 71.

13 Zit. nach R. Vormbaum, 1/S. 160.

14 Vgl. hierzu u. a. die Berichte über Schulvisitationen im 16. und 17. Jh. bei H. Heyd.

15 Zit. nach Th. Ballauf, 1/S. 599.

16 Zit. nach H. Lorenzen, S. 161.

17 Vgl. R. Vormbaum, 1/S. 68–165.

18 In den katholischen Ländern kam die Reform des Gelehrtenschulwesens im Zuge der Gegenreformation in Gang. Hierbei erwies sich der Jesuitenorden als besonders aktiv. Grundlage bildete die Studien- und Schulordnung »Ratio studiorum« von 1599, die bis 1832 Gültigkeit besaß. Vgl. hierzu Th. Hülshoff/A. Reble, S. 31–57 und F. Paulsen, 1/S. 387–443.

19 Zit. nach F. Paulsen, 1/S. 369–370. – Paulsens zweibändige Schulgeschichte ist bis heute das Standardwerk zur Geschichte der Gelehrtenschulen und der Höheren Schulen.

20 Die beiden Schwarzschen Trachtenbücher hat A. Fink wissenschaftlich bearbeitet und publiziert.

21 Zit. nach E. Schoelen, S. 182–183.

22 Im Jahre 1725 heißt es in einem Protokoll des Superintendenten von Ottweiler über einen Schulbesuch im Nachbardorf: »Wie man endlich auch vernommen, daß der Schulmeister dieses Orts Sich biß her nicht nur auf das Seifensieden herumtragen, und Verkaufen geleget, sondern auch noch neulich einen brandwein und Tobaks Kram in seinem Schulhauß aufgerichtet, nicht nur Zum übelstand Vor Sein ampt, sondern auch zu mancher Verhinterung in der Schulen und etwa auch ärgernuß der Schuljugend, wann dieses letztere alßo zu Winterszeit solte continuiret werden. So wurde Vor gut angesehen ged. Schulmeister sonderlich den Brandswein- und Tobackshandel in dem Schulhauß Völlig Zu untersagen...« (G. Pfeiffer, S. 34–35).

23 Die Idee, Schüler jahrgangsweise einzuschulen und alle nach der gleichen Methode und gemeinsam zu unterrichten, hat J. A. Comenius (1592–1670) in seiner Großen Didaktik entwickelt. Das Werk wurde 1657 veröffentlicht. Die Idee setzte sich zunächst nur ganz langsam durch; heute prägt sie den Unterricht in fast allen Schulen.

24 Abendschulen oder Nachtschulen werden in Urkunden vom 16. bis zum 19. Jh. immer wieder erwähnt; sie wurden anscheinend dann eingerichtet, wenn tagsüber kein Unterricht organisiert werden konnte, weil die Schüler oder die Lehrer arbeiten mußten. Je nach Bedarf erstreckte sich der Unterricht auf den Katechismus, das Lesen und Schreiben oder auch auf eine Art Berufskunde. Diese Schulen waren meist nur von kurzer Dauer und zogen auch viel Ärger nach sich, weil die Schüler auf dem nächtlichen Heimweg manchen Unfug trieben.

Teil III: Schule in der Neuzeit

1 Ansätze, eine Art Volksbildung durchzusetzen, hat es schon früh gegeben. Bereits Karl der Große versuchte, alle Untertanen zu zwingen, bestimmte religiöse Formeln zu lernen. Das früheste uns bekannte Beispiel für die Pflicht zum Schulbesuch ist aus Bigge/Westfalen überliefert. Dort verlangte 1270 eine Schulordnung von den Eltern bei 12 Mark Strafe, ihre Kinder in die Schule zu schicken (vgl. F. A. Specht, S. 248). – Das früheste Beispiel für staatlichen Schulzwang im modernen Sinne findet sich 1619 in der Weimarer Schulordnung (vgl. Th. Dietrich/J.-G. Klink, S. 28). Praktisch durchgesetzt werden konnte die Schulpflicht in vollem Umfang erst im Laufe des 19. Jh.

2 Im wesentlichen beherrschen im 19. Jh. drei Techniken die Buch- und Zeitschriftenillustration: die Lithographie (ab 1797/98), der Stahlstich (ab etwa 1820) und der Holzstich (ab Ende des 18. Jh.). Der Stahlstich, der beinahe unbegrenzte Auflagen zuließ, eignete sich durch feine Zwischentöne in den Graustufen besonders gut zur Wiedergabe von Gemälden. Der Holzstich wurde aufgrund seiner großen Wirtschaftlichkeit in der 2. Hälfte des 19. Jh. zu einem Hauptverfahren der Buch- und Zeitschriftenillustration. Mit dem Aufkommen photomechanischer Druckvorlagen verloren all diese auf Handfertigkeit gegründeten Techniken für den Massendruck ihre Bedeutung.

3 Zit. nach Th. Dietrich/J.-G. Klink, S. 152 und 156.

4 Eine eindrucksvolle literarische Verarbeitung einer Schulvisitation ist Peter Rosegger 1877 in seinem Roman »Waldheimat« gelungen (Auszug in M. Gregor-Dellin, S. 141–150).

5 Zum Thema Hauslehrer sei auf das instruktive Buch von L. Fertig (1979) hingewiesen.

6 »Eine adlige Herrschaft außer Berlin verlangt eine Person weiblichen Geschlechts, die im Christentum gegründet, wenigstens geschriebene Schrift lesen kann und der französischen Sprache mächtig ist, zur Aufsicht kleiner Kinder in ihre Dienste. Wer gesonnen ist...« (Vossische Zeitung 1769, zit. nach K. Rutschky, S. 468).

7 Von einigen Hauslehrern, wie z. B. von Hegel oder Winckelmann, ist bekannt, daß sie bei der Stellensuche darauf achteten, daß sie Zugang zu einer reichhaltigen Bibliothek bekamen und Umgang mit Gebildeten und Gleichgesinnten möglich war. Von Kant wissen wir, daß das Bücherstudium in den 9 Jahren seiner Hauslehrerzeit seine Entwicklung entscheidend förderte.

8 Zit. nach L. Fertig (1979), S. 18.

9 Einige dieser Einrichtungen existieren noch heute, so z. B. das Jesuitenkollegium in St. Blasien, Schwarzwald, und die Stella Matutina von 1648 in Feldkirch/Österreich.

10 Zit. nach Th. Hülshoff/A. Reble, S. 84–85.

11 Bis um 1800 konnte fast jeder an einer Universität studieren. Nur arme Schüler, die auf Benefizien angewiesen waren, mußten Leistungsnachweise erbringen. Deshalb rekrutierte sich die Studentenschaft vorwiegend aus dem Adel oder Kreisen des reichen Bürgertums. Als 1834 das Abitur Zulassungsvoraussetzung zum Studium wurde, geriet der Adel zunehmend unter Druck, seine Kinder besser ausbilden zu lassen, um der Konkurrenz aufstrebender Bürgerschichten gewachsen zu sein. Eine ähnliche Auswirkung hatte das sog. »Einjährigenzeugnis«. Mit diesem Zeugnis, einer Vorstufe der späteren Mittleren Reife, hatte man Anspruch auf die Verkürzung des Wehrdienstes auf ein Jahr. Bis dahin war diese Verkürzung ein Privileg des Adels gewesen.

12 Vgl. L. Fertig (1984), S. 169.

13 Besonders deutlich tritt dies in der sog. Genremalerei in Er-

scheinung (vgl. dazu die Arbeiten von F. Baumgart, M. Buchsbaum, H. Ebertshäuser und den Katalog »Düsseldorfer Malerschule« sowie die Ausführungen auf S. 127/128).

14 Zit. nach H. Blankertz, S. 58–59. – Einen drastischen Einblick in den teilweise erbärmlichen Zustand der Schulen bieten zahlreiche Visitationsprotokolle aus dieser Zeit. Rechenunterricht ist bis etwa 1700 an den Dorfschulen eine Ausnahme. Vgl. hierzu u. a. E. Schmid (1933), S. 39–80 und H. Heyd, 3/S. 18–37 und S. 135–147.

15 Vgl. L. Fertig (1984), S. 225.

16 Zit. nach G. Petrat, S. 202.

17 Zit. nach L. Fertig (1984), S. 258.

18 Zum Lebensgefühl und zum politischen, gesellschaftlichen und kulturellen Umfeld der Biedermeierzeit vgl. u. a. das Buch von G. Böhmer.

19 Vom 16. Jh. an gab es auf dem Land die einfachen deutschen Schulen, in den Städten öffentliche und private Lateinschulen von unterschiedlichster Qualität, die privaten Winkelschulen und später auch, als die Schulpflicht eingeführt wurde, für arme Kinder die städtischen Armenschulen. Als im 19. Jh. das Abitur und die Einjährigenprüfung eingeführt wurden, mußte die Vielfalt der Schulen unter dem Gesichtspunkt ihrer Abschlußqualifikationen neu geordnet werden. Dabei entstanden die Gymnasien mit Abiturberechtigung und Einjährigenabschluß, die Mittelschulen und die Volksschulen. Vgl. auch Paulsen, 2/S. 191–637.

20 Das Buch wurde, wie viele andere Kinderbücher des 19. Jh., im Esslinger J. F. Schreiber-Verlag publiziert, mit dessen freundlicher Genehmigung wir einige charakteristische Illustrationen in unserem Buch abbilden. Der reichhaltige Archivbestand des Verlags ist heute im Besitz des Württ. Landesmuseums.

21 Zit. nach M. Gregor-Dellin, S. 256.

22 W. Harnisch, S. 358–360.

23 Zit. nach M. Krecker, S. 151.

24 Zu diesen vorschulischen Erziehungseinrichtungen wird u. a. auf die beiden Monographien von J. Reyer und B. Zwerger verwiesen.

25 In Wilhelm Buschs Werk ist das Lehren und Lernen nicht nur im »Max und Moritz« in Gestalt des Lehrer Lämpel, sondern auch in vielen anderen Geschichten und Texten thematisiert.

26 Zit. nach W. Scheibe, S. 14.

27 Diese Form der Bildkomposition ist in der niederländischen Genremalerei des 17. Jh. entwickelt und auch von der Düsseldorfer Malerschule häufig angewandt worden.

28 Diese auf J. A. Comenius zurückgehende Unterrichtsmethode ist seit Beginn des 20. Jh. zunehmend fragwürdig geworden, weil sie die Individualität des Schülers zu wenig berücksichtigt. Unter Hinweis auf die großen Schülerzahlen der Klassen wurde sie jahrzehntelang als unumgänglich angesehen. Inzwischen sind die Klassen wesentlich kleiner geworden – am Unterrichtsverfahren hat sich jedoch noch kaum etwas verändert. Woran mag es liegen, daß individualisierende und differenzierende Unterrichtsmethoden, die längst entwickelt sind und sich bewährt haben, in der Schule nicht zum Zuge kommen?

29 Vgl. u. a. H. Blankertz, S. 21–87 und A. Reble (1969), S. 95–159. – Zu den Maßnahmen in der Markgrafschaft Baden-Durlach vgl. K. Brunner, S. 167–179.

30 Industrieschulen gab es in vielfältigen Erscheinungsformen: Einfache Nähschulen, wie sie im Text beschrieben sind, Schulen, in denen die Schüler während des Unterrichts oder nach dem Unterricht gegen Entlohnung arbeiteten, und Fabrikschulen, in denen Kinder und Jugendliche Fabrikarbeit verrichteten und stundenweise zum Unterricht freigestellt wurden. Diese Schulen sollten die Schüler zur »Industriosität«, zum Gewerbefleiß, erziehen und die Einkünfte armer Familien verbessern. Vgl. die Textsammlung von G. Koneffke.

31 Schon im frühen 18. Jh. zeigte sich, daß das Lehrangebot der einfachen deutschen Schulen für manche bürgerlichen Bedürfnisse unzureichend war und daß der Unterricht der Lateinschulen an den Erwartungen des Bürgertums vorbeiging. So entwickeln sich ab etwa 1750 vereinzelt »Realschulen«, die den Anforderungen des Alltags durch die Aufnahme von Realien in den Unterricht besser entsprechen sollten. In der 2. Hälfte des 19. Jh. ging ein Teil davon in der Mittelschule, der heutigen Realschule, auf. Vgl. H. W. Brandau, N. Maaßen/W. Schöler und die Textsammlung von R. Maskus.

32 Vgl. E. Schmid (1933), S. 439–440.

33 K. Brunner, S. 178.

34 Für die Verbindung von Schule und Kirchengesang sind Schule und Kantorei an der Thomaskirche in Leipzig ein interessantes Beispiel. J. S. Bach führte viele seiner Kantaten pflichtgemäß in den Sonntagsgottesdiensten mit Schülern der Thomasschule auf, die er im übrigen auch in Latein zu unterrichten hatte.

35 Zit. nach F. Cohrs, S. 120–122. Im Amtspflichtverzeichnis wurden die Aufgaben des künftigen Lehrers dargelegt (ebenda): »1) muß derselbe den Schul-Unterricht gleich nach Michaelis anfangen, und erst wieder damit schließen, wenn die Kinder zur Confirmation gelangt sind.

2) muß er jeden Sontag Nachmittags in der Kirche Kinderlehre halten, es sey denn, daß der Vormittags-Gottesdienst sich bis gegen 1 Uhr verspäten sollte.

3) muß er an den hohen Festen des Nachmittags eine Predigt vorlesen, welches auch seine Pflicht ist, wenn der Prediger des Sonn- oder Festtags-Morgens nicht selbst nach Amelsen kommen kann.

4) hat er jeden Montag die Bethstunde nach des Predigers Anleitung zu halten.

5) auch bey heftigen Gewittern muß er nach einmahligen Geleute die Bethstunde halten.

6) Zur Fastenzeit muß er alle Tage in der Kirche für die Confirmanden Fasten-Unterricht geben.

7) das jedesmahlige Geleute besorgen: sowoll beim Gottesdienst, als beim ausleuten verstorbener Personen.

8) täglich 3 mal, nemlich Morgens, Mittags und Abends die Bethglocke schlagen.

9) Bey dem Gottesdienste den Gesang führen, und die Leichen zum Grabe hinsingen, auch bei der Vorbereitung zur Communion ein gleiches thun.

10) Aufsicht auf die Kirchenuhr haben, und dieselbe zu rechter Zeit aufziehen.

11) die Kirche und Altartücher, wie auch Kirchengeräthe reinlich halten.

12) die Oblaten beim heil. Abendmahle von Einbeck und den Communion-Wein von Marckoldendorf hohlen.

13) Die Gesangs-Nummern gehörig an die Tafeln stecken.

14) den Kirchenschlüßel in nöthiger Verwahrung halten.

15) jeden bemerckten Schaden, sey es an der Uhr oder an der Glokken, am Thurm-Dache, oder wo es sonst seyn möge, dem Prediger und Altaristen sogleich anzeigen.

16) gehörige Aufsicht auf die Kinder in der Kirche haben, damit dieselben sich des Plauderns und aller Unanständigkeiten enthalten.

17) Bei allen Ministerial-Verrichtungen des Predigers gegenwärtig seyn, und seine Functionen dabei verrichten.«

36 »In einem Dorf im Schwabenland, Schwabenland, da lebt, uns allen wohlbekannt, wohlbekannt, :,: da wohnt in einem Häuslein klein das arme Dorfschulmeisterlein. :,:
2. Des Sonntags ist er Organist, des Montags fährt er seinen Mist, :,: des Dienstags hütet er die Schwein, das arme Dorfschulmeisterlein. :,:
3. Des Mittwochs fährt er in die Stadt und kauft, was er zu kaufen hat, :,: 'nen halben Hering kauft er ein, das arme Dorfschulmeisterlein. :,:
4. Des Donnerstags geht er in die Schul und legt die Buben über'n Stuhl. :,: Er haut so lange, bis sie schrein, das arme Dorfschulmeisterlein. :,:
5. Und wenn im Dorfe Hochzeit ist, dann könnt ihr sehen, wie er frißt. :,: Was er nicht frißt, das steckt er ein, das arme Dorfschulmeisterlein. :,:
6. Und wird im Dorf ein Kind getauft, dann könnt ihr sehen, wie er sauft, :,: elf Halbe schüttet er sich ein, das arme Dorfschulmeisterlein. :,:
7. Und wird im Dorf ein Schwein geschlacht't, dann könnt ihr sehen, wie er lacht. :,: Die größte Wurst ist ihm zu klein, dem armen Dorfschulmeisterlein. :,:
8. Und wenn's im Dorfe einmal brennt, dann könnt ihr sehen, wie er rennt, :,: die nächste Ecke rennt er ein, das arme Dorfschulmeisterlein. :,:
9. Und wenn er dann gestorben ist, begräbt man ihn auf seinem Mist. :,: Der Hahn setzt ihm den Leichenstein, dem armen Dorfschulmeisterlein. :,:
(mündl. überliefert)
Das Lied vom Dorfschulmeisterlein gibt es in zahlreichen Varianten und verschiedenen Intentionen. Es ist im ganzen deutschsprachigen Raum verbreitet. Eine frühe gedruckte Fassung mit 25 Strophen und einem Gegenstück mit dem Titel »Der ehrwürdige Schullehrer« erschien bereits 1811. Eine Dokumentation verschiedener Fassungen besitzt das Deutsche Volksliedarchiv in Freiburg i. Br.

37 Auf die »Jobsiade oder Leben Meinungen und Taten von Hieronymus Jobs dem Kandidaten« von Karl Arnold Kortum (3 Bände, 1784) gehen auch die »Bilder zur Jobsiade« (1874) von Wilhelm Busch zurück.

38 A. Schüle, S. 14. – Zur Situation der Lehrer im 19. Jh. und zum allmählichen Wandel ihrer Stellung vgl. u. a. G. Friedrich, S. 113–125 und S. 369–399.

39 Zit. nach B. Michael/H. H. Schepp, 1/S. 313.

40 Zit. nach B. Michael/H. H. Schepp, 1/S. 415.

41 Das Jahr 1810 gilt als das Geburtsjahr des Gymnasiallehrerstandes. In diesem Jahr wurde in Preußen das Philologenexamen »pro facultate docendi« eingeführt. Bis dahin hatte jeder Theologieabsolvent die Befähigung zum Lehramt an einer Lateinschule gehabt. Die Einführung des Lehramtsexamens hatte zusammen mit dem Aufbau der Gymnasien für die Lehrer an diesen Schulen einschneidende Folgen: Ihre Besoldung, ihre Beförderungsmöglichkeiten, ihr gesellschaftliches Ansehen und ihr Status verbesserten sich ungemein. »Ein junger Oberlehrer von Auszeichnung ist darum auch in sozialer Hinsicht ein sicher gestellter Mann, geht den Beamten anderer Dienstkategorien, selbst den angesehenen, parallel, und jedes Jahr liefert Beispiele von Heiraten, die zwischen ihnen und den Töchtern aus den angesehensten Familien im Staatsdienst, von Generalen, Staatsräten, Regierungspräsidenten oder Direktoren geschlossen werden« (F. Thiersch 1840; zit. nach F. Paulsen, 2/S. 390).

42 Unter den Anthologien zu diesem Thema sei auf die von F. Fröhling, M. Gregor-Dellin und V. Michels verwiesen.

43 Zit. nach A. Schüle, S. 13.

44 Zit. nach M. Gregor-Dellin, S. 298–299.

45 Im Mittelalter kannte man noch keine Noten und Zeugnisse. Eine Beurteilung fand allenfalls dann statt, wenn ein Schüler in einen anderen »Haufen« gesetzt werden sollte oder wenn ein Schüler in den Genuß von Benefizien kommen wollte. Die Einführung des Abiturs in Preußen 1834 markiert den Beginn der Notengebung im modernen Sinne. In den 80er Jahren des 19. Jh. wurden Noten und Zeugnisse auch an den übrigen allgemeinbildenden Schulen eingeführt.

46 Eine lange Liste mit Beispielen verschiedenartigster Strafen hat R. Reiser in seinen unterhaltsamen »Lehrergeschichte(n)« zusammengetragen.

47 Die Malerei des 19. Jh. ist in den Arbeiten von F. Baumgart und W. Hofmann (1960) eingehend beschrieben.

48 Zit. nach »Schulstuben«, S. 28.

49 Heimwegszenen ganz anderer Art haben Wilhelm Trübner auf seinem Bild »Balgende Buben« 1872 (Landesgalerie Hannover) und Ludwig Knaus in seinem Gemälde »Rauferei auf dem Schulweg« 1882 (Standort unbekannt) zur Darstellung gebracht.

Teil IV: Spuren in die Gegenwart

1 Im 20. Jh. hat die Schule in einem Umfang Veränderungen erfahren, wie sie sich sonst selbst über Jahrhunderte hinweg nicht ereigneten. Wir sind unmittelbare Zeugen dieser Entwicklung geworden, wir haben den Wandel erlebt – von der Dorfschule zum Schulzentrum, vom Klassenlehrer zum Fachlehrer, vom Schulgeld zur Lernmittelfreiheit, von der Heimatkunde zum Sachunterricht, vom Rechnen zur Mathematik, von den alten Sprachen zu den modernen Fremdsprachen, von der Schiefertafel zum Arbeitsblatt und Medienpaket, von der Klassenarbeit zum Test. Hinter diesen Äußerlichkeiten verbergen sich harte Tatsachen: Der Verlust des Bildungsbegriffs, die Instrumentalisierung der Schule unter Perspektiven ökonomischer Zwecke und persönlichen Erfolgs, die Sinnkrise des Lehrens und Lernens, die Lehrern und Schülern gleichermaßen zu schaffen macht und zum Erziehungsverlust der Schule geführt hat.

2 Die Zeit um die Jahrhundertwende und die beiden folgenden Jahrzehnte waren geprägt von einer kultur- und bildungspolitischen Aufbruchsstimmung, die vor allem die junge Generation erfaßte: Wandervogel, Kunsterziehungsbewegung, Arbeitsschulbewegung, Reformpädagogik oder Landerziehungsbewegung sind noch heute vertraute und nachwirkende Stichworte.

3 Mit dieser Formulierung leitet H. von Hentig, S. 117 das Schlußkapitel einer kritischen Auseinandersetzung mit der Schule des 20. Jh. ein.

Literaturverzeichnis

Adam, E.: Das Freiburger Münster. Stuttgart 1981³
Alt, R.: Bilderatlas zur Schul- und Erziehungsgeschichte. 2 Bände. Berlin 1960 und 1965
Arbeitsgruppe Pädagogisches Museum (Hg.): Hilfe Schule. Ein Bilder-Lese-Buch über Schule und Alltag Berliner Arbeiterkinder. Von der Armenschule zur Gesamtschule 1827 bis heute. Berlin 1981
Assunto, R.: Die Theorie des Schönen im Mittelalter. Köln 1982
Avery, M.: The Exultet Rolls of South Italy. 2 Vol. Princeton 1936
Ballauf, Th. – Schaller, K.: Pädagogik. Eine Geschichte der Bildung und Erziehung. 3 Bände. Freiburg 1969, 1970 und 1973
Balthasar, H. U. von (Hg.): Die großen Ordensregeln. Einsiedeln 1961
Bandmann, G.: Mittelalterliche Architektur als Bedeutungsträger. Berlin 1978⁵
Baumgart, F.: Idealismus und Realismus 1830–1880. Die Malerei der bürgerlichen Epoche. Köln 1975
Bestvater-Hasenclever, H.: J. P. Hasenclever. Ein wacher Zeitgenosse des Biedermeier. Recklinghausen 1979
Blankertz, H.: Die Geschichte der Pädagogik. Von der Aufklärung bis zur Gegenwart. Wetzlar 1982
Böhmer, G.: Die Welt des Biedermeier. München 1968
Boesch, H.: Kinderleben in der deutschen Vergangenheit. Leipzig 1900 (Reprint Düsseldorf 1979)
Brandau, H.-W.: Die mittlere Bildung in Deutschland. Historisch-systematische Untersuchung einiger ihrer Probleme. Weinheim 1959
Bruegel, P.: Pieter Bruegel d. Ä. als Zeichner. Herkunft und Nachfolge. Ausstellungskatalog. Berlin 1975³
Brühl, G.: Die Schule im Urteil ihrer Lehrer vom ausgehenden 16. bis zum ausgehenden 19. Jahrhundert. Wiesbaden-Dotzheim 1969
Brunner, H.: Altägyptische Erziehung. Wiesbaden 1957
Brunner, K. (Hg.): Die Badischen Schulordnungen. Erster Band: Die Schulordnungen der Badischen Markgrafschaften. Monumenta Germaniae Paedagogica Band XXIV. Berlin 1902
Buchsbaum, M.: Deutsche Malerei im 19. Jahrhundert. Realismus und Naturalismus. Wien 1967
Burkhard, W.-D.: Die St. Leonhardskapelle in Landschlacht. Vereinigung Heimatmuseum Kreuzlingen 1980
Cohrs, F.: Schullehrerwahl im Dorfe Amelsen im Jahre 1796. In: Mitteilungen der Gesellschaft für deutsche Erziehungs- und Schulgeschichte 5/1895, S. 113–122
Dietrich, Th. – Klink, J.-G. (Hg.): Zur Geschichte der Volksschule. Band 1. Bad Heilbrunn/Obb. 1964
Döbler, H.: Schrift, Buch, Wissenschaft. München 1974
Dolch, J.: Lehrplan des Abendlandes. Zweieinhalb Jahrtausende seiner Geschichte. Ratingen 1965²
Düsseldorfer Malerschule. Katalog der Ausstellung. Kunstmuseum Düsseldorf 1979
Duveau, G.: Les Instituteurs. Paris 1957
Ebertshäuser, H.: Malerei im 19. Jahrhundert. Münchner Schule. Gesamtdarstellung und Künstlerlexikon. München 1979

Endres, R.: Das Schulwesen in Franken im ausgehenden Mittelalter. In: B. Moeller u. a. (Hg.), a.a.O., S. 173–214
Falk, F.: Lehrer und Schüler des Mittelalters in Bildern. In: Mitteilungen der Gesellschaft für deutsche Erziehungs- und Schulgeschichte 5/1895, S. 75–82
Fertig, L.: Die Hofmeister. Ein Beitrag zur Geschichte des Lehrerstandes und der bürgerlichen Intelligenz. Stuttgart 1979
Fertig, L.: Zeitgeist und Erziehungskunst. Eine Einführung in die Kulturgeschichte der Erziehung in Deutschland von 1600 bis 1900. Darmstadt 1984
Fink, A.: Die Schwarzschen Trachtenbücher. Berlin 1963
Flitner, W.: Die vier Quellen des Volksschulgedankens. Stuttgart 1966⁶
Freiburger Münsterblätter 1905–1919. Hg. v. Münsterbauverein Freiburg, Freiburg
Friedrich, G.: Die Volksschule in Württemberg im 19. Jahrhundert. Weinheim 1978
Fröhling, F. (Hg.): Es hat geschellt. Eine Auswahl der besten Schulgeschichten. Gütersloh o. J.
Gailer, J. E.: Neuer Orbis pictus für die Jugend. Reutlingen 1835³ (Reprint Dortmund 1979)
Geoffroy, peintre de l'Enfance. Ausstellungskatalog Rouen. Musée national de l'Education 1984
Geschichte des humanistischen Schulwesens in Württemberg. Hg. v. der Württ. Kommission für Landesgeschichte, 3 Bände, Stuttgart 1912 bis 1928
Giese, G. (Hg.): Quellen zur deutschen Schulgeschichte seit 1800. Göttingen 1961
Goez, W.: Gestalten des Hochmittelalters. Darmstadt 1983
Gregor-Dellin, M. (Hg.): Deutsche Schulzeit. Erinnerungen und Erzählungen aus drei Jahrhunderten. München 1979
Güdemann, M.: Geschichte des Erziehungswesens und der Cultur der abendländischen Juden während des Mittelalters und der neueren Zeit. 3 Bände. Wien 1880, 1884 und 1888 (Reprint Amsterdam 1966)
Harnisch, W.: Handbuch für das Deutsche Volksschulwesen. Hg. v. F. Bartels. Langensalza 1893
Hauser, A.: Sozialgeschichte der Kunst und Literatur. München 1953
Henne am Rhyn, O.: Kulturgeschichte des deutschen Volkes. 2 Bände. Berlin 1886
Hentig, H. von: Cuernavaca oder: Alternativen zur Schule? Stuttgart 1971
Heppe, H.: Geschichte des deutschen Volksschulwesens. 5 Bände. Gotha 1858 bis 1860
Herrlitz, H.-G. – Hopf, W. – Titze, H.: Deutsche Schulgeschichte von 1800 bis zur Gegenwart. Eine Einführung. Königstein/Ts. 1981
Hesselbach, E.: Die »deutsche« Schule im Mittelalter. In: Zeitschrift für Geschichte der Erziehung und des Unterrichts 10/1920, S. 1–56
Heyd, H. (Hg.): Geschichte der Entwicklung des Volksschulwesens im Großherzogtum Baden. 3 Bände. Bühl/Baden 1900 und 1902
Hofmann, W.: Das irdische Paradies. Kunst im 19. Jahrhundert. München 1960
Hofmann, W.: Grundlagen der modernen Kunst. Stuttgart 1978
Huber, Th. – Schmidt-Wulffen, S.: Thomas Hubers Rede in der Schule. Köln 1984

Hülshoff, Th. – Reble, A. (Hg.): Zur Geschichte der Höheren Schule. Band 1. Bad Heilbrunn/Obb. 1967

Illmer, D.: Artes liberales. In: Theologische Realenzyklopädie, Berlin 4/1979, S. 156–171

Illmer, D.: Erziehung und Wissensvermittlung im frühen Mittelalter. Ein Beitrag zur Entstehungsgeschichte der Schule. Kastellaun 1979

Immel, U.: Die deutsche Genremalerei im neunzehnten Jahrhundert. Diss. Heidelberg 1967

Israel, A. – Müller, J. (Hg.): Sammlung selten gewordener pädagogischer Schriften früherer Zeiten I–XIII. Zschopau 1879–1886 (Reprint Leipzig 1973)

Jackson, D.: Alphabet. Die Geschichte vom Schreiben. Frankfurt/Main 1981

Jantzen, H.: Kunst der Gotik. Hamburg 1957

Jens, W.: Eine deutsche Universität. 500 Jahre Tübinger Gelehrtenrepublik. München 1977

Kehr, C. (Hg.): Geschichte der Methodik des deutschen Volksschulunterrichts. 4 Bände. Gotha 1877, 1879, 1881 und 1882

Kirschbaum, E. – Braunfels, W. (Hg.): Lexikon der christlichen Ikonographie. 8 Bände. Freiburg 1968 bis 1976

Klant, M.: Schulspott. Karikaturen aus 2500 Jahren Pädagogik. Hannover 1983

Knepper, J.: Das Schul- und Unterrichtswesen im Elsaß von den Anfängen bis gegen das Jahr 1530. Straßburg 1905

Koneffke, G. (Hg.): Zur Erforschung der Industrieschule des 17. und 18. Jahrhunderts. Vaduz 1982

Kopp, K. A. (Hg.): Die Badische Volksschul-Gesetzgebung nebst den zum Vollzuge dieser erlassenen Vorschriften und anderen auf das Volksschulwesen bezüglichen Gesetzen und Verordnungen nach dem Stande vom 1. August 1898. Karlsruhe 1898[4]

Koschatzky, W.: Die Kunst der Graphik. Technik, Geschichte, Meisterwerke. München 1975

Kramer, S. N.: From the Tablets of Sumer. Indian Hills/Colorado 1956

Krecker, M. (Hg.): Quellen zur Geschichte der Vorschulerziehung. Berlin 1979[3]

Kriss-Rettenbeck, L. – Liedtke, M. (Hg.): Schulgeschichte im Zusammenhang der Kulturentwicklung. Bad Heilbrunn/Obb. 1983

Künstle, K.: Ikonografie der christlichen Kunst. Freiburg 1928

Künstle, K.: Ikonographie der Heiligen. Freiburg 1926

Lademacher, H.: Geschichte der Niederlande. Politik, Verfassung, Wirtschaft. Darmstadt 1983

Leschinsky, A. – Roeder, P. M.: Schule im historischen Prozeß. Zum Wechselverhältnis von institutioneller Erziehung und gesellschaftlicher Entwicklung. Stuttgart 1976

Limmer, R.: Pädagogik des Mittelalters. Mallersdorf 1958

Lorenzen, H. (Hg.): Martin Luther. Pädagogische Schriften. Paderborn 1969[2]

Lundgreen, P.: Sozialgeschichte der deutschen Schule im Überblick. 2 Bände. Göttingen 1980 und 1981

Maaßen, N. – Schöler, W.: Geschichte der Mittel- und Realschulpädagogik. 2 Bände. Hannover 1960 und 1961

Marrou, H.-I.: Geschichte der Erziehung im klassischen Altertum. Freiburg 1957

Maskus, R. (Hg.): Zur Geschichte der Mittel- und Realschule. Bad Heilbrunn/Obb. 1966

Mayer, M.: Geschichte des Württembergischen Realschulwesens. Stuttgart 1923

Meckseper, C.: Kleine Kunstgeschichte der Deutschen Stadt im Mittelalter. Darmstadt 1982

Michael, B. – Schepp, H.-H. (Hg.): Politik und Schule von der französischen Revolution bis zur Gegenwart. 2 Bände. Frankfurt/Main 1973 und 1974

Michels, V. (Hg.): Unterbrochene Schulstunde. Schriftsteller und Schule. Eine Anthologie. Frankfurt/Main 1972

Moeller, B. – Patze, H. – Stackmann, K. (Hg.): Studien zum städtischen Bildungswesen des späten Mittelalters und der frühen Neuzeit. Bericht über Kolloquien der Kommission zur Erforschung der Kultur des Spätmittelalters 1978 bis 1981. Göttingen 1983

Mollenhauer, K.: Streifzug durch fremdes Terrain: Interpretation eines Bildes aus dem Quattrocento in bildungstheoretischer Absicht. In: Zeitschrift für Pädagogik 2/1983, S. 173–194

Mollenhauer, K.: Vergessene Zusammenhänge über Kultur und Erziehung. München 1983

Münzel, G.: Der Skulpturenzyklus in der Vorhalle des Freiburger Münsters. Freiburg 1959

Nitschke, B.: Die Handschriftengruppe um den Meister des Registrum Gregorii. Münstersche Studien zur Kunstgeschichte 5. Recklinghausen 1966

Osterwold, T.: Paul Klee. Ein Kind träumt sich. Stuttgart o. J.

Paulsen, F.: Geschichte des gelehrten Unterrichts auf den deutschen Schulen und Universitäten vom Ausgang des Mittelalters bis zur Gegenwart. Mit besonderer Rücksicht auf den klassischen Unterricht. 2 Bände. Berlin 1919[3] und 1921[3] (Reprint Berlin 1960)

Petrat, G.: Schulunterricht. Seine Sozialgeschichte in Deutschland 1750 bis 1850. München 1979

Pfeiffer, G.: Bilder aus der Vergangenheit der Evangelischen Pfarrgemeinde und Synode Ottweiler. Ottweiler 1925

Presser, H.: Buch und Druck. Aufsätze und Reden. Krefeld 1974

Reble, A.: Geschichte der Pädagogik. Stuttgart 1969[10]

Reble, A. (Hg.): Zur Geschichte der Höheren Schule. Band 2. Bad Heilbrunn/Obb. 1975

Reicke, E.: Lehrer und Unterrichtswesen in der deutschen Vergangenheit. Leipzig 1901 (Reprint u. d. T. »Magister und Scholaren. Illustrierte Geschichte des Unterrichtswesens« Köln 1971)

Reiser, R.: Lehrergeschichte(n). Ein historischer Streifzug von der Germanenzeit bis zur Gegenwart. München 1984

Reyer, J.: Wenn die Mütter arbeiten gingen... Eine sozialhistorische Studie zur Entstehung der öffentlichen Kleinkinderziehung im 19. Jahrhundert in Deutschland. Köln 1983

Riché, P.: Les écoles et l'enseignement dans l'Occident chrétien de la fin du Ve siècle au milieu du XIe siècle. Paris 1979

Richter, H.: Geschichte der Malerei im 20. Jahrhundert. Stile und Künstler. Köln 1981

Roessler, W.: Die Entstehung des modernen Erziehungswesens in Deutschland. Stuttgart 1961

Rückbrod, K.: Universität und Kollegium. Baugeschichte und Bautyp. Darmstadt 1977

Rüdiger, W.: Die Welt der Renaissance. München 1970

Rutschky, K.: Deutsche Kinderchronik. Wunsch- und Schreckensbilder aus vier Jahrhunderten. Köln 1983

Sauerländer, W.: Das Königsportal in Chartres. Heilsgeschichte und Lebenswirklichkeit. Frankfurt/Main 1984

Scheibe, W. (Hg.): Zur Geschichte der Volksschule. Band 2. Bad Heilbrunn/Obb. 1965

Schlumbohm, J. (Hg.): Kinderstuben. Wie Kinder zu Bauern, Bürgern, Aristokraten wurden 1700–1850. München 1983

Schmid, E.: Geschichte des Volksschulwesens in Altwürttemberg. Stuttgart 1927

Schmid, E.: Geschichte des württembergischen evangelischen Volksschulwesens von 1806 bis 1910. Stuttgart 1933

Schmidt, D.: Karl Hubbuch. München 1976

Schmidt, R.: Volksschule und Volksschulbau von den Anfängen des niederen Schulwesens bis in die Gegenwart. Wiesbaden-Dotzheim 1967

Schmitz, K.: Geschichte der Schule. Ein Grundriß ihrer historischen Entwicklung und ihrer künftigen Perspektiven. Stuttgart 1980

Schoelen, E. (Hg.): Erziehung und Unterricht im Mittelalter. Ausgewählte pädagogische Quellentexte. Paderborn 1965²

Schramm, A. (Hg.): Der Bilderschmuck der Frühdrucke. 23 Bände. Leipzig 1922 bis 1943

Schreiber, W. L. – Heitz, P.: Die deutschen »Accipies« – und Magister cum discipulis-Holzschnitte als Hilfsmittel zur Inkunabel-Bestimmung. Straßburg 1908

Schüle, A.: Der Lehrer in den Veränderungen des 20. Jahrhunderts. In: Adrion, D. – Schneider, K. (Hg.): Von Beruf Lehrer. Möglichkeiten der Selbstverwirklichung im konfliktreichen Alltag. Freiburg 1979, S. 13–32

Schulstuben aus alter Zeit. Hg. von der Stadtbibliothek Frankfurt. Frankfurt/Main 1939

Schwendimann, J.: Kultur-Ideale vergangener Zeiten. Luzern 1937

Sedlmayer, H.: Die Entstehung der Kathedrale. Zürich 1950

Specht, F. A.: Geschichte des Unterrichtswesens in Deutschland von den ältesten Zeiten bis zur Mitte des dreizehnten Jahrhunderts. München 1885 (Reprint Schaan/Liechtenstein 1982)

Statuta Collegii Sapientiae – Satzungen des Collegium Sapientiae zu Freiburg im Breisgau 1497, Faksimile-Ausgabe, hg. von J. H. Beckmann. Lindau 1957

Steenbock, F.: Der kirchliche Pachteinband im frühen Mittelalter. Von den Anfängen bis zum Beginn der Gotik. Berlin 1965

Stuttmann, F.: Max Liebermann. Hannover 1961

Symboles et Réalités. La peinture allemande 1848–1905. Katalog der Ausstellung im Musée du Petit Palais. Paris 1984

Thiele, H.: Leben in der Gotik. München 1964

Tuer, A. W.: History of the Horn-Book. 2 Vol. London 1896 (Reprint Amsterdam 1971)

Vormbaum, R. (Hg.): Evangelische Schulordnungen. 3 Bände. Gütersloh 1860, 1863 und 1864

Wattenbach, W.: Das Schriftwesen im Mittelalter. Leipzig 1896³

Westerik, C.: Ausstellungskatalog Co Westerik. Staatliche Kunsthalle Berlin und Saarland Museum Saarbrücken 1983

Wilhelmsmeyer, J. (Hg.): Heilmanns Quellenbuch der Pädagogik. Dortmund 1955⁵

Wittkower, R.: Allegorie und der Wandel der Symbole in Antike und Renaissance. Köln 1984

Wriedt, K.: Schulen und bürgerliches Bildungswesen in Norddeutschland im Spätmittelalter. In: B. Moeller u. a. (Hg.), a.a.O., S. 152–172

Wühr, W.: Das abendländische Bildungswesen im Mittelalter. München 1950

Zwerger, B.: Bewahranstalt – Kleinkinderschule – Kindergarten. Aspekte nichtfamilialer Kleinkindererziehung in Deutschland im 19. Jahrhundert. Weinheim 1980

Abbildungsverzeichnis

Diese Abbildungsliste enthält wichtige Informationen zur Bildbestimmung, soweit sie den Autoren zugänglich waren oder zur Verfügung gestellt wurden.

1 *Initiale »H«*, 2. Hälfte 12. Jh., aus dem Codex Hrabanus Maurus; Douai, Bibliothèque Municipale

2 *Lehrer mit Schüler*, Detail eines Reliefs von einem Kindersarg, römisch; Paris, Louvre Inv. nr. MA 639

3 *Altrömische Unterrichtsszene*, Steinrelief aus einem Grabdenkmal bei Neumagen/Mosel, um 200 n. Chr.; Trier, Rheinisches Landesmuseum

4 *Buchdeckel*, Codex Aureus Epternacensis, Trier 983–991, 46 × 30,5 cm; Nürnberg, Germanisches Nationalmuseum K. G. 1138

5 *Der hl. Gregor mit drei Schreibern*, 10. Jh., Elfenbeinrelief, 20,5 × 12,5 cm; Wien, Kunsthistorisches Museum Inv. nr. PS 8399

6 *Gregor der Große und sein Schreiber*, kurz nach 983, Einzelblatt aus dem Registrum Gregorii, Meister des Registrum Gregorii, 21,7 × 19,8 cm; Trier, Stadtbibliothek

7 *Skriptorium von Echternach*, 1. Hälfte 11. Jh., Miniatur aus dem Evangelistar Heinrichs III.; Bremen, Universitätsbibliothek Handschrift Ms.b.21

8 *Der hl. Augustinus mit vier Schülern*, 8. Jh., Homiliar des Bischofs Egino (Egino-Codex), fol. 18v, 39 × 31 cm; Berlin (DDR), Deutsche Staatsbibliothek MS Phill. 1676

9 *Klosterplan von St. Gallen*, 820/830, Nachzeichnung, Original Pergament, 77 × 112 cm; St. Gallen, Stiftsbibliothek MS. 1092

10 *Septem artes liberales*, 13. Jh., Sandstein; Freiburg i. Br., Münstervorhalle

11 *Astronom und Zuhörer*, 1372, Miniatur aus De proprietatibus rerum, fol. 184; Paris, Bibliothèque Interuniversitaire Sainte-Geneviève ms. 1028

12 *Unterricht in Geologie*, 1372, Miniatur aus De proprietatibus rerum, fol. 281; Paris, Bibliothèque Interuniversitaire Sainte-Geneviève ms. 1028

13 *Die Sieben Freien Künste*, Holzschnitt aus Rodericus Zamorensis, Spiegel des menschlichen Lebens; Augsburg, Zainer 1497, fol. 73r

14 *Wolfsschule*, um 1200, Sandstein; Freiburg i. Br., Münster

15 *Wolfram von Eschenbach*, 1. Hälfte 14. Jh., Miniatur aus der Manessischen Liederhandschrift, fol. 149v; Heidelberg, Universitätsbibliothek Cod. Pal. germ. 848

16 *Chunrat von Würzburg*, 1. Hälfte 14. Jh., Miniatur aus der Manessischen Liederhandschrift, fol. 383r; Heidelberg, Universitätsbibliothek Cod. Pal. germ. 848

17 *Die Winsbekin*, 1. Hälfte 14. Jh., Miniatur aus der Manessischen Liederhandschrift, fol. 217r; Heidelberg, Universitätsbibliothek Cod. Pal. germ. 848

18 *Christine unterweist ihren Sohn*, 15. Jh., Miniatur aus Christine de Pisan, Werke, fol. 261v; London, British Museum, Ms. Harl. 4431

19 *Initiale »M«* (Kaiser Maximilian I. und sein Lehrer), um 1460, Miniatur aus einem Lehrbuch Maximilians; Wien, Österreichische Nationalbibliothek Cod. ser. nov. 2617, fol. 2r

20 *Szenen aus dem Agnes-Fenster*, um 1440; Schlettstatt, St. Georgskirche

21 *Nikolaus-Legende*, um 1370, Altarbehang mit Stickerei, 96 × 120 cm; Berlin, Staatl. Museen Preußischer Kulturbesitz, Kunstgewerbemuseum Inv.nr. 86, 13

22 *Cereus Consecratus (Kerzenweihe)*, 12. Jh., Detail aus einer *Exultet-Rolle* (Miniatur Nr. 11), 24 × 604 cm; Paris, Bibliothèque Nationale Nouv. Acqu. 710

23 *Übergabe eines Schülers*, um 1070, Miniatur aus dem Codex Benedictus, fol. cli recto; Rom, Biblioteca Apostolica Vaticana Vat. lat. 1202

24 *Der hl. Benediktus als Schüler*, um 1070, Miniatur aus dem Codex Benedictus, fol. xvii verso; Rom, Biblioteca Apostolica Vaticana Vat. lat. 1202

25 *Bischof Remigius von Reims und Schüler in einer Domschule*, frühes 15. Jh., Fresko; Landschlacht/Schweiz, St.-Leonhardskapelle

26 *Priesterweihe des hl. Leonhard*, frühes 15. Jh., Fresko; Landschlacht/Schweiz, St.-Leonhardskapelle

27 *Schulszene*, 1. Hälfte 14. Jh., Miniatur aus der Sächsischen Weltchronik, fol. 89v; Berlin, Staatsbibliothek Preußischer Kulturbesitz ms. germ. fol. 129

28 Lochner, Stephan (um 1400–1451): *Die Darbringung Jesu im Tempel*, 1447, Tempera auf Eichenholz, 139 × 126 cm; Darmstadt, Hess. Landesmuseum

29 *Schreiberwerkstatt*, Miniatur aus Siles Beatus, fol. 1, Paris, Bibliothèque Nationale latin. 4915

30 *Der Schulmeister von Falerii*, 1467, Miniatur aus dem Schachzabel-Buch, fol. 140r; Stuttgart, Württ. Landesbibliothek cod. poet. 2°2

31 *Meister Ypencraß*, 1467, Miniatur aus dem Schachzabel-Buch, fol. 254r; Stuttgart, Württ. Landesbibliothek cod. poet. 2°2

32 *Der Schulmeister von Esslingen*, 1. Hälfte 14. Jh., Miniatur aus der Manessischen Liederhandschrift, fol. 292v; Heidelberg, Universitätsbibliothek Cod. Pal. germ. 848

33 *Judenschul*, Holzschnitt aus der Cosmographey des Sebastian Münster (1489–1552), 1598; Basel, Universitätsbibliothek

34 *Jüdische Schule*, 15. Jh., Miniatur aus Cod. 3085, fol. 134; Wien, Österreichische Nationalbibliothek

35 Holbein, Ambrosius (?1494–?1519): *Aushängeschild eines Schulmeisters*, 1516, Öl auf Holz, 55,5 × 65,5 cm; Basel, Öffentliche Kunstsammlung, Kunstmuseum Inv.nr. 311

36 Holbein, Hans d. J. (1497/98–1543): *Aushängeschild eines Schulmeisters*, 1516, Öl auf Holz, 55,5 × 65,5 cm; Basel, Öffentliche Kunstsammlung, Kunstmuseum Inv.nr. 310

36a *Medaillon Adam Riese*, 1550, Detail aus dem Titelblatt seines Rechenbuches »Rechnung nach der lenge...«, Leipzig 1550

37 *Winkelschule*, 16. Jh., Holzschnitt; Freiburg, Archiv Herder Verlag

38 *Zwei Rechenmeister am Rechenbrett*, Titelholzschnitt eines kleinen Rechenbüchleins, Krakau um 1520; Privatsammlung

39 Voltolina, Laurentius de: *Henricus de Alemannia liest sein Kolleg*, 2. Hälfte 14. Jh., Miniatur; Berlin, Staatl. Museen Preußischer Kulturbesitz, Kupferstichkabinett min. 1233

40 *Hohe Schul' zu Heydelberg*, 16. Jh., Holzschnitt aus der Cosmographie des Sebastian Münster, 1544; Heidelberg, Universitätsbibliothek

41 *Initiale »P«*, Detail einer Holzschnittinitiale aus »Octo parcium orationis donatus«, Conrad Dinckmut, Ulm o. D., um 1475

42 Holbein, Hans d. J. (1497/98–1543): *Bildnis des schreibenden Erasmus von Rotterdam*, 1523, Öl auf Holz, 37,5 × 30,5 cm; Basel, Öffentliche Kunstsammlung, Kunstmuseum Inv.nr. 319

43 Dürer, Albrecht (1471–1528): *Schulmeister mit drei Schülern* »Wer recht bescheyden wol werden...«, 1510, Flugblatt; Berlin, Staatl. Museen Preuß. Kulturbesitz, Kupferstichkabinett St. 144

44 *Lehrer mit Schülern unter ABC-Baum*, kolorierter Holzschnitt aus Geiler von Kaisersberg, »Ein heylsame lere und predig« o. O., um 1490; Privatsammlung

45 *Rechenmeister beim Unterricht*, Titelholzschnitt aus Johannes Böschenstein, »Ein new geordnet Rechen biechlin«, Augsburg 1514; Freiburg, Universitätsbibliothek

46 *Die Heilige Anna unterweist Maria*, Anfang 15. Jh., Westfalen, Bamberger Sandstein, Höhe 61 cm; Paderborn, Diözesanmuseum

47 Cranach, Lucas d. Ä. (1472–1553): *Die Heilige Sippe*, um 1510, Öl auf Leinwand, 80,5 × 70,5 cm, Wien, Gemäldegalerie der Akademie der bildenden Künste Inv.nr. 542

48 *Heilige Sippe*, Anfang 16. Jh., Fränkischer Schnitzaltar, Lindenholz; Darmstadt, Hess. Landesmuseum

49 Neufchâtel, Nicolas (um 1527–nach 1567): *Johannes Neudörfer d. Ä. (1497–1563) mit seinem Sohn*; München, Alte Pinakothek Inv.nr. 678

50 *Schule für Jungen und Mädchen*, Titelholzschnitt aus Martin Luther, »An die Radthern...«, Erfurt (Stürmer) 1524; Heidelberg, Universitätsbibliothek

51 *Disputation*, Miniatur aus Johannes Kerer, »Statuta Collegii Sapientiae« 1497, fol. 39r; Freiburg, Universitätsbibliothek

52 *Schülerfleiß*, Miniatur aus Johannes Kerer, »Statuta Collegii Sapientiae«, 1497, fol. 18r; Freiburg, Universitätsbibliothek

53 *Magister cum discipulis*, Holzschnitt aus »Liber faceti docens... per Sebastianum Brandt«, Basel 1496; Berlin, Staatsbibliothek Preußischer Kulturbesitz, Handschriftenabteilung Inc. 606

54 *Lateinschule*, 1592, Holzschnitt; Reicke, S. 56

55 *Esel als Lehrer der Tiere*, Holzschnitt aus »De fide concubinarum«, 1501–1505; Basel, Universitätsbibliothek

56 *»5 jar 4 monet«*, Miniatur aus dem Trachtenbuch des Matthäus Schwarz, 1. Hälfte 16. Jh.; Braunschweig, Herzog Anton Ulrich-Museum

57 *»8 jar 6 monet 8 tag alt«*, Miniatur aus dem Trachtenbuch des Matthäus Schwarz (Kopie); Hannover, Niedersächsische Landesbibliothek Ms XVII, 988

58 *»9 jar und bey 4 monet«*, Miniatur aus dem Trachtenbuch des Matthäus Schwarz, 1. Hälfte 16. Jh.; Braunschweig, Herzog Anton Ulrich-Museum

59 *»13 jar und bey 4 monet«*, Miniatur aus dem Trachtenbuch des Matthäus Schwarz, 1. Hälfte 16. Jh.; Braunschweig, Herzog Anton Ulrich-Museum

60 *»14 jar mind 2 monet«*, Miniatur aus dem Trachtenbuch des Matthäus Schwarz, 1. Hälfte 16. Jh.; Braunschweig, Herzog Anton Ulrich-Museum

61 *»Meines allters 5 jar 4 monatt«*, Miniatur aus dem Trachtenbuch des Veit Konrad Schwarz, 1. Hälfte 16. Jh.; Braunschweig, Herzog Anton Ulrich-Museum

62 Terborch, Gerard (1617–1681): *Ein Knabe flöht seinen Hund*; München, Alte Pinakothek Inv.nr. 589

63 Steen, Jan (1626–1679): *Die Dorfschule (The Village School)*; Dublin, The National Gallery of Ireland

64 Steen, Jan (1626–1679): *Kinder bringen einer Katze das Lesen bei*, Öl auf Eichenholz, 45 × 35,5 cm; Basel, Öffentliche Kunstsammlung, Kunstmuseum Inv.nr. G 1958.39

65 Scorel, Jan van (1495–1562): *Bildnis eines Schülers*, 1531, Öl auf Holz, 46,6 × 35 cm; Rotterdam, Museum Boymans-van Beuningen Inv.nr. 1797

66 Brouwer, Adriaen (um 1606–1638): *Die Schule*; Berlin, Staatl. Museen Preußischer Kulturbesitz, Gemäldegalerie

67 Monogrammist Ek: *Schule in der Scheune*, Öl auf Holz, 55 × 72 cm; Privatbesitz

68 Steen, Jan (1626–1679): *Jungen- und Mädchenschule (A school for boys and girls)*, 83,8 × 109,2 cm; Edinburgh, National Galleries of Scotland

69 Dou, Gerard (1613–1675): *Der alte Schulmeister (Der Federspitzer)*, 1671, Öl auf Leinwand; Dresden, Staatl. Kunstsammlungen, Gemäldegalerie Alte Meister

70 *Der alte Schulmeister (Der Federspitzer)*, Stahlstich (um 1835) nach dem Gemälde von G. Dou, Privatbesitz

71 Brekelenkam, Quiringh van (1620–1668): *Der Wanderschulmeister*; Bonn, Rheinisches Landesmuseum Inv.nr. G.K. 30

72 Bruegel, Pieter d. Ä. (um 1525–1569): *Der Esel in der Schule*, 1556, Feder in Schwarz, 23,2 × 30,2 cm; Berlin, Staatl. Museen Preußischer Kulturbesitz, Kupferstichkabinett, KdZ 11 641

73 Dou, Gerard (1613–1675): *Die Abendschule*, um 1650; Amsterdam, Rijksmuseum Inv.nr. A 87

74 *Buchstabe »d«*, aus »Lustiges Bilder-ABC von Paul Widmayer«, F. J. Schreiber Esslingen, 1887; Stuttgart, Württ. Landesmuseum VK 1978/50-326

75 *Friedrich Wilhelm I. in einer Volksschule*, Holzstich nach einem Gemälde von Adolf Menzel 1858; Privatbesitz

76 Anker, Albert (1831–1910): *Das Schulexamen*, 1862, Öl auf Leinwand, 103 × 175 cm; Bern, Kunstmuseum Inv.nr. 8

77 Anker, Albert (1831–1910): *Pestalozzi und die Waisenkinder in Stans*, 1870, Öl auf Leinwand, 95 × 73 cm; Zürich, Kunsthaus, Inv.nr. 336

78 Kraus, Georg Melchior (1737–1806): *Die Schulstunde*, um 1770, Öl auf Holz, 34,3 × 45,5 cm; Frankfurt/Main, Freies Deutsches Hochstift, Goethemuseum

79 *Hauslehrer beim Unterricht*, kolorierter Kupferstich aus Johann Peter Voit, »Schule des Vergnügens« 1793, S. 23; Privatbesitz

80 Scheffer, Jean Baptiste (1795–1858): *Schreibunterricht*, 1806, Öl auf Nußbaum, 45,5 × 37,5 cm; Karlsruhe, Staatl. Kunsthalle Inv.nr. 1004

81 Lépicié, Nicolas Bernard (1735–1784): *Die Hausaufgabe*, um 1775, Öl auf Leinwand, 71,5 × 58 cm (oval), Köln, Wallraf-Richartz-Museum WRM 1519

82 Vautier, Benjamin (1829–1898): *Der Hauslehrer*, 1865, Leinwand auf Sperrholz, 72,5 × 92,5 cm; Nürnberg, Germanisches Nationalmuseum Inv.nr. Gm 1669

83 *Hauslehrer*, Titel- und Schlußbild aus J. E. Gailer, »Neuer Orbis Pictus«, 1832, Federlithographie; Privatbesitz

84 De' Rossi, Pasquale (1641–1725): *Zwei Geistliche, Knaben unterrichtend*, Öl auf Leinwand, 21,5 × 30 cm; Karlsruhe, Staatl. Kunsthalle Inv.nr. 1769

85 Gebhardt, Eduard von (1838–1925): *Klosterschüler*, 1882, Öl; Hamburg, Kunsthalle Inv.nr. 1451

86 Spitzweg, Carl (1808–1885): *Der Institutsspaziergang*, um 1860; München, Neue Pinakothek Inv.nr. 11 995

87 Chodowiecki, Daniel Nikolaus (1726–1801): *Bauernschule*

(Dorfschule), 1775, Öl auf Holz, 24 × 19 cm; Darmstadt, Hess. Landesmuseum

88 Kölla, Johannes (1740–1778): *Die Dorfschule*, Öl auf Karton, 38 × 35 cm; Zürich, Kunsthaus Inv.nr. 188

89 *Holländische Dorfschule*, neukolorierter Stahlstich um 1835 nach W. H. Schmidt; Privatbesitz

90 Anker, Albert (1831–1910): *Die Dorfschule von 1848*, 1896, Öl auf Leinwand, 104 × 175,5 cm; Basel, Öffentliche Kunstsammlung, Kunstmuseum Depos. Ciba-Geigy

91 J. M. Voltz, *Die Schule*, kolorierte Radierung 1823, 19 × 26 cm; Privatsammlung

92 Wagner, Paul (geb. 1852): *Preisverleihung*, 1886, Federchromolithographie aus »Mal-Buch«, 2. Heft, J. F. Schreiber Esslingen Nr. 83; Stuttgart, Württ. Landesmuseum VK 1978/50-319A

93 *Auf der Fahrt zur Schule*, Holzstich 1895; Privatbesitz

94 *Ilsens Sühne*, Chromolithographie; Privatbesitz

95 *Ilsens Sühne*, Chromolithographie; Privatbesitz

96 Liebermann, Max (1847–1935): *Kleinkinderschule*, 1879/80, Öl auf Holz, 69 × 98 cm; Essen, Gesellschaft Krupp'sche Gemäldesammlung, Privatbesitz

97 Meyer, Claus (1856–1919): *Kleinkinderschule in Überlingen*, 1888; Karlsruhe, Staatliche Kunsthalle Inv.nr. 802

98 *Gesangsunterricht*, Holzstich nach einem Gemälde von Hugo Oehmichen, 19. Jh.; Privatbesitz

99 Wagner, Paul (geb. 1852): *Unterrichtsszene*, 1886, Federchromolithographie aus »Mal-Buch«, 1. Heft, J. F. Schreiber Esslingen Nr. 82; Stuttgart, Württ. Landesmuseum VK 1978/50-319

100 Geoffroy, Jean (1853–1924): *En Classe, le travail des petits*, 1889, Öl auf Leinwand, 145 × 220 cm; Paris, Ministère de l'Education Nationale

101 Anker, Albert (1831–1910): *Dorfschule im Schwarzwald*, 1858, Öl auf Leinwand, 105 × 171 cm; Bern, Kunstmuseum Inv.nr. 1118, Eigentum der Gottfried-Keller-Stiftung, Bern

102 *Wandernde Menagerie in der Schule*, Holzstich um 1874 nach einem Gemälde von W. Schütze; Privatbesitz

103 Vautier, Benjamin (1829–1898): *Die Nähschule*, 1859, Öl auf Leinwand, 72 × 64 cm; Düsseldorf, Galerie Paffrath

104 *Im Gemeindeschulgarten zu Friedenau bei Berlin*, Holzstich 1899 nach einer Zeichnung von E. Thiel; Privatbesitz

105 Anker, Albert (1831–1910): *Die Turnstunde*, 1879/80, Öl auf Leinwand, 96 × 147,5 cm; Privatbesitz

106 Pletsch, Oskar (1830–1888) zugeschr.: *Erziehungs Anstalt für Gott und Vaterland*, um 1858, Lithographie; Privatbesitz

107 Anonym: *Das Verhör in der Schule*, 19. Jh., Öl auf Leinwand, 52 × 42 cm; Stuttgart, Privatbesitz

108 Knaus, Ludwig (1829–1910): *Leichenbegängnis in der Schwalm*, 1871, Öl auf Leinwand, 131 × 100 cm; Marburg, Universitätsmuseum für Kunst- und Kulturgeschichte Inv.nr. 160

109 Toussaint, Louis (geb. 1826): *Das Ständchen*, 1857; Stuttgart, Privatbesitz

110 Nussbiegel, Johann (1750–1829): *Antikes Schulwesen*, 1825, kolorierte Radierung; Nürnberg, Germanisches Nationalmuseum Gr. Slg. HB 25334a/1366

111 *Eine schwäbische Dorfschule*, neukolorierter Holzstich nach einem Gemälde von Julius Geertz, Der Souffleur in der Schule 1872; Privatbesitz

112 Hasenclever, Johann Peter (1810–1853): *Jobs als Schulmeister*, 1845, Öl auf Leinwand, 80 × 106 cm; Düsseldorf, Kunstmuseum Inv.nr. 5507

113 *Einer von den Wenigen, die etwas zuzusetzen haben*, Holzstich um 1880 nach einem Gemälde von Fritz Sonderland; Privatbesitz

114 *Wer hat denn das wieder gethan?* Holzstich um 1880 nach einem Gemälde von Fritz Sonderland; Privatbesitz

115 Meggendorfer, Lothar (1847–1925): *Die bösen Buben I und II*, Chromolithographie 1896 aus Lothar Meggendorfer, »Nur für brave Kinder. Ein Verwandlungsbilderbuch mit 12 feinen Farbdruckbildern«, 3. Aufl. J. F. Schreiber Esslingen (1905), Nr. 137; Stuttgart, Württ. Landesmuseum VK 1978/50-677

116 *Der Herr Cantor*, Holzstich nach einem Gemälde von Hugo Kauffmann 1880; Privatbesitz

117 Girardet, Edouard (1819–1880): *Der Gang in die Schule*, 1848, Öl auf Leinwand, 50 × 41 cm; Bern, Kunstmuseum Inv.nr. 218

118 *Die gute Censur*, Holzstich nach einem Gemälde von L. Tannert, 19. Jh.; Privatbesitz

119 *Das ist ein Taugenichts*, Holzstich um 1874 nach einem Gemälde von Benjamin Vautier; Privatbesitz

120 *Durchbrenner*, Holzstich nach einem Gemälde von Fritz Beinke 1884; Privatbesitz

121 *Heilsame Verwendung des Haselnußstockes in der Schule*, Holzstich um 1883, nach einem Gemälde von Fritz Sonderland; Privatbesitz

122 Lieber, J. T.: *Die Strafe*, 20,5 × 17 cm, Öl auf Metall; Privatbesitz

123 *Buchstabe C (Carzer)*, Lithographie aus E. Dertinger, »Großes ABC-Buch für muntere Knaben und Mädchen« 2. Aufl. J. F. Schreiber Esslingen 1868; Stuttgart, Württ. Landesmuseum VK 1978/50-89A

124 Mukarovsky, Josef (geb. 1851): *Kaminfeger*, 1898, Chromolithographie aus Cornelie Lechler, »Wie das Kind sein soll! Ein Kinderspiegel von Cornelie Lechler...«, 2. Aufl. J. F. Schreiber Esslingen und München (1900), Nr. 259; Stuttgart, Württ. Landesmuseum VK 1978/50-537

125 Kühl, Gotthard (1850–1915): *In der Schulklasse*, um 1886; Bremen, Kunsthalle, Inv.nr. 1172–1975.4

126 Mukarovsky, Josef (geb. 1851): *Letzter Schultag*, 1898, Chromolithographie aus Cornelie Lechler, »Wie das Kind sein soll! Ein Kinderspiegel von Cornelie Lechler«, 2. Aufl. J. F. Schreiber Esslingen und München (1900), Nr. 259; Stuttgart, Württ. Landesmuseum VK 1978/50-537

127 *Aller Anfang ist schwer*, Holzstich um 1895, Privatbesitz

128 *Aus der Schulzeit*, Holzstich 1876 nach einer Originalzeichnung von E. Schulz; Privatbesitz

129 *Heimkehrende Schuljugend*, Holzstich um 1899 nach einem Gemälde von Gertrud Knobloch; Privatbesitz

130 Waldmüller, Ferdinand Georg (1793–1865): *Nach der Schule*, 1841; Berlin, Staatl. Museen Preußischer Kulturbesitz, Nationalgalerie Inv.nr. NG 374

131 Würtenberger, Ernst (1868–1934): *Auf der Schulbank (Der Nachsitzer)*, 1909; Karlsruhe, Staatl. Kunsthalle Inv.nr. 1456

132 Hubbuch, Karl (1891–1979): *In der Volksschule*, um 1923, Bleistift und Aquarell, 48 × 57,5 cm; Privatbesitz

133 Losert, Heribert (geb. 1913): *Laufende Schulkinder*, 1964, Aquarell; Kirchheim u. d. T., Museum im Kornhaus

134 Westerik, Co (geb. 1924): *Schulmeister mit Kind*, 1961, Öl auf Leinwand, 88 × 110 cm; Naarden/Holland, Sammlung Agnes und Frits Becht

135 Tillberg, Peter (geb. 1946): *Blir du lönsam, lille vän? (Wirst du wohl mal Nutzen bringen, Kleiner?)*, 1971/72, Öl auf Leinwand, 200 × 310 cm; Stockholm, Moderna Museet Inv.nr. NM 6424

136 Yeter, Hanefi (geb. 1947): *Analphabeten in zwei Sprachen*, 1978, Öl auf Leinwand, 130 × 100 cm; Berlin, im Besitz des Künstlers

137 Huber, Thomas (geb. 1955): *Rede in der Schule*, 1983, Öl auf Leinwand, 200 × 300 cm; Darmstadt, Hess. Landesmuseum

138 Schlemmer, Oskar (1888–1943): *Unterricht*, 1928, Öl und Tempera auf Leinwand, 120 × 90 cm; Stuttgart, Galerie der Stadt, Leihgabe

Abbildungsnachweis

(Die Zahlen bezeichnen jeweils die Abbildungsnummern) Archiv Herder Verlag, Freiburg 37 – Artothek, Planegg (Joachim Blauel) 49, 62, 86 – Autoren 10, 13, 14, 20, 36a, 39 (Foto Jörg P. Anders, Berlin), 41, 43 (Foto Jörg P. Anders, Berlin), 45, 50, 67, 70, 72 (Foto Jörg P. Anders, Berlin), 74, 75, 79, 83, 85 (Foto Ralph Kleinhempel, Hamburg), 89, 92, 93, 94, 95, 96 (Foto J. Hyde, Paris), 98, 99, 102, 104, 106, 107, 111, 113, 114, 115, 116, 118, 119, 120, 121, 122 (Foto Gertraud Ernst, Freiburg), 123 (Foto J. Hyde, Paris), 124, 125, 126, 127, 128, 129, 133 – Belser-Archiv 4, 9, 23, 24 – Bibliothèque Nationale, Paris 22, 29 – Bildarchiv Foto Marburg 108 – Bildarchiv Preußischer Kulturbesitz, Berlin 21 (Foto Hans-Joachim Bartsch, Berlin), 66 (Foto Jörg P. Anders, Berlin), 130 (Foto Jörg P. Anders, Berlin) – Museum Boymans- van Beuningen, Rotterdam 65 – British Library 18 – Deutsche Fotothek, Dresden (Döring) 8 – Diözesanmuseum Paderborn 46 E. Diederichs Verlag, Köln 54 – Documentation photographique de la Réunion des musées nationaux, Paris 2 – Ursula Edelmann, Frankfurt/M. 78 – Emil Fink Verlag, Stuttgart 109 – Germanisches Nationalmuseum, Nürnberg 82, 110 (Foto Jörg P. Anders, Berlin) – Claus Hansmann, Stockdorf 38, 44, 91 – Hessisches Landesmuseum, Darmstadt 28, 48, 87, 137 – Colorphoto Hans Hinz, CH-Allschwil 35, 36, 42, 64, 90 – Ellen Hubbuch, Karlsruhe 132 – Museumsfoto B. P. Keiser 56, 58, 59, 60, 61 – Kunsthaus Zürich 77, 88 – Kunsthistorisches Museum, Wien 5 – Kunstmuseum Bern 76, 100, 105, 117 – Kunstmuseum Düsseldorf 112 – Raymond Lalance, Meudon La Forêt 11, 12 – Edeltraut Mandl, Wien 47 – Moderna Museet, Stockholm 135 – Musée national de l'Education, Mont-Saint-Aignan 101 – Museen der Stadt Köln, Kunst- und Museumsbibliothek 81 – National Galleries of Scotland, Edinburgh 68 – National Gallery of Ireland, Dublin 63 – Niedersächsische Landesbibliothek, Hannover 57 – Öffentliche Bibliothek der Universität Basel 33, 55 – Österreichische Nationalbibliothek, Wien 19, 34 – Galerie Paffrath, Düsseldorf 103 – André Parisis, Douai 1 – Dr. Ludwig Reichert Verlag, Wiesbaden 7 – Gerhard Reinhold, Leipzig-Mölkau 69 – Rheinisches Landesmuseum, Bonn 71 – Rheinisches Landesmuseum, Trier 3 – Rijksmuseum-Stichting, Amsterdam 73 – Jaina Schlemmer, Stuttgart 138 – Staatsbibliothek Preußischer Kulturbesitz, Berlin 27, 53 – Stadtbibliothek Trier 6 – Thurg. Denkmalpflege, CH-Frauenfeld 26, 27 (Fotos W. Roelli, Zürich) – Universitätsbibliothek Freiburg 51, 52 – Universitätsbibliothek Heidelberg 15, 16, 17, 32, 40 – Vereinigung der Freunde der Staatlichen Kunsthalle Karlsruhe e. V. 80, 84, 97, 131 – Verwertungsgesellschaft Bild-Kunst, Bonn 134 – Württembergische Landesbibliothek, Stuttgart 30, 31 – Hanefi Yeter, Berlin 136.